:: 中華文化促進會主持編纂

:: 國家"十一五"重點圖書出版規劃項目

:: 中國社會科學院哲學社會科學創新工程學術出版資助項目

出品人　王石　段先念

今注本二十四史

隋書

唐 魏徵等 撰

馬俊民 張玉興 主持校注

中國社會科學出版社

一

紀〔一〕

圖書在版編目（CIP） 數據

隋書：精裝本／馬俊民，張玉興主持校注 .—北京：中國社會科學出版社，2020. 7

（今注本二十四史）

ISBN 978-7-5203-5020-4

Ⅰ.①隋… Ⅱ.①馬… ②張… Ⅲ.①中國歷史—隋代—紀傳體 ②《隋書》—注釋 Ⅳ.①K241.042

中國版本圖書館 CIP 數據核字（2019）第 200645 號

出 版 人　趙劍英
項目統籌　王　茵
責任編輯　李凱凱　王仁霞　張　潛　楊　康
特約編輯　王思桐　郝輝輝　崔芝妹
責任校對　韓國茹　徐林平　劉艷强
封面設計　蔡易達
責任印製　王　超

出　　版　中國社會科學出版社
社　　址　北京鼓樓西大街甲 158 號　　郵　　編　100720
網　　址　http://www.csspw.cn
發 行 部　010-84083685　　　　　　門 市 部　010-84029450
經　　銷　新華書店及其他書店　　　印刷裝訂　三河弘翰印務有限公司
版　　次　2020 年 7 月第 1 版　　　印　　次　2020 年 7 月第 1 次印刷
開　　本　1/16　　　　　　　　　　成品尺寸　228mm×152mm
印　　張　327.25　　　　　　　　　字　　數　3979 千字
定　　價　2388.00 元(全 16 册)

《今注本二十四史》工作委員會

《今注本二十四史》編纂委員會

《今注本二十四史》編輯部

《今注本二十四史·隋書》項目組

主　持　人　馬俊民　張玉興

成　　　員（按姓氏筆畫排列）

王榮彬　付　莉　吕宗力　余太山　馬俊民　唐華全

陳久金　張玉興　張　葳　曾貽芬　蘇　木

《今注本二十四史》出版説明

　　二十四史，是中國古代二十四部史書的統稱，包括《史記》《漢書》《後漢書》《三國志》《晋書》《宋書》《南齊書》《梁書》《陳書》《南史》《魏書》《北齊書》《周書》《北史》《隋書》《舊唐書》《新唐書》《舊五代史》《新五代史》《宋史》《遼史》《金史》《元史》和《明史》。其成書時間自公元前二世紀下半葉至十八世紀中葉，前後相距約兩千年，總卷帙（不含複卷）達 3213 卷，共 4000 餘萬字。它們采用本紀、列傳、表、志等形式，構成了一個完整地記述清朝以前中國古代社會的著作體系。二十四史上起傳説時代的黄帝，下迄明朝滅亡，包容了我國古代的政治、軍事、經濟、思想、文化、天文、地理、民風、民俗等廣闊的社會内容，形成了一套展現中華民族起源和發展的最重要的核心典籍，被後人稱爲"正史"。世界上没有任何一個國家有如此内容涵蓋宏富、時間接續綿延、體例基本統一的歷史記載。

　　共同的歷史文化是一個民族賴以整體維繫的基本條件之一。而對歷史著作的不斷整合和續修，顯然有利於促進國家的統一、民族的團結、社會的進步。從《史記》到《明史》，不同地位、不同民族的史家和政治家，以同一體例連續不斷地編纂我們祖國發展演進的歷史，本質上反映了我國人民尋求構建多民族國家共同歷史的強烈願望。歷史上隨時把正史歸爲“三史”“十三史”“十七史”“廿一史”“廿二史”“廿四史”，不僅反映了人們對正史的認同，更重要的是反映了對共同歷史文化的認同，即民族的認同。而對正史進行大規模的整理，在另一個層面上，更有利於妥善保存民族文化遺産，豐富民族文化內涵，陶鑄民族文化精神，從而強化民族的尊嚴與自信心，提升國家的榮譽和國人對國家的歸屬感。

　　對二十四史進行整理，在此次之前規模較大的有三次。第一次是清朝乾隆年間，其成果是殿本；第二次是二十世紀三十年代張元濟先生組織的整理，其成果是百衲本；第三次即毛澤東同志倡議，由中華書局出面進行的整理，其成果是中華書局標點本。這一次是由張政烺先生等史學家倡議，由中華文化促進會主持編纂的今注，其成果是《今注本二十四史》。應當充分地注意到，這四次整理的發動，都有與其所處時代社會歷史息息相關的背景。乾隆朝的武英殿大量刊刻文化典籍，尤其是對二十四史的選本、校勘都經“欽定”，絕不是僅僅要製造盛世氣象；張元濟先生奔走於國難深重的二十世紀初的中國，“當中華文化存亡絕續之交”，有更深刻的原動力；毛澤東同志指示標點正史，倡議於中華人民共和國成立、百廢待舉之初；而我們如今正在進行的今注，則發軔於改革開放、萬象更新之時。這絕不是歷史的偶然。可以説，每每針對二十四史的重大舉措，都是應社會對具有主體性的統一的歷史文化需求而展開的。

當今世界，文化的融合過程逐漸加快，在共生的基礎上融合，在融合中保持共生，互補互融直至趨一。因此，各種文化都面臨着選擇。面臨選擇，充分展示本民族的歷史文化是學者們義不容辭的職責。而作爲歷史文化直接守護者的歷史學者，有責任爲世界提供對本民族歷史文化文本的正確詮釋，有責任努力爲民衆争取對民族歷史文化解讀的話語權。

《今注本二十四史》1994 年 8 月由中華人民共和國文化部批准立項，2005 年被中華人民共和國新聞出版總署列入“十一五”期間（2006—2010）“國家重點圖書出版規劃”。自 1994 年起，迄今已經進行了二十餘年。

《今注本二十四史》總編纂張政烺先生爲本書做了奠基性的工作。在他學術生命的最後時期，不僅親自審訂了最初的《今注本二十四史編纂總則》，還逐一遴選了各史主編。

《今注本二十四史》編纂委員會主要由各史主編與相關同仁組成。張政烺先生逝世後，根據多位主編的建議，我們陸續邀請了何茲全、林甘泉、伍傑、陳高華、陳祖武、卜憲群、趙劍英七位編委成立領導小組，全面指導編纂出版工作。他們爲本項目的編纂出版，付出了大量心血與智慧，没有他們的支持，本項目難以玉成。

本項目動員了全國三十餘所科研機構和高等學府的中

國古史專家共襄其事。全書設總編纂一人，執行總編纂二人，各史設主編一人或二人；某些特殊的“志（書）”如律曆、天文、五行（靈徵）等歸類單列，各設主編一人。各史主編自選作者，全書作者總計約三百人。多年來，他們薄利求義、任勞任怨、兢兢翼翼，惟敬業畢功是務，繼承和發揚了我國史學家捨身務實的優良傳統，爲本書的完成做出了不可磨滅的貢獻！

本項目啓動之初，老一輩的歷史學家王玉哲、王毓銓、陳可畏、張博泉、萬繩楠、楊志玖、楊翼驤、漆俠、薄樹人、韓國磐等先生不僅從道義上給予全力支援，而且主動承擔各史（志）主編。何兹全、林甘泉先生更是不厭其煩，爲編纂工作提出具體建議，爲項目立項奔走呼籲。執行總編纂賴長揚先生鞠躬盡瘁，承擔了大量繁雜的組織工作。現在，雖然以上先生已經辭世，但他們學術生涯的最後抉擇所表現出的對民族、對國家的崇高責任感，永遠值得我們銘記和學習！

本項目自動議始就得到了中華文化促進會及社會各界的回應與傾力支持。中華文化促進會主席王石先生、副主席段先念先生及前任領導人蕭秧先生在本項目立項、推動、經費籌措等方面辛勤奔走，起到了關鍵作用。

香港企業家黄丕通、劉國平先生在項目前期曾給予慷慨資助。

國家出版基金與中國社會科學院也給予本項目一定的出版資助。

四川省出版集團及巴蜀書社曾在編纂和出版方面起了重要的推動作用，已出版今注本《三國志》《梁書》。

　　《今注本二十四史》編纂出版工作，自 1994 年立項以來，一波三折、幾經沉浮。2017 年深圳華僑城集團予以鼎力襄助，全面解決了編纂出版經費拮据的問題，編纂出版工作方步入正軌。在此，編委會全體成員向深圳華僑城集團謹表達深深敬意和感謝！

　　鑒古知今，學史明智。中國社會科學出版社歷來重視歷史學及中國古代典籍的整理與出版工作，爲本項目組織專門團隊，秉持專業、嚴謹、高效的原則，爲項目整體的最終出版提供了重要保障。中國社會科學出版社將與各相關單位通力協作，努力將《今注本二十四史》打造成一部具有思想穿透力與廣泛影響力的精品力作，從而爲講好中國歷史、推動中國歷史研究做出貢獻。

　　謹以本書紀念爲弘揚中華文化而做出貢獻的歷史學家們！
　　謹以本書感謝爲傳承中華文化而支援和幫助我們的人們！

《今注本二十四史》編纂委員會
中國社會科學出版社
2020 年 6 月

凡　例

　　《今注本二十四史》在編纂過程中一共產生了四個總體規範性質的文件。這就是：《今注本二十四史編纂總則》（1995 年，2005 年 4 月修改，2017 年 8 月修訂）、《關於〈編纂總則〉的修改和補充意見》（2006 年 3 月）、《關於編纂工作若干問題的決定》（2007 年 1 月）、《關於〈今注本二十四史編纂總則〉幾點重要的補充説明》（2017 年 10 月）。它們確定了全書編纂的目的、特點及其具體操作規則。綜其要概述如下。

　　本書的基本特點是史家注史。工作主要集中在三個方面：版本的改誤糾謬；史實的正義疏通；史料的補充增益。由各史主編撰寫《前言》，扼要介紹該史所涉及的時代背景、作者生平、寫作過程、著作特點、史料價值、在史學史上的地位和研究概況。

　　本書的學術目標有兩個。一個是通過校勘，得到一套善本；一個是通過今注，得到一套最佳的注釋本。即完成由史家校勘並加以注釋的二十四史的新校勘新注釋本。它從史家的角度出發，集數百年以來學界的研究成果，采取有圖有文的注釋形式，力圖以新的角度、新的內容、新的形式，爲二十四史創造出一整套代表當代學術水準的、權威的現代善本。

一　校勘

1. 底本：原則上以商務印書館百衲本爲底本；因百衲本並非善本的另行確定底本。

2. 校勘：充分吸收包括中華書局標點本在內的前人的校勘成果，全面參校，以形成一個全新的校勘本。

各史采用的底本和參校本，在各史序言中寫出全稱和簡稱。整套書統一規定的簡稱有六個：武英殿本簡稱"殿本"；國子監本，相應簡稱"南監本""北監本"；毛氏汲古閣本簡稱"汲古閣本"；同治五書局本簡稱"局本"；商務印書館百衲本簡稱"百衲本"。

校勘成果反映在原文中，即依據有充分把握的校勘結果，將底本中的衍、脱、誤、倒之處全部改正；刊正底本的理由，全部在相應注釋中加以説明。對無十分把握之處，不改原文，祇出校勘記質疑。

采用中華書局標點本爲工作本的史書，不錄入原校勘記。直接吸收其校勘成果者則加以説明，對其提出商榷者在相應注釋中加以辨證。

二　注釋

1. 對有古注並已與原書集合行世的前四史，原則上保留古注，視同原文並加注。

2. 注釋程度：以幫助具有大專文化水準以上的讀者讀懂爲限；以給研究者提供簡要索引爲限。注文力求做到：準確、質樸、簡練、嚴謹、規範。

3. 出注（除一些專志外）以卷（篇）爲單位。即對應當加注者，在每卷（篇）第一次出現時加注。此後即使該卷（篇）中再出現，如意義完全等同者，不再加注；而在別卷（篇）再出現時，仍另行加注。有多卷的同類志書出注時視爲同卷，即同類志書對應當加注者在首次出現時加注，其後再現如意義完全等同，亦不再加注。

4. 注釋範圍：冷僻的字音、字義、詞義，成語典故；不易理解的名物制度、地名、人名、別號、謚號、廟號；有爭議或原作記述有歧誤的史實等。

（1）字音、字義、詞義的注釋祇限於生僻字、異體字、避諱字、破讀和易生歧義及晦澀難懂的語辭。對多音字，在文中必讀某音的，以漢語拼音出注。避諱字的注文應說明避諱原因，原文原則上不改，出注。字音標注采用漢語拼音。

（2）對原文中的古體、通假、異體字的處理：古體、通假字不作改動，對其中罕見或疑難者，在注中說明其今體或正體字。全書原文和古注保留異體字，今注除人名、地名、書名和職官（署）名之外，原則上不使用異體字。

（3）成語典故，出注祇限於冷僻的成語典故，注文僅簡單説明成語典故來源、內容和意義。常見的詞語一般不出注，包括常見的古漢語虛詞與實詞，但某些不注會產生歧義者除外。

（4）人名、別號、謚號等，凡係本部書中没有專傳（或紀）的人物一般出注説明係何時、何地之人，姓、氏、名、字一般不出注，有特殊來源者，可出注。常見的歷史人物名號與某些不注無礙於全文理解者不必出注；對暫不可考者則説明未詳。

（5）地名注釋：一般僅注明今地；如須説明沿革方可解讀者，則簡述其沿革。本史有《地理志》者，地名出注從簡；若古今地名相同，所治地區大致相同者，則不出注。

（6）官名、官署名及職官制度和爵位制度名稱出注，遵循以下三個原則：常見者（如丞相、太尉、太守、縣令等），若其意義與通常理解無顯著變化，一般不出注；不常見者（如太阿、決曹、次等司等），應説明品秩、職掌範圍，需叙述沿革等方能理解原文意義者，則説明沿革變化、上下級關係、置廢時間；若本史有相應專志者，此類出注即從簡略；無相應專志者，可稍詳盡。

（7）原文與史實不符處，前後文不符處，則予以辯明。考證力求言之有據，簡明扼要。

（8）紀、傳注文以疏通原文爲目的，一般不采取補注、匯注形式。力求不枝不蔓，緊扣原文。各志（書）注文可采取補注、匯注形式，以求內容豐富、全面。

（9）對有爭議的問題，客觀公允地羅列諸説，反映歧見；同時指出帶傾向性的意見。盡量不作價值評論性質的分析。

（10）今注出注各有重點：“紀”（“世家”“載記”）着重歷史事件；“傳”着重人物事迹及人際關係；“志”着重制度內容及沿革；“表”着重疏理時序。除《史記》外，注文內容貫徹詳本朝略前代的原則。

（11）注釋以段爲單位，統一順次編碼。出注（校）標碼與注文標碼一致，均采用［1］［2］［3］標示。

校注側重學術性，努力吸收前人的研究成果，尤其是現代學者的研究成果，充分準確地反映當代二十四史學術研究現狀；爲相關專業的學者提供足資利用的準確原文和內容索引，亦爲一般文史讀者搭建起提高水準的階梯。

《今注本二十四史》編纂委員會
2017 年 10 月

目　録

卷七二　列傳第三十七
孝義

卷七三　列傳第三十八
循吏

卷七六　列傳第四十一

文學

卷八四　列傳第四十九

北狄

前　言

張玉興

一　《隋書》涉及的時代背景

《隋書》凡八十五卷，主要記載隋文帝開皇元年（581）至隋恭帝義寧二年（618）約三十八年間的歷史。公元581年二月，楊堅以北周外戚的身份奪取政權，建立隋朝。隋朝統治時間較爲短暫，僅歷三帝，其中隋文帝楊堅年號開皇（581—600）與仁壽（601—604），隋煬帝楊廣年號大業（605—618），隋恭帝楊侑年號義寧（617—618），至公元618年五月爲唐朝取代。隋朝的統治範圍有一個逐漸擴大的過程，開皇初主要是長江以北的原北周、北齊統治地區，開皇七年滅後梁、九年平陳，將疆域擴大到長江以南的廣大區域。隋煬帝大業初，又南征林邑、西定吐谷渾，統治範圍達於極盛。據本書《地理志》載：大業五年（609），隋朝疆域“東西九千

三百里，南北萬四千八百一十五里。東南皆至海，西至
且末（今新疆且末縣），北至五原（今内蒙古包頭市西
北）。隋氏之盛，極於此也"。①

　　有隋一代存續時間雖然不長，但其歷史地位却不容
忽視，一方面它結束了西晉末年以來近三個世紀的分裂
局面，重新建立起大一統的政權。另一方面，隋代統治
者進行的一系列改革與開創，承前啓後，爲大唐盛世的
到來做出了鋪墊。西晉末年爆發的"八王之亂"斷送了
司馬氏的統一成果，隨着匈奴、羯、氐、羌、鮮卑等少
數民族内遷，北方黄河流域的廣大地區成爲各民族逐鹿
的戰場。西晉滅亡後的一個半世紀内，黄河流域陷入一
種無序的政治狀態。與此同時，南遷的西晉宗族及高門
上族，立足於江南，建立東晉政權，中國大地進入南北
政權對峙時期。此後，北方在鮮卑族建立的北魏政權努
力之下，先後克柔然，滅夏、西秦、北燕、北涼等政權，
於公元439年結束了黄河流域各政權紛爭的局面，完成
北方的區域統一。北魏孝文帝以統一爲大業，在位時期
進行漢化改革，將都城從平城（今山西大同市）遷到中
原核心區的洛陽，從而將版圖南推到秦嶺、淮河一綫。
但遺憾的是，統一的好勢頭很快被内亂所終止，不久北
魏分裂爲東魏與西魏，東魏被北齊取代，西魏被北周取
代。反觀南朝諸政權力量更弱，無論是東晉還是宋、齊、
梁、陳等朝代，在門閥士族政治等因素的影響下，整個
社會的活力不足，導致南方的綜合實力越來越弱，在南

---

　　① 《隋書》卷二九《地理志上》。

北對峙中基本上處於步步退却的態勢，最終偏安於江南一隅，更別提擔當統一的重任。儘管在南北朝後期，東魏一度獲得對長江中下游江北地區的控制權，北周也於公元 577 年滅北齊，但是彼時南北政權無論哪一方均無實現統一的實力。隋朝建立後，對內進行政治經濟改革，對外解决北方突厥的威脅，爲消滅南方的陳朝做好了準備。開皇八年（588）三月，隋文帝楊堅發布討陳詔書，十一月隋朝投入 90 總管約 52 萬大軍南下，一路勢如破竹，第二年正月攻克陳都城建康，俘虜陳後主陳叔寶，至此，南北方歷經近三百年的分裂再次得以統一。隋平陳後，得州三十，郡一百，縣四百。① 隋又將陳朝皇室百官以及江南士族高門北遷，特別是開皇十年以高智慧爲代表的江南豪族大姓的反叛遭到鎮壓後，江南再也難以形成强有力的割據勢力，統一大勢不可逆轉。隋朝的統一，開啓隋唐王朝三百餘年的中央集權統治，漢魏以來的華夏文化傳統，也在經歷南北朝的曲折發展後重顯生機。

隋朝建立後，隋文帝改革中央官制，創立三省六部制，爲此後歷代王朝所沿用；改革地方行政制度，變州、郡、縣三級制爲州（郡）縣二級制，將地方官吏任免權收歸中央，廢除地方長官自辟僚屬制度，加强地方控制；廢除魏晋以來的九品中正制度，通過分科考試的方法選拔人才，隋煬帝在此基礎上增設進士科，從而創立影響中國 1300 餘年的科舉制度；重新頒布均田法令，通過大

———————————

① 《資治通鑑》卷一七七《隋紀一》開皇九年二月條。

索貌閱和輸籍定樣，嚴格清查國家人口，改革賦役制度，保證國家財政收入；修訂《開皇律》，減輕刑罰；改革府兵制，建立起兵農合一的國家軍事力量。這些改革措施大部分爲唐朝所繼承。通過改革，隋朝的國力在短期內達到了一個很高的水平。例如戶口方面，隋文帝"受周禪"時僅有戶 559 萬、口 2909604，至隋煬帝大業五年迅速增長到約 907 萬戶、4600 餘萬口，兩相比較著籍人口增長了十餘倍。又社會財富也在急速增長，史料記載隋朝各地倉庫無不充盈，西京的太倉、東都的含嘉倉以及諸轉運倉，儲藏的穀物少則幾百萬石，多至千萬石。兩京、太原國庫儲藏的絹帛也各有數千萬匹。直到唐朝貞觀十一年（637），侍御史馬周在給唐太宗的奏疏中還提到："（隋）西京府庫亦爲國家（指唐朝）之用，至今未盡。"[1]

　　然而，隋朝强盛的外表下也隱藏着巨大的危機，最終導致隋朝短暫而亡，其中最大的問題在於統治基礎過於狹窄。隋朝延續西魏北周以來"關中本位政策"，政權基礎是出身於關隴地區的軍事貴族集團，即陳寅恪先生所概括的"宇文泰當日融治關隴胡漢民族之有武力才智者"。[2]"關中本位政策"在分裂時期，對於凝合胡漢各族勢力，形成强有力的軍事集團一致對外具有重要作用，北周和隋朝亦靠此先後消滅了北齊與陳朝。然而隋朝自南北統一後，政權的性質已由地方割據政權上升爲全國性的中

---

① （唐）吳兢：《貞觀政要》卷六《論奢政》，上海古籍出版社 2016 年版。

② 陳寅恪：《唐代政治史述論稿》上篇，上海古籍出版社 1997 年版。

央政權，統治基礎本應隨之擴大，但是隋朝統治者沒有因勢利導，而是繼續沿用"關中本位政策"，敵視原北齊地區的山東士人和陳朝的江南士人。政權的相對封閉使得隋朝統治基礎較爲薄弱，抵禦風險的能力不强。加上隋煬帝楊廣統治期間，驕奢淫逸、好大喜功、濫用民力，他營建東都，開鑿大運河，大修長城，巡幸江都，接二連三地發動征伐高句麗的戰争，弄得天怒人怨，激化了國内矛盾，導致大規模的農民起義爆發，在内外因的共同作用下，强大的隋朝在短暫統一後遂很快土崩瓦解。

二 《隋書》成書經過及作者概況

《隋書》由本紀、列傳和志三部分構成。其中本紀五卷，包含隋文帝楊堅與隋煬帝楊廣各二卷，隋恭帝楊侑一卷。列傳五十卷，其中后妃、文四子、煬三子各一卷；宗室、將相、大臣傳三十三卷；類傳十卷，即誠節、孝義、循吏、酷吏、儒林、文學、隱逸、藝術、外戚、列女各一卷；周邊四裔少數民族及外國東夷、南蠻、西域、北狄各一卷。志三十卷，包含《禮儀志》七卷、《音樂志》三卷、《律曆志》三卷、《天文志》三卷、《五行志》二卷、《食貨志》一卷、《刑法志》一卷、《百官志》三卷、《地理志》三卷、《經籍志》四卷。紀傳題魏徵等撰，先於志修成頒行。志爲《五代史志》，題長孫無忌等撰，記載梁、陳、北齊、北周、隋五代的相關制度，最初别行，後因記述以隋代爲主，遂附於《隋書》刊行。

先談紀傳部分的撰修。唐初，爲總結歷史經驗教訓，武德四年（621），秘書丞令狐德棻以"近已以來，多無正史"，[1] 向唐高祖李淵建言撰修梁、陳、北魏、北齊、北周、隋等前代史。次年，唐高祖下詔命着手編纂，令中書令封德彝、中書舍人顏師古負責撰修隋史，此次修撰歷時數年，但最終未能成書。[2]

唐太宗貞觀三年（629），第二次重修五代史，由房玄齡、魏徵"總監"，魏徵還親自主持《隋書》編纂。據《唐會要》載："貞觀三年，於中書置秘書內省，以修五代史。"[3] 但未列撰修者姓名。《舊唐書》的《令狐德棻傳》和《魏徵傳》列舉了主要編撰人員。《令狐德棻傳》云："乃令德棻與秘書郎岑文本修周史，中書舍人李百藥修齊史，著作郎姚思廉修梁、陳史，秘書監魏徵修隋史，與尚書左僕射房玄齡總監諸代史。衆議以魏史既有魏收、魏澹二家，已爲詳備，遂不復修。德棻又奏引殿中侍御史崔仁師佐修周史，德棻仍總知類會梁、陳、齊、隋諸史。"[4]《魏徵傳》說："有詔遣令狐德棻、岑文本撰周史，孔穎達、許敬宗撰隋史，姚思廉撰梁、陳史，李百藥撰齊史。徵受詔總加撰定，多所損益，務存簡正。隋史序論，皆徵所作，梁、陳、齊各爲總論，時稱良史。"[5] 由此可知，除房玄齡"總監"、令狐德棻"總知"諸史之功外，《隋書》出力最多的是魏徵、孔穎達、許敬宗三人。《隋書》紀傳

---

① 《舊唐書》卷七三《令狐德棻傳》，中華書局點校本 1975 年版。
② 《唐會要》卷六三《修前代史》，中華書局 1955 年版。
③ 《唐會要》卷六三《修前代史》。
④ 《舊唐書》卷七三《令狐德棻傳》。
⑤ 《舊唐書》卷七一《魏徵傳》。

叙述多出自孔、許二人之手，最終經魏徵"損益""撰
定"，魏徵親撰序一十四篇，論五十三篇。

　魏徵，字玄成，唐代鉅鹿（今河北鉅鹿縣）人。①　祖
父魏産和父親魏長賢都有志於修史，其族兄魏收和魏澹是
前代知名史家。魏徵年輕時參加隋末瓦崗軍起義，後隨李
密降唐。初爲太子李建成洗馬，數勸太子防備秦王李世民
奪嫡。太宗即位，不計前嫌加以重用。魏徵前後所諫二百
餘事，幾乎全爲太宗采納，君臣二人納諫與進諫的故事亦
成爲千古佳談。貞觀二年（628），魏徵以秘書監參議朝
政，"以喪亂之後，典章紛雜，奏引學者校定四部書"。②
又佐房玄齡主持編撰五代史。貞觀十年完成。貞觀中期，
太宗日漸驕奢，怠於政事。魏徵連上《十思疏》《十漸不
克終疏》，提醒太宗居安思危，以終善道。貞觀十六年，
魏徵因病卒官，太宗痛哭，對侍臣説："以人爲鏡，可以
明得失。……今魏徵殂逝，遂亡一鏡矣！"③　魏徵言論多見
於《貞觀政要》。

　孔穎達，字沖遠，唐冀州衡水（今河北衡水市）人，
爲唐初經學大家。隋大業初，舉明經高第，授河內郡博
士。入唐後，先後任國子博士、給事中、太子右庶子、國
子祭酒等職。貞觀十七年（643）致仕，二十二年卒。曾
與顏師古等撰《五經正義》，該書成爲科舉取士教科書。
《舊唐書》卷七三、《新唐書》卷一九八《儒學上》有傳。

---

① 《貞觀政要》卷二《任賢》。又《舊唐書》卷七一《魏徵傳》作
"鉅鹿曲城人"，《新唐書》卷九七《魏徵傳》作"魏州曲城人"。
② 《舊唐書》卷七一《魏徵傳》。
③ 《舊唐書》卷七一《魏徵傳》。

許敬宗，字延族，唐杭州新城（今浙江富陽市）人。隋大業中舉秀才，後參加瓦崗軍。武德初，爲李世民秦王府十八學士之一。貞觀時，歷著作郎、中書舍人、給事中、太子右庶子、檢校中書侍郎等，監修國史，參撰《武德實錄》《貞觀實錄》。高宗時，爲禮部尚書。因擁立武則天爲皇后之功，顯慶二年（657）拜侍中。次年，升中書令，進爵高陽郡公。龍朔三年（663），册拜太子少師，同東西臺三品，仍監修國史。咸亨三年（672）卒，年八十一。許敬宗監修國史，愛恨由己，虚美隱惡，又删改高祖、太宗兩朝《實錄》，爲史家所詬。《舊唐書》卷八二、《新唐書》卷二二三上《奸臣上》有傳。

除了上述三人，劉知幾《史通·外篇·古今正史》云："皇家貞觀初敕中書侍郎顏師古、給事中孔穎達共撰成《隋書》五十五卷。"① 黃永年先生認爲當是包括了第一次武德時撰修人員而言，第二次修成的《隋書》裏不會沒有第一次顏師古及封德彝修成的篇卷。② 又據史料記載，敬播③、李延壽④、趙弘智⑤等人也曾參與了具體的修撰工

① （唐）劉知幾撰，趙吕甫校注《史通新校注》，重慶出版社 1990 年版。

② 參黃永年《〈隋書〉説略》，載《經史説略·二十五史説略》，北京燕山出版社 2002 年版。

③ 《舊唐書》卷一八九上《儒林·敬播傳》："有詔詣秘書内省佐顏師古、孔穎達修隋史。"

④ （唐）李延壽：《北史》卷一〇〇《序傳》："延壽與敬播俱在中書侍郎顏師古、給事中孔穎達下删削。"中華書局點校本 1974 年版。亦見《舊唐書》卷一八九上《敬播傳》。

⑤ 《舊唐書》卷一八八《孝友·趙弘智傳》："又預修《六代史》。"

作。則撰寫者又有顏師古、孔穎達、封德彝、敬播、李延壽、趙弘智等人。

貞觀十年（636），《隋書》紀傳與陳、梁、北齊、北周四史同時完成，合稱"五代史"。這件大事在《舊唐書》卷三《太宗紀下》和卷七三《令狐德棻傳》裏均有記載。《唐會要·修前代史》詳記說："貞觀十年正月二十日，尚書左僕射房玄齡、侍中魏徵、散騎常侍姚思廉、太子右庶子李百藥、孔穎達、禮部侍郎令狐德棻、中書侍郎岑文本、中書舍人許敬宗等撰成周、隋、梁、陳、齊五代史上之，進階頒賜有差。"①

"五代史"修成之初，尚未有志。貞觀十五年，唐太宗下詔續修五代史志。參修者據《隋書》所附北宋天聖二年（1024）官刻跋語載："左僕射于志寧、太史令李淳風、著作郎韋安仁、符璽郎李延壽同修《五代史志》。"又小注云"《經籍志》四卷，獨云侍中、鄭國公魏徵撰"。②此時魏徵雖已去世，《經籍志》所用或爲魏徵成稿。除跋語所列諸人外，《史通·外篇·古今正史》還載："其先撰史人，惟令狐德棻重預其事。"《舊唐書》卷七三《李延壽傳》載："受詔與著作佐郎敬播同修《五代史志》。"李延壽《北史·序傳》載："（貞觀）十七年，尚書右僕射褚遂良時以諫議大夫奉敕修《隋書》十志。"知參與編修者應當還有令狐德棻、敬播、褚遂良三人。

---

① 《唐會要》卷六三《修前代史》。
② 《隋書·宋天聖二年隋書刊本原跋》，中華書局 1975 年版。

　　《五代史志》最初由令狐德棻監修，① 永徽三年
（652）以後改由長孫無忌，歷時十五年，至高宗顯慶元年
（656）始成。《舊唐書》卷四《高宗紀上》載：顯慶元年
"五月己卯，太尉長孫無忌進史官所撰梁、陳、周、齊、
隋五代史志"。《唐會要·修前代史》亦云史官所修而"太
尉無忌進之"。長孫無忌很可能祇是以官高而領銜進上，
未必參與實際撰寫工作。②

　　《五代史志》修成後，由於《梁書》《陳書》等已經
單行，加上叙事又以隋代爲主，便把它編入五代史最後一
部《隋書》中，亦稱《隋志》。《五代史志》編入《隋書》
後，最初還有"別行"一説，《史通·外篇·古今正史》
云："（《五代史志》）篇第雖編入《隋書》，其實別行，俗
呼爲'五代史志'。"但是"別行"的時間應該不會太長，
唐玄宗開元時期整比圖籍時，已載《隋書》爲八十五卷，
已無《五代史志》"別行"之説了。③

　　《隋書》是第一部真正意義上的官修正史。按照官修
史書慣例，如果參與者一人以上，一般祇題最主要的一
人，或爲主撰人，或爲監修者，也可能是進上人。如《隋
書》題名，《舊唐書·經籍志》題"魏徵等撰"④。《新唐
書·藝文志》則題"（令狐德棻）《隋書》八十五卷，

---

①　《舊唐書》卷七三《令狐德棻傳》載："永徽元年……監修國史及
《五代史志》。"
②　參黃永年《〈隋書〉説略》。
③　謝保成：《隋唐五代史學》，商務印書館 2007 年版，第 37 頁。
④　《舊唐書》卷四六《經籍志上》。

《志》三十卷"。① 而《宋史·藝文志》又説："顏師古《隋書》八十五卷。"② 但與其他正史相比，《隋書》的紀傳和志的情況較爲特殊，故歷代諸本多是紀傳和志分題。如北宋天聖二年（1024）官刻《隋書》，"從衆本所載"，紀傳部分題魏徵撰，志題長孫無忌撰。③ 今存宋刻遞修本紀傳部分題"特進臣魏徵上"，志部分則題"太尉揚州都督監修國史上柱國趙國公臣長孫無忌等奉敕撰"。④ 現存諸本多采用這種方式。

三　《隋書》史料價值與史學成就評介

《隋書》史料價值與史學成就主要表現在以下幾個方面：

（一）《隋書》是現存記載隋代史事唯一重要且完善的文獻。

隋代歷史短暫，經隋末農民戰爭以及江都宮變，圖籍損毀嚴重。《隋書·百官志》"序"云："（煬帝）南征不復，朝廷播遷，圖籍注記，多從散逸。今之存録者，不能詳備焉。"⑤《史通·外篇·古今正史》也説："隋史當開皇、仁壽時，王劭爲書八十卷，以類相從，定其篇目，至於編年、紀傳，並闕其體。煬帝世，惟有王胄等所修《大業起居注》。及江都之禍，仍多散逸。"因此，能够流傳下

---

① 《新唐書》卷五八《藝文志二》。
② 《宋史》卷二〇三《藝文志二》。
③ 《隋書·宋天聖二年隋書刊本原跋》。
④ 《中華再造善本·隋書》，北京圖書館出版社 2006 年版。
⑤ 《隋書》卷二六《百官志上》。

來的隋史文獻非常少。唐初所修《隋書》就顯得尤爲重要。北宋司馬光編修《資治通鑑》，隋代部分就幾乎全以《隋書》爲依據。儘管此後，繼修隋史者不乏其人，如唐高宗時敬播的《隋略》、張大素的《隋書》，唐玄宗時吳兢的《隋史》等，但大都没有流傳下來。雖然今天還能見到部分隋人詩文或碑刻墓誌，但史料都過於零散，其價值遠不能和《隋書》比擬。因此研究隋史，《隋書》的地位當居所有史料之首。

（二）《隋書》保存了大量珍貴資料，史料價值高。

《隋書》修撰時間距離隋亡時間較近，加上人物采訪成爲史料的一大來源，因此史料真實性較高。魏徵説："隋家舊史，遺落甚多。比其撰録，皆是采訪。或是其子孫自通家參校，三人所傳者，從二人爲實。"① 但采訪是有條件的。唐初距離隋代較近，修史時許多舊人還健在。這些人大多從隋代過來，耳聞目睹，有的甚至是事件的親歷者，他們的口述能够彌補文獻的不足。如隋唐名醫孫思邈，歷北周、隋、唐，"話周、齊間事，歷歷如眼見。……魏徵等受詔修齊、梁、陳、周、隋五代史，恐有遺漏，屢訪之，思邈口以傳授，有如目睹"。② 因此，修撰者令狐德棻在上表中説："當今耳目猶接，尚有可憑，如更數十年後，恐事迹湮没。"③ 的確如此。隨着時間推移，一旦這些人相繼故去，相關歷史也將隨之淹没。《隋書》價值之一就是最

---

① （唐）王方慶：《魏鄭公諫録》卷四《對隋大業起居注》，四庫全書本。

② 《舊唐書》卷一九一《孫思邈傳》。

③ 《舊唐書》卷七三《令狐德棻傳》。

大限度將這些口述史料保存下來，這也是此後其他相關文獻無法超越的。此外，作爲《隋書》主編的魏徵，爲人正直，加上參修者多爲當朝名士，也對"直書其事"起了一定保障。

因此，《隋書》保存了大量珍貴史料。如本紀中保存了大量詔令原文，是研究制度史以及文學史的重要資料。列傳中珍貴史料也比比皆是，如卷四九《牛弘傳》全文刊載其《請開獻書之路表》，叙述了歷代書籍流傳散亡情況，爲文獻學研究者必讀之文。卷五一《長孫晟傳》中記載隋與突厥交涉往來歷史，反映了雙方的實力消長。卷七〇《李密傳》記載隋末農民大起義史實，對於研究隋末歷史十分重要，兩《唐書·李密傳》唐以前部分就幾乎全部照搬《隋書》。卷七八《藝術傳》中《臨孝恭傳》記載的《欹器圖》《地動銅儀經》，《張冑玄傳》記載其精密天文推算的結果，爲古代科技史研究重要史料。卷八一《東夷·流求國傳》及卷六四《陳稜傳》記載臺灣居民社會組織、經濟生活以及與大陸聯繫狀況等，是研究中古時期大陸與臺灣之間聯繫的主要參考資料。卷八三《西域傳》第一次記載昭武九姓諸國，爲研究西域歷史提供了新的資料。至於《五代史志》就更多了，有些僅見於《隋書》，如《刑法志》中保存的《隋律》，是現存最早的一部古代法典；《食貨志》中記載的北齊、北周、隋的均田法令；等等。

（三）以史爲鑒的歷史觀。

"以史爲鑒，可以知興替"，唐太宗李世民君臣有着清醒的歷史意識。唐初統治者親眼目睹隋代滅亡，總結隋代興亡的經驗教訓，就成爲唐太宗君臣 "以史爲鑒" 的首要内容。唐太宗在恩獎《五代史》修撰者的詔書中如是説："將欲覽前王之得失，爲在身之龜鏡。"① 這其中的 "前王"，最重要者莫過於隋文帝楊堅和隋煬帝楊廣了。魏徵也曾提醒唐太宗："願當今之動静，必思隋氏以爲殷鑒，則存亡治亂，可得而知。"② 因此，魏徵在主持編撰《隋書》的過程中，始終秉持以隋爲鑒的修史宗旨，特别是體現在魏徵親自撰寫的史論中。主要有以下幾個方面：

首先，總結隋代興亡的經驗教訓。《隋書》對於隋文帝評價，采用一分爲二的方法。認爲文帝移遷周鼎、一統宇内功績，"考之前王，足以參蹤盛烈"③。其原因 "誠在於愛利"，即使戎車屢動，也是 "思以安之"，民衆勞苦，"思以逸之"，因此能够 "其興也勃焉"。④這是統治者需要學習的地方。但《隋書》也不忘提醒統治者，即使在太平盛世，也要居安思危。隋二世而亡，禍亂之兆文帝時已顯現。《高祖紀下》"史臣曰"：文帝 "無寬仁之度，有刻薄之資"，"稽其亂亡之兆，起自高祖，成於煬帝，所由來遠矣，非一朝一夕"。⑤ 提醒唐太宗即使在太平盛世也勿要 "處安忘危、處治忘亂"。

對於隋朝滅亡的原因，《隋書》認爲主要在於煬帝

---

① 《册府元龜》卷五五四《國史部・恩獎》，中華書局 1960 年版。
② 《貞觀政要》卷八《刑法》。
③ 《隋書》卷二《高祖紀下》"史臣曰"。
④ 《隋書》卷七〇 "史臣曰"。
⑤ 《隋書》卷二《高祖紀下》"史臣曰"。

"自絶民神之望"①，把亡國之君的作爲當做"史鑒"的重要内容。《煬帝紀》以及其他一些傳中對煬帝荒淫殘暴、大興土木、窮兵黷武，進行大肆鞭撻。將隋亡之過歸於煬帝失政，如卷五《恭帝紀》"史臣曰"："一人失德，四海土崩。"卷八三《西域傳》"史臣曰"："此皆一人失其道，故億兆罹其毒。"魏徵甚至認爲此亘古未有："自肇有書契以迄于兹，宇宙崩離，生靈塗炭，喪身滅國，未有若斯之甚也。"②

其次，重視民衆在歷史發展中的作用。唐太宗就曾說過："爲君之道，必須先存百姓。若損百姓以奉其身，猶割脛以啖腹，腹飽而身斃。"③ 而隋煬帝就是一個很好的反面例子。《隋書》大量記載隋煬帝每次較大規模的徭役、兵役，所動用的民力，以及死亡情況，記載之詳盡，在正史中亦不多見。例如《隋書·食貨志》記載煬帝時，營建東都洛陽，役使民夫二百萬人，死者十四五；北築長城，役使百萬，死者過半；開鑿大運河，役使百萬，以致男丁不供，徵調婦女服役。④ 勞役過重，嚴重破壞國家的農業生產，也是隋末農民大起義的一大誘因。

唐初君臣目睹農民起義推翻隋王朝的經過，對於民衆在改朝換代中的作用也有清醒認識。因此，《隋書》以大量的筆墨記載了民衆反隋鬥爭的情況，這其中有專傳的就有楊玄感、李密等人。據學者統計，《隋書》五十五卷紀

① 《隋書》卷七〇"史臣曰"。
② 《隋書》卷四《煬帝紀下》"史臣曰"。
③ 《貞觀政要》卷一《君道》。
④ 《隋書》卷二四《食貨志》。

傳中，記載民衆反隋鬥争或武裝起義的就達二十多卷。在
《食貨志》和《五行志》裏面也有農民起義的記載。特別
是《高祖紀》與《煬帝紀》中，從開皇十年開始，十七
年、二十年、仁壽二年到大業六年、七年，特別是大業九
年以後，幾乎每月都有各種形式民衆鬥争的記載。①

　　再次，注意君臣關係，從諫如流。魏徵與李世民進諫
與納諫的故事在歷史中傳爲美談。對於煬帝，魏徵曾評價
説："隋主雖有俊才，無人君之量。恃才傲物，所以至於
滅亡。"② 在《隋書》中魏徵也一再提醒統治者要以隋爲
鑒，注意君臣關係，他説："大廈云構，非一木之枝；帝
王之功，非一士之略。長短殊用，大小異宜，榱桷棟梁，
莫可棄也。"③ 要發揮各種人才的智慧和作用，而不是像隋
文帝一樣大殺朝臣，使得"其草創元勳及有功諸將，誅夷
罪退，罕有存者"④。統治者要注意納諫，從諫如流，不要
像隋煬帝一樣"除諫官以掩其過"，以至於"普天之下，
莫匪仇讎，左右之人，皆爲敵國"⑤。

　　最後，統治者要提倡節儉、禁止奢靡，要寬刑薄賦、
與民休息，要遠佞臣、近賢良、任用賢能等仁政愛民的思
想在《隋書》中也都有反映。

　　（四）《隋書》編撰體例詳贍、叙事簡練、文筆嚴净。

　　《隋書》歷經二次修撰，準備周期較長，且參與者皆

---

① 謝保成：《隋唐五代史學》，第 42 頁。
② 《魏鄭公諫録》卷四《對隋主博物有才》。
③ 《隋書》卷六六"史臣曰"。
④ 《隋書》卷二《高祖紀下》。
⑤ 《隋書》卷四《煬帝紀下》"史臣曰"。

当時之名士，因此編撰水平很高。這首先表現在體例詳贍上。清人李慈銘在比較唐以前"八書二史"後説："南、北《史》多以一家合傳，意重譜系，致時代不分，先後失序，故八書必不可少。而八書中尤要者以宋、隋兩書，次則《魏書》《南齊書》《梁書》。蓋五書皆詳贍有體例，符璽刊落較多也。"① 認爲《隋書》不僅體例詳贍，在"八書二史"中也是編撰較好的。今試舉列傳爲例。

《隋書》包括本紀、列傳、志三大部分，其中以列傳分量最重，占全書總卷數的近五分之三。在這五十卷列傳中，分類較細，體例嚴明。大體可以分爲以下幾個類型②：

一是將相大臣和其他重要人物傳，此包括卷三七到四二，卷四六到五八，卷六〇到七〇，共三十卷，可以説這是列傳主體。

二是類傳，按照人物特點，以類編排，每類中包含若干人。這部分包括誠節、孝義、循吏、酷吏、儒林、文學、隱逸、藝術、外戚、列女等傳，從卷七一至八〇，共十卷。

三是皇帝親屬列傳。包括卷三六《后妃傳》、卷四五《文四子傳》、卷五九《煬三子傳》，還有卷四三和卷四四楊氏親王列傳。

四是少數民族及外國列傳，包括東夷、南蠻、西域、北狄四傳，此記載周邊兄弟民族或外國大體狀況，非爲個人立傳。

---

① （清）李慈銘：《越縵堂日記》第五册"丙寅八月初五日辛卯"，廣陵書社影印手稿本。
② 此參黄永年《〈隋書〉説略》。

　　五是弑逆人物傳，包括宇文化及、司馬德戡、王世充等人，他們或弑殺煬帝，或弑殺煬帝繼任者，舊時都算弑逆，爲統治者所不恥，被貶到全書末尾。

　　從中可以看出《隋書》列傳的編排是下了很大功夫的，研究者對其檢索與利用也是十分方便。

　　其次，《隋書》叙事之簡練、文筆之嚴凈也爲歷代史家所稱道。清代史家趙翼對此評價云：“《隋書》最爲簡練，蓋當時作史者皆唐初名臣，且書成進御，故文筆嚴凈如此。南、北《史》雖工，然生色處多在瑣言碎事，至據事直書，以一語括數語，則尚不及也。”①《隋書》的修撰者諸如魏徵、孔穎達等大都是飽學之士，文學功底深厚，精於文章之道。因此《隋書》不僅在叙事上層次清晰、簡嚴完善，而且文字的運用也是字斟句酌。特別是魏徵所撰序論，引經據典，博古論今。例如卷四《煬帝紀下》“史臣曰”中描寫煬帝衆叛親離，就用“普天之下，莫匪仇讎，左右之人，皆爲敵國。……億兆靡感恩之士，九牧無勤王之師”等句，對仗工整，語義恰當。隨後引用《尚書》中“天作孽，猶可違，自作孽，不可逭”，對其所作所爲進行評價，可謂恰如其分。再如卷七一《誠節傳》序中，對於忠節的内涵，魏徵寫到“仁道不遠，則殺身以成仁；義重於生，則捐生而取義”。並列舉歷史上著名典故，“龍逢投軀於夏癸，比干竭節於商辛，申蒯斷臂於齊莊，弘演納肝於衛懿”。也是對仗工整，十分精彩。再如傳記中對於人物描寫也是十分到位，如卷八五《宇文化及傳》

---

　　① （清）趙翼：《陔餘叢考》卷七《隋書》，中華書局 2012 年版。

中云："（化及）性凶險，不循法度，好乘肥挾彈，馳騖道中，由是長安謂之輕薄公子。"短短數語，一個危險的紈綺子弟形象躍然紙上。此類例子極多，不可備舉。

（五）最具特色的《隋志》。

《隋書》十志包括禮儀、音樂、律曆、天文、五行、食貨、刑法、百官、地理、經籍十目。分別按照梁、陳、北齊、北周、隋的次序來講述相關制度的沿革演變，有些還追述至漢魏。其中叙事以隋代爲主。儘管十志僅有三十卷，祇占全書的三分之一强，但其分量和紀傳幾乎相當。以中華書局點校本爲例，全書共一千九百頁，紀傳部分祇有九百頁，而志却達一千多頁。

《隋志》雖出於衆人之手，但各志的撰寫者都是學有專長，如《禮儀志》以當時大儒牛弘所撰《朝儀記》爲底本；《經籍志》用的是魏徵原稿，魏徵曾在武德末和貞觀初兩次進行大規模的圖籍搜求和整理工作，對於經籍情況的了解當時無出其右者；天文、律曆、五行三志由李淳風撰寫，李淳風"深明星曆，善於著述"①，是當時數一數二的天文曆法學家。因此，各位作者能夠各盡其才，保證了《隋志》的高質量。同時，《隋志》在編纂體例上也是十分合理，在總結前代的基礎上，十志内容基本奠定了此後"正史"中史志的規模。因此，《隋志》的史學成就對後世影響很大，爲歷代研究者所重視。宋代鄭樵在《通志·藝文略三·隋》中就説："《隋志》極有倫類，而本末兼明，

---

① 《舊唐書》卷七〇《房玄齡傳》。

惟《晋志》可以無憾，遷、固以來皆不及也。"①

《隋志》的史料價值具體體現在各志中，此按《隋書》目次要而述之。

《禮儀志》卷數最多、份量最重，詳細記載了五代郊天、祀地、祭廟等禮儀，其中對於車輿及服飾制度的記載，可與考古資料相印證，是研究中古時期物質文化史的重要史料。

《音樂志》記載了各地及國內豐富的音樂和舞蹈史料，其中包括皇家祭祀時所用各種樂器的形制，逐一介紹煬帝所定九部樂的源流、樂曲和樂器，以及南北朝時期名爲"百戲"的各種雜技表演等。

《律曆志》《天文志》《五行志》三者均爲太史令李淳風所撰，其中記載了大量"天人感應"迷信內容，但也不乏科技史研究的珍貴史料。如《律曆志》記載漢魏以來度量衡變遷的情況，祖冲之對圓周率的研究，歷代的立法及推算方法，張子信和劉焯對"日行盈縮"規律的探討等。《天文志》詳細記載當時所知的星座和天象，並記述了我國古代的種種天文理論以及渾天儀、渾天象等天文儀器的製作方法。《五行志》記載了當時大量的天災人禍，是研究古代灾荒史的很好史料。

《食貨志》系統記錄了南北朝至隋土地、户籍、賦役、貨幣等制度的情況，如均田制、租庸調制，是經濟史研究的重要史料。由於南北朝諸史祇有《魏書》有《食貨志》，因此《隋書·食貨志》的記載就更加爲研究者所重視。

---

① （宋）鄭樵撰，王樹民點校：《通志二十略》，中華書局 1995 年版。

《刑法志》記載南北朝以來法律制度、律書的編撰與執行情況，並詳細記載其篇目和死、流、徒、杖、笞五等刑罰的輕重類別，並且唐代以前歷朝刑律的資料原本均已散佚，《刑法志》中保存相關史料對於法制史研究來說就顯得格外珍貴。

《百官志》詳細記載了五代史中文武職官及職掌，以及封爵、班品等情況，特別是對隋文帝及煬帝對官制的改革記載更詳，連最後設置掌領驍果的武職也一一講到了，從中可窺見唐代官制的淵源。官制是我們閱讀史料和研究歷史的基礎，其重要性不需多講。

《地理志》以隋煬帝大業五年（609）的版圖爲準，按照隋的郡縣逐一叙述，並在郡縣下記注北魏和梁以來的沿革，其内容包括建制沿革、郡縣户口、山川河渠、風俗物産等，是歷史地理研究的重要史料。

《經籍志》是《漢書·藝文志》之後我國紀傳體史書上出現的第二個圖書目録，總結了漢至隋間各種學術源流以及圖籍的保存和散佚情況。首創經、史、子、集四部分類法，是研究目録學史、學術史的重要史料。此後很多圖書在流傳過程中陸續亡佚，不依靠《經籍志》，可能連書名也無從知曉。

然金無足赤，對於《隋書》的缺陷，歷代學者也多有指陳，主要集中在以下幾個方面：

其一，史料仍有缺略。

就隋代歷史研究而言，《隋書》史料雖已較爲詳實，然仍有缺略不足之處。例如卷五三卷末所載馮昱、王擽、李充、楊武通、陳永貴、房兆等人，“俱爲邊將，名顯當時"，記載較爲簡略，原因在於"史失其事"。卷六四卷末所載鹿愿、范貴、馮孝慈等，"俱爲將帥，數從征討，並有名於世。然事皆亡失，故史官無所述焉"。卷六六《高構傳》所載：豆盧寔、裴術、士燮、東方翬、皇甫聿道、劉士龍、房山基、裴鏡民、韋焜、韓則等人，"此等事行遺闕，皆有吏幹，爲當時所稱"。卷七八《藝術傳》所載許奭與許澄"父子俱以藝術名重於周、隋二代。史失事，故附見云"。因此，柴德賡先生在《史籍舉要·隋書》中說"足見《隋書》史料亦有缺憾"。① 此外，還有一些人在當時影響較大，然《隋書》隻字未提者，如佛教天臺宗的開創祖師智顗和尚，著名書法家智永禪師等。又如隋末農民起義蜂起，重要的領導人物亦不少，像李密、竇建德、劉黑闥等。但能够被專門立傳的，也祇有魏徵舊主李密一人，多數人名字或事迹僅見於《煬帝紀》，甚至不載。

其二，存在曲筆回護之處。

唐初修史，在唐太宗和魏徵等人的努力之下，儘量做到"善惡必書""無所忌憚"。② 相比於其他正史，《隋書》曲筆回護之處還是比較少的。如虞世南在貞觀初已是重臣，但其兄《虞世基傳》據筆直書，載其罪惡時，絲毫不加掩飾。但由於時代所限，修史者也逃脱不了歷史局限性，出於某些政治因素或人情關係，《隋書》還是存在一些隱諱之處。例如隋文帝篡奪北周政權，殺周靜帝，本紀記載却是三讓而受，似乎天下歸德如此；隋煬帝弒殺文帝

---

① 柴德賡：《史籍舉要》，北京出版社 2002 年版，第 127 頁。
② 《貞觀政要》卷七《文史》。

登上帝位，本紀所載文帝却是因病壽寢正終，並且在遺詔中説："今惡子孫已經爲百姓黜屏，好子孫足堪負荷大業。"① 這恐怕是害怕後人拿隋帝所爲與李淵奪取隋恭帝政權，李世民殺兄逼父奪取帝位進行類比，其曲筆隱諱之原因與李世民删改《起居注》《實録》同出一轍。故《隋書》修成後不久，杜寶在其所撰《大業雜記·序》中就説："貞觀修史未盡實録，故爲此書，以彌縫缺漏。"② 再如，房玄齡父親房彦謙，在隋官微職卑，所任不過州司馬、縣令一類的小官，一生又無重大事迹可記，祇因兒子做了宰相，又總監修史，便破格收入，並且篇幅還不算短。以致劉知幾對此評價説："至於朝廷貴臣，必父祖有傳，考其行事，皆子孫所爲。"③ 其他諸如長孫皇后之父長孫晟，被描寫成隋代第一外交家；李密曾爲魏徵故主，《李密傳》不載其叛唐之事；《誠節傳》所載十六人，僅有一人爲抵抗唐軍義士；等等，均爲曲諱所致，不再備舉。

其三，前後呼應稍有不足。

《隋書》成於衆手，並且紀傳與志分爲兩次修撰，因此有些地方記載前後呼應不足，並有訛誤之處。例如卷一《文帝紀上》所載"善相者趙昭"，而卷七八《藝術傳》却作"來和"；再如本紀所載煬帝遣常駿等出使赤土的時間在"大業四年"，但卷八二《南蠻·赤土傳》却記在"大業三年"。紀傳與志呼應失當亦是問題之一，如卷三八

① 《隋書》卷二《高祖紀下》。
② (宋) 陳振孫撰，徐曉蠻、顧美華點校：《直齋書録解題》卷五《雜史類·大業雜記》，上海古籍出版社 2015 年版。
③ (唐) 劉知幾撰，趙吕甫校注：《史通新校注》卷七《內篇·曲筆》。

《鄭譯傳》、卷四九《牛弘傳》、卷六六《裴政傳》都提到討論音樂之事，云語在《音律志》或事在《音律志》，但《隋書》祇有《音樂志》或《律曆志》。卷六八《閻毗傳》討論車輿，云語在《輿服志》，卷六八《何稠傳》記大業初年營造輿服羽儀，説事在《威儀志》。但《隋書》没有這兩志，上述内容均收入《禮儀志》中。當然，《隋書》卷帙浩繁，且出於衆手，其抵牾之處在所難免，我們也不必過於苛求古人。

四 《隋書》版本流傳及考證校釋情況

《隋書》是唐初官修史書中質量較高的一部，加上《五代史志》的編入，爲歷代統治者和研究者所重視。唐代科舉考試重經史，玄宗時劉秩在《舉人條例》中就説："其史書……李延壽《南史》爲一史，《北史》爲一史。……習《北史》者，通《後魏》《隋書》志。"① 可知《隋志》在當時已成爲國家舉人的法定教材。但是由於原始史料不足和官修史書的通病，《隋書》頒行後不久，出現不少重修之作。

據《舊唐書·經籍志》與《新唐書·藝文志》記載，唐高宗時張大素撰《隋書》三十二卷、吕才撰《隋紀》二十卷、敬播撰《隋略》二十卷。唐玄宗時吴兢又"以梁、陳、齊、周、隋五代史繁雜，乃别撰……《隋史》二十卷"。② 祇是這些書都没有流傳下來。又有唐代杜寶撰《大

---

① （唐）杜佑撰：《通典》卷一七《選舉五·雜議論中》，中華書局1988年版。

② 《舊唐書》卷一〇二《吴兢傳》。

業雜記》十卷。以編年體例記載隋仁壽四年（604）煬帝繼位到武德四年（621）王世充降唐一段時間史事。[①] 整體看，這些續作水平都在《隋書》之下。

已知《隋書》最早刻本是北宋天聖二年（1024）本，但原本今已失傳，僅存跋文，中華書局校點本出版時附於書末。目前所見最早刻本是南宋初期刊南宋前期修的宋刻遞修本，亦稱宋刻小字殘本，現存六十五卷，二〇〇六年"中華再造善本叢書"影印。又有南宋中期建刊十行本，亦稱宋刻中字本，現存三部殘本，合計不過八卷。臺灣"中央圖書館"藏兩種，一種卷十，另一種卷九與卷十一，中國國家圖書館現存五卷（卷二四、卷二五、卷四八至五〇），二〇〇三年"中華再造善本叢書"影印出版。[②] 元代版本現存主要有兩種：一是大德（1297—1307）時饒州路刻十行本，元代後期在此版基礎上，又有覆刻元大德饒州路刊本，元大德饒州路刊版、元後期覆饒州路版混配版兩種。[③] 大德饒州路刊版後入明南京國子監，遞修至萬曆年間。民國二十四年商務印書館在張元濟先生主持下編印了一部彙集各種舊刻本影印的"百衲本二十四史"，其中《隋書》即據此影印，百衲本亦是今注本《隋書》的工作底本。二是至順（1330—1333）時瑞州路儒學刊九行本。此兩種元版傳世均不止一部。瑞州路刊版入明亦有遞修。

---

① 按，此書宋代以後逐漸散佚，後人加以輯補，今存一卷。

② 以上宋刻本情況介紹參〔日〕尾崎康著，喬秀岩、王鏗編譯《正史宋元版之研究》，中華書局 2018 年版，第 527—533 頁。

③ 〔日〕尾崎康著，喬秀岩、王鏗編譯：《正史宋元版之研究》，第 538—547 頁。

明代版本主要有三種：萬曆二十二（1598）至二十三年南京國子監刻明清遞修本；萬曆二十六年北京國子監刻本；崇禎八年（1635）毛晋汲古閣刻本，此本以南監本爲底本，並通校宋本。清代刻本較多，較重要者：一是乾隆時武英殿所刻《二十四史》中《隋書》（亦簡稱殿本）。武英殿本以北監本爲底本，"此外完書備校者有南監本、汲古閣本。他本殘缺，亦可參校者，宋本外有兩舊本"。① 後據武英殿木，又有光緒年間同文書局影印本、光緒年間五洲同文書局影印本、光緒年間上海圖書集成印書局鉛印本、光緒年間竹簡齋影印武英殿本、光緒年間上海間史齋石印本、民國年間上海涵芬樓影印武英殿本，② 以及中華書局《四庫備要》排印本等；二是四庫全書本（簡稱庫本）；三是同治年間淮南書局刻本，附有清薛壽等考異；四是清同治八年嶺南菊古堂刻本。民國時期重要者有民國二十四年上海開明書店影印《二十五史》中的《隋書》。二十世紀六十年代，中華書局陸續出版點校本"二十四史"，簡稱中華本，《隋書》於一九七三年出版。中華本《隋書》除了利用宋元本互校外，也參校其他明清刻本及《通典》《太平御覽》《册府元龜》《資治通鑑》等傳世文獻。③ 中華本質量較高，問世後成爲文史工作者較常用的本子，近年中華書局又組織力量對中華本做了新修訂。④

---

① 武英殿本《隋書》後附校刊官張映斗語。
② 《中國古籍總目》（史部）第一册，中華書局、上海古籍出版社2009 年版，第 12 頁。
③ 《隋書》"出版説明"，中華書局 1973 年版。
④ 《隋書》（修訂本），吳玉貴、孟憲實主持修訂，中華書局 2019 年版。

　　《隋書》頒行之後，不斷有學者進行校勘與考證。北宋司馬光撰《通鑑考異》對《隋書》的某些内容有所辨證。這其中用力最多還當數清代學者，我們今天所能看到的清人有關此方面的著述也較多。《隋書》無表，清代學者補之者有三種：萬斯同撰《隋諸王世表》一卷；《隋將相大臣年表》一卷；黃大華《隋唐之際月表》一卷，此表自大業七年（611）至貞觀二年（628），按月臚列起兵者興亡。① 校勘考證方面：薛壽《隋書考異》一卷（附淮南書局本每卷後），楊守敬《隋書地理志考證附補遺》共十卷，章宗源、姚振宗分別撰有《隋書經籍志考證》十三卷和五十二卷，張鵬一撰《隋書經籍志補》二卷。② 又有丁謙《隋書四夷傳地理考證》一卷③。趙翼《陔餘叢考》《廿二史劄記》④，王鳴盛《十七史商榷》⑤，錢大昕《廿二史考異》⑥ 等有關《隋書》部分。此外還有李慈銘《越縵堂讀史劄記》中的《隋書劄記》一卷，傅雲龍《武英殿本二十三史考證》中的《隋書考證》一卷，羅振玉《五史斠議》之《隋書》部分⑦。牛運震《讀史糾謬》⑧ 十五卷，其中第十四卷載有《隋書糾謬》。汪曰楨《二十四史月日

---

① 俱見《二十五史補編》第四册，開明書店 1936 年版。
② 此幾種俱見《二十五史補編》第四册。
③ 張舜徽主編《二十五史三編》（第 5 册），岳麓書社 1994 年版。
④ 中華書局 1984 年版，王樹民點校本。
⑤ 上海書店出版社 2005 年版，黃曙輝點校本。
⑥ 上海古籍出版社 2004 年版，方詩銘、周殿傑點校本。
⑦ 以上三種載於徐蜀選編《二十四史訂補》（八），書目文獻出版社 1996 年版。
⑧ 齊魯書社 1989 年版，李念孔點校本。

考》（第四册）① 之《隋書》部分。或校勘訛誤、或辨證史實，成績顯著，影響較大。乾隆四年刊刻的武英殿本，書後附有考證，亦爲清代《隋書》校勘的一大成果。

近現代以來對《隋書》校勘考證重要者：一是民國時期張元濟先生主持編印"百衲本二十四史"時所做校勘記中的《隋書》部分，後經王紹曾等先生整理形成《百衲本二十四史校勘記·隋書校勘記》②。張先生還從校勘記中選取部分内容，撰成164篇短文，輯成《校史隨筆》③。其中《隋書》部分有四篇，分別是"元大德九路刊本""監本訛字""特勤特勒""鳩衣"。二是岑仲勉先生的《隋書求是》一書④。據岑先生自序，該書作於二十世紀三四十年代，仿司馬光《通鑑考異》而作。全書對《隋書》考訂和校勘非常精細，除卷三六《后妃傳》之外，各卷均有訂正校勘。此外，岑先生還利用碑誌等史料，將《隋書》中没有傳的人物做成小傳，有扈志、莊元始、豆盧寔、姚辯、元寔、范汝英、段濟幾人，附於書後，參考價值亦不小。三是中華書局校點本《隋書》及其校勘記。中華本《隋書》共六册，初稿由汪紹楹先生點校，因汪先生逝世，後經陰法魯先生全部覆閱改定。中華本在前人基礎上，首先用現代標點對全書重新整理，方便今天閱讀。其次是校勘，據出版説明云：中華本主要用宋小字本和兩種元刻本互校，參校其他刻本和《通典》《太平御覽》《册府元龜》

① 北京圖書館出版社 2005 年版。
② 商務印書館 2001 年版。
③ 上海古籍出版社 1998 年版。
④ 中華書局 2004 年版。

《資治通鑑》等史料，擇善而從。同時，吸收了前人對《隋書》的一些研究成果，如前文所說錢大昕、李慈銘、岑仲勉等的已有成果。從每卷末校勘記來看，中華本對南北朝其他正史，如《南史》《北史》《魏書》等的參考亦較多。但是限於篇幅，中華本所出的校勘記相對較少，有些内容徑改，沒有校記，也有些訛誤的地方沒有進行校勘。然瑕不掩瑜，近年，吳玉貴、孟憲實二位先生主持，在原點校本的基礎上做了全面修訂，據吳先生介紹："原點校本校勘記八百零三條，修訂本校勘記兩千三百八十八條，其中删去原校勘記八十三條，新增一千六百六十六條；保留的七百多條校勘記，大多經過充實和改寫。標點方面改動五百多處，糾正了原點校本的一些斷句錯誤。"① 從而大大提高了中華書局本的學術質量，可以說，中華書局點校本是目前已出版《隋書》中質量最高的本子。

今人研究隋代歷史以及相關人物的論文著作亦不少，其中不乏專題研究《隋書》史學思想或史料價值或對《隋書》校勘補訂的文章。重要者有黄永年《〈隋書〉說略》、《唐史史料學》中的《隋書》部分，謝保成《隋唐五代史學》第二章②，吳楓《隋唐歷史文獻集釋》③ 中《隋書》部分，瞿林東《略論〈隋書〉的史論》④，汪受寬《〈隋

① 《吳玉貴談〈隋書〉的編纂、點校與修訂》，《上海書評》2019 年 2 月 24 日。
② 厦門大學出版社 1995 年版，商務印書館 2007 版。
③ 中州古籍出版社 1987 年版。
④ 《歷史研究》1979 年第 8 期。

書〉曲筆論》①，仲偉烈《隋書帝紀箋注稿》②，等等。此外，對歷代史學名著進行評論也會涉及《隋書》者，此類成果水平高低各異，數量也較多，不再羅列。校勘補訂重要者有許福謙《南北朝八書二史疑年錄》③ 中《隋書》部分、牛繼清《〈隋書〉時誤補校》④、韓昇《隋史考證九則》⑤、侯旭東《〈隋書〉標點勘誤及校勘補遺》⑥、邢東升《〈隋書〉煬帝本紀疑誤舉例》⑦、施和金《〈隋書地理志〉考辯釋例》⑧、熊清元《〈隋書·百官志上〉點校匡補》⑨、孫煒冉《〈隋書·高麗傳〉勘誤一則》⑩、龍坡濤《〈隋書〉疑誤辨析》⑪、日本學者興膳宏與川合康三合撰的《隋書經籍志詳考》⑫ 等。其他成果可參考本書所列參考文獻。

五　今注本《隋書》的主要工作

今注本《隋書》是《今注本二十四史》大型系列叢書之一。根據編輯委員會《〈今注本廿四史〉編纂總則》及其《補充規定》的相關要求，課題組成員齊心合力，集數

---

① 《蘭州大學學報》1988 年第 1 期。
② 台灣新文豐出版股份有限公司 2004 年版。
③ 北京出版社、文津出版社 2003 年版。
④ 《文史》第 50 期。
⑤ 《廈門大學學報》1999 年第 1 期。
⑥ 《中國史研究》2001 年第 1 期、第 2 期。
⑦ 《學海》2010 年第 6 期。
⑧ 《華中師範學院學報》1982 年第 1 期。
⑨ 《黃岡師範學院學報》2000 年第 2 期。
⑩ 《中國史研究》2016 年第 3 期。
⑪ 《集美大學學報》2017 年第 4 期。
⑫ 汲古書院 1995 年版。

年之功完成書稿。在注釋《隋書》的工作中，突出"史家校注史書"的基本原則，在充分吸收前人研究成果的基礎上，利用史學工作者特有的視覺和專業知識，對紀、志、傳中的年代、人物、典制和紀事等方面的問題，辨證史實，糾謬正誤。並在一定程度上補充史料、注釋文本，力爭形成一套代表當代研究水平的新注本《隋書》。故此，今注本《隋書》工作重點主要有以下幾個方面：一是校勘正誤、二是注釋文本、三是補充史實。

（一）校勘正誤。

《隋書》在編撰和流傳過程中，由於種種原因，書中存在不少訛誤。歷代學者對此做過大量校勘正誤工作，如前文所舉武英殿本、百衲本、中華本等數次整理工作中，都做了不少糾謬工作。特別是中華本集前人研究之大成，並對全書進行分段、標點、校勘，糾正了大量訛誤，是現存各本中質量最高者。但終因篇幅浩大，難以畢其功於一役，其中誤點、誤校、漏校現象仍有存在，涉及時間、人名、地名、官職、標點等方面，課題組成員已有部分相關成果發表①。茲舉數例略加說明。

1. 時間誤校正。如《隋書》卷二《高祖紀下》載：開皇十三年"冬十月乙卯，上柱國、華陽郡公梁彥光卒"。

_____

① 馬俊民：《中華書局校點本〈隋書〉質疑二十二則》，載《中國古代社會高層論壇論文集：紀念鄭天挺先生誕辰一百一十周年》，中華書局2011年版；張葳：《〈隋書〉標點校考勘誤及補遺二十則》，《古籍整理研究學刊》2011年第5期；唐華全：《〈隋書〉勘誤18則》，《南昌航空大學學報》2012年第2期；唐華全：《中華書局校點本〈隋書〉質疑二十九則》，《河北師範大學學報》2012年第1期。

此“冬十月乙卯”爲“冬十一月乙卯”之訛。卷二五《刑法志》載：“（開皇）十六年，有司奏合川倉粟少七千石，命斛律孝卿鞫問其事。”此“開皇十六年”當爲“開皇十五年”。卷六六《柳莊傳》載：開皇“十一年，徐澄等反於江南”。此“十一年”應爲“九年”之誤。卷六七《裴矩傳》：“大業三年，帝有事於恒岳，咸來助祭。”“大業三年”應爲“大業四年”。卷八二《南蠻傳》載：“大業三年，屯田主事常駿、虞部主事王君政等請使赤土。”此“大業三年”應爲“大業四年”之誤。等等。

2. 人名誤校正。如卷六《禮儀志一》載：南朝陳北郊祭祀，“以皇妣昭后配”。此“昭后”當爲“安后”之誤。卷七《禮儀志二》載：梁武帝即位後，追尊“皇妣爲德皇后”。此“德皇后”應爲“獻皇后”之誤。卷二四《食貨志》載：“廢帝乾明中，尚書左丞蘇珍芝，議修石鼈等屯，歲收數萬石。”此“蘇珍芝”爲“蘇珍之”之誤。卷七八《庾季才傳》載：“梁廬陵王續辟荆州主簿。”此“續”應爲“續”之誤等。

3. 地名誤校正。卷三《煬帝上》載：大業三年春正月“丙子，長星竟天，出於東壁，二旬而止。是月，武陽郡上言，河水清”。“武陽郡”作“魏州”更合理。卷三七《梁睿傳》載：“自盧、戎以來，軍糧需給，過此即于蠻夷徵税，以供兵馬。”此“盧”爲“瀘”之誤。卷五二《賀若弼傳》載：開皇九年大舉伐陳，“先是，弼請緣江防人每交代之際，必集歷陽”。此“歷陽”爲“廣陵”之誤。卷八〇《譙國夫人傳》：“後廣州刺史歐陽紇謀反，召（馮）僕至高安，誘與爲亂。”此“高安”應爲“南海”

之誤等。

4. 官職誤校正。《隋書》卷三《煬帝紀上》載：大業元年“三月丁未，詔尚書令楊素、納言楊達、將作大匠宇文愷營建東京”。此“將作大匠”當作“匠作大監”。同卷大業五年五月丙戌，“帝分命内史元壽南屯金山”。此“内史”爲“内史令”之脱文。又卷五四《李徹傳》載：“李徹字廣達，朔方巖綠人也。父和，開皇初爲柱國。”此“柱國”當是“上柱國”之脱文。卷七九《獨孤陁傳》載：“陁弟司勳侍中整詣闕求哀。”此“司勳侍中”應爲“司勳侍郎”之誤等。

5. 中華本標點校勘。中華本《隋書》卷一○《禮儀志五》載梁初輦制云：“後帝令上可加笨輦，形如犢車。”此條標點應作“後帝令上可加笨，輦形如犢車”。卷一一《禮儀志六》載南朝梁服制，“尚書，祕書著作郎，太子中舍人……朝服，進賢一梁冠，腰劍”。此處“尚書，祕書著作郎”標點應作“尚書、祕書、著作郎”。卷一二《禮儀志七》載後周警衛之制，“左右宮伯……行則夾路車左右。中侍，掌御寢之禁……”。此條標點應爲“左右宮伯……行則夾路車。左右中侍，掌御寢之禁……”。卷七五《蕭該傳》：“該後撰《漢書》及《文選音義》”，蕭該撰有《漢書音》及《文選音》，此處書名標點爲“《漢書》及《文選》音義”更恰當。等等。

6. 版本校勘，包括不同版本的對校正誤等。如《隋書》卷一○《禮儀志五》載煬帝革輅之制云：“三品以下，并乘革輅。”此“以下”應爲“以上”之誤。卷二六《百官志上》載：南朝梁天監年間以“議曹郎孔休源”爲建康獄正。此"議曹郎"應爲"儀曹郎"之誤。又卷四〇《宇文忻傳》載其祖父爲"莫豆于"，當爲"莫豆干"之誤。又卷四九《牛弘傳》載明堂奏議云："丈八之室，神位有三，加以簠簋邊豆，牛羊之俎。"此"邊"當是"籩"之訛。又卷五八《魏澹傳》載："高祖以魏收所撰書，褒貶失實，平繪爲《中興書》，事不倫序，詔澹別成《魏史》。""平繪"爲"宋繪"之訛等。

（二）注釋文本。

根據《〈今注本二十四史〉編纂總則》的要求，《今注本二十四史》面向具有大專文化水準以上者。爲方便讀者比較容易地讀懂文獻，今注《隋書》對書中出現的人名、地名、職官、官署名等均做了注釋，此可參見凡例。此外，還對書中晦澀難懂的文字、詞語、典故，以及古文獻引文進行注釋。具體包括以下幾個方面：

1. 注釋人物。凡《隋書》每卷中第一次出現的人名一律出注。《隋書》有傳人物而不在本卷中出現者注明其人本傳卷次。《隋書》無傳而他史有傳者，簡約交代爲何時人，具體詳見傳記所在的史書名和卷次。二十四史無傳者，祇簡略交代其生卒年、主要事迹同時盡可能注明資料來源。人物確實不可考者，出注說明事迹未詳。

2. 注釋官職。隋代的職官制度較爲複雜，有官、吏、職、爵以及加銜等區別。職事官注明職掌、品秩；散官注明階品，並分清散實官與散號官的不同；封爵中親王不注，郡王以下注等第、品級；贈官祇注品級，不注職掌等。職官注釋時以本書《百官志》爲主，同時參考張政烺《中國古代職官大辭典》和呂宗力《中國歷代官制大辭典》

（修訂版）。

3. 注釋地名。地名注釋從簡不從繁，《隋書》中出現的地名均出注，但一般僅注出今地名，對理解原文有必要時可略述其沿革，但祇到本朝爲止。確不可考的地名，出注未詳。今地名以 2005 年《中華人民共和國行政區劃簡册》爲準，以後變動者，不做改動。

4. 注釋朝代、年號、帝號。每卷第一次出現朝代、年號、帝號均出注。南北朝各朝代如宋、齊、梁、陳、北魏、東魏、西魏、北齊、北周等均應出注，要素須包括起止年代、都城所在。所有的年號，包括隋代開皇、仁壽、大業等年號均出注，注明年號屬何帝以及相應的西元年。帝號注明對應皇帝及其本紀所在的史書及卷數。

5. 注釋疑難字、讀音。詞語的注釋，凡屬純文學性質者，施注從嚴；凡涉典章名物者，施注從寬。特別生僻字需加現代讀音。

6. 注釋典故。古人撰文善於用典，中古時期更甚。今注對於書中所用典故，包括書中收錄的奏議文章，盡可能地指明典出何處，有必要者略加解釋。但是古代典故涉及面太寬，儘管課題組盡最大努力去查找典故出處和含義，但是仍有少數典故待考，以俟高明。

7. 古籍引文注明出處。《隋書》中出現的引文，一般查找原文出處，並施注。引文文字與原文略有差異而不失原意的可直接在引文上加引號，但差異較大則出注説明其差異。

（三）補充史實。

《隋書》在史料方面仍有不足，許多重要人物無傳或事迹記載十分簡略。今注本《隋書》將盡可能利用出土的敦煌吐魯番文書、碑刻墓誌等新資料，補充相關史實。例如，有些人物《隋書》未立傳，事迹也較爲簡略，甚至人名僅出現一次，近年出土其人墓誌可補其生平，如薛舒、李晃、張壽、高虬、姬威、范安貴、趙世模、姚辯、高熲第三子高表仁、吕道貴、獨孤開遠、楊素妻鄭祁耶等人墓誌。又《隋書》有傳，出土墓誌可與相證者，如李密、滕王楊瓚長子楊詵、楊異、宇文述、劉仁恩、陰壽、蘇孝慈、明克讓、梁彦光、包愷、劉臻、獨孤羅等人墓誌。我們把這些《隋書》中記載的人物有墓誌者，在注文中做了一個簡略的資料索引，供讀者參考。但補充史實盡量恰如其分，遵循兩個基本原則：一是所補充的材料必須有利於辨證史實，二是所補充的材料以能説明問題爲限，盡量以文獻索引的形式出現。

六　今注本《隋書》注釋分工情況

馬俊民（天津師範大學）　卷一至六、卷二八、卷四一至四五。初稿完成後，修訂工作由張玉興負責。

張玉興（天津師範大學）　卷一〇至一二、卷二五、卷六六至八〇、卷八二、卷八五。

唐華全（天津師範大學）　卷八、卷九、卷二四、卷四六至五八、卷八一。

張葳（天津師範大學）　卷七、卷二六、卷二七、卷三六至四〇、卷八四。

付莉（天津師範大學）　卷五九至六五。

蘇木（中央音樂學院）　卷一三至一五。

王榮彬（民盟中央辦公室）　卷一六至一八。

陳久金（中國科學院自然科學史研究所）　卷一九至二一。

吕宗力（香港科技大學）　卷二二、卷二三。

《今注本二十四史》編委會　卷二九至三一。

曾貽芬（北京師範大學）　卷三二至三五。

余太山（中國社會科學院歷史研究所）　卷八三。

例　言

一、本書以商務印書館影印百衲本爲工作底本（唯《天文志》與《經籍志》以中華書局點校本爲工作底本），以中華書局點校本爲對校本，必要時取中華再造善本宋刻遞修本、中華再造善本宋殘本、明毛氏汲古閣本、清武英殿本、文淵閣四庫全書本、中華書局點校本新修訂本與之通校，擇善而從。百衲本本書稱“底本”，中華書局點校本簡稱“中華本”，中華再造善本宋刻遞修本簡稱“宋刻遞修本”，中華再造善本宋殘本簡稱“宋殘本”，明毛氏汲古閣本簡稱“汲古閣本”，清武英殿本簡稱“殿本”，文淵閣四庫全書本簡稱“庫本”，中華書局點校本新修訂本簡稱“中華書局新修訂本”，校勘中充分吸收了中華本的校勘成果，但凡有疑、誤者則出校注考辨。

二、除版本校勘之外，本書還參校了南北朝諸正史、兩《唐書》和《通鑑》的相關部分；政書、類書、總集、別集、新舊出土文物中與隋代歷史及人物有關的内容，本書亦有取資；古今有關《隋書》的校勘成果，本書盡可能搜羅汲取，並在校注中注明所自。以上這些，所涉著作、文章甚多，俱見本書所附《主要參考文獻》，此不贅述。

三、對底本的標點和分段，大體參考中華本。凡中華本中標點斷句有誤者，則出校記辨證。凡中華本中分段不妥者，則直接另行分段，不出校記。分段的標準是：本紀突出編年性質；志以事類劃分；傳以事件發生、發展的基本綫索和邏輯層次劃分。

四、本書以卷爲單元校注。同一單元中，出注條目及注釋内容全同者，不重出；不同單元中則不避重，以省讀者翻檢之勞。

五、文字有異體，字形有新舊。本書文字，正文字體悉依底本，有新舊字形之別者，則依新字形。異體字一般改爲正體字，但若改用正體字易生歧異者則不改。校注引用文獻皆依據所引版本，若所引版本是簡體，則徑改爲繁體。校注中之叙述語則用正體新字形。

六、避諱字的處理，凡屬缺筆、添筆的避諱字，直接改用正體字，不出校記。天干中的“丙”字，唐人諱改爲“景”，此一律回改，僅在本書第一次出現時出校記加以説明。底本有直據隋朝國史而於楊忠、楊廣之名以“諱”字代之者，此一律回改，並出校記加以説明。其他避諱字，一般不改，僅出校注説明。底本原文之誤字，凡有根有據、確鑿不易者，本書改正，並出校記加以説明，否則僅出校而不改原文。

七、根據《〈今注本二十四史〉編纂手册》的要求，本書對原文中的生僻字和多音字，必要時以漢語拼音進行注音。凡義項是釋義兼注音的，拼音在正常行文中用圓括號標識，如：牢犴（àn）：監獄。義項是兩字以上釋義兼注音的，拼音按每字標識，如：閼（yān）氏（zhī）：漢代匈奴單于、諸王妻的統稱。凡義項是單獨注音的，則不用圓括號，逕用"音某某"的形式注音，如：憮：音 wǔ。義項是兩字以上單獨注音的，字音之間空一個字母格，如：蚳蝚：音 chí yuán。

八、本書於正文中之地名，一般僅注出今地名，但對理解原文有必要時則略述其沿革，到本朝爲止。南北朝的地名注釋中儘量體現所在朝代，並注出今地名，不詳者則盡量注出隋代治所所在地。南北朝以前的地名無必要時原則上不出注。凡屬一名多地時（如南朝有三個汝南郡，北朝先後有三個渤海郡），一般祇注與原文相對應的今地名。封爵中的地名不出注。今地名"某某省"之"省"字，若不產生歧義者一律不用。地名主要參考魏嵩山《中國歷史地名大辭典》（廣東教育出版社 1995 年版）、史爲樂《中國歷史地名大辭典》（中國社會科學出版社 2017 年增訂版），凡引用者不再注明出處。今地名以 2005 年《中華人民共和國行政區劃簡册》爲準。

九、本書於正文中之人物，采用索引的形式進行注釋，以備檢索而避繁冗。凡《隋書》有傳而不在本傳中出現的人物皆注明其本傳卷次，《隋書》無傳而他史有傳者，需簡約交代此人爲何時人，具體詳見本傳所在的史書名和卷次。二十四史無傳者，可以祇簡略交代其生卒年、主要事迹同時注明資料來源。人物確實不可考者，可出注説明未詳。出注人物有墓誌碑刻等金石材料可資參考時，則儘量注出加以利用，但須遵循補史原則，不得枝蔓。《隋書》人物的姓、氏、名、字一般不出注，但有特殊來源者如改姓、賜姓、異讀等情況可出注。常見歷史人物名號可視爲一般詞語不出注，如黃帝、伊尹、霍光、王羲之等，但若本人在本卷中有特殊意涵者，可以適當出注。

十、本書於正文中出現的職事官皆注明其職掌、品秩，必要時可注明其員額，但紀、傳中出現的常見職官如刺史、太守、縣令等不出注。散官注明品階，並分清散實官與散號官之別。封爵中親王不注，郡王以下注明等第和品級。贈官祇注品級，不注職掌。非隋朝的官爵名在注中體現出具體朝代，南北朝特別是梁、陳、北齊、北周的官名出注，南北朝以前的官爵名無必要可不注。凡屬泛稱性質的官名均不施注。若官制有變化時，應施注的官名可簡述其沿革，但僅至本朝爲限，以後的變化則不涉及，以免枝蔓。官名主要參考張政烺《中國古代職官大辭典》》（河南人民出版社 1990 年版）、呂宗力《中國歷代官制大辭典》（修訂版）（商務印書館 2015 年版）。

十一、本書於正文中所涉南北朝各朝代名均出注，要素包括起止公元年、都城所在，公元年一般放在括號內，南北朝以前的朝代名則不出注。正文中出現的所有年號，包括隋代開皇、仁壽、大業等年號，均在每單元第一次出現時出注，皆注明年號屬何帝以及相應的公元年，公元年放在括號內。注文中的皇帝稱謂均采用當代史學界通行的稱呼。

十二、《隋書》中的引文一般查找原文出處，凡文字與原文略有差異而不失原意者可直接在引文上加引號，但差異較大者則不在引文上加引號，並出注説明其差異。校注中引用政書、地理書、筆記雜著等古籍類文獻，凡在本書所附《主要參考文獻》中已規定版本的，引用時一般不再注明版本而祇注書名、卷次、篇名和頁碼，但在校勘考證等行文中必要時仍需注明版本，若能用簡稱則用簡稱；凡在《主要參考文獻》中未規定版本的，引用時除注書名、卷次、篇名之外，還須注明版本。凡引用古今研究成果，無論著作、論文，均注明出處。

主要參考文獻

漢·司馬遷:《史記》(修訂本),中華書局 2013 年版。

漢·班固:《漢書》,中華書局 1962 年版。

南朝宋·范曄:《後漢書》,中華書局 1965 年版。

晋·陳壽:《三國志》,中華書局 1959 年版。

唐·房玄齡:《晋書》,中華書局 1974 年版。

南朝梁·沈約:《宋書》(修訂本),中華書局 2018 年版。

南朝梁·蕭子顯:《南齊書》(修訂本),中華書局 2017 年版。

唐·姚思廉:《梁書》,中華書局 1973 年版。

唐·姚思廉:《陳書》,中華書局 1972 年版。

北齊·魏收:《魏書》(修訂本),中華書局 2017 年版。

唐·李百藥:《北齊書》,中華書局 1972 年版。

唐·令狐德棻:《周書》,中華書局 1971 年版。

唐·李延壽:《南史》,中華書局 1975 年版。

唐·李延壽:《北史》,中華書局 1974 年版。

五代·劉昫:《舊唐書》,中華書局 1975 年版。

宋·歐陽修、宋祁:《新唐書》,中華書局 1975 年版。

元·脱脱等：《宋史》，中華書局 1977 年版。

宋·司馬光：《資治通鑑》（簡稱《通鑑》），中華書局 1956 年版。

清·阮元校刻：《十三經注疏》，中華書局 1980 年版。

春秋·晏嬰：《晏子春秋》，《景印文淵閣四庫全書》本，臺灣商務印書館 1986 年版。

戰國·呂不韋撰，王利器注：《呂氏春秋注疏》，巴蜀書社 2002 年版。

戰國·甘公、石申撰：《星經》，中華書局 1985 年版。

漢·蔡邕：《獨斷》，《景印文淵閣四庫全書》本，臺灣商務印書館 1986 年版。

漢·河上公：《老子注》，《景印文淵閣四庫全書》本，臺灣商務印書館 1986 年版。

漢·賈誼：《新書》，《景印文淵閣四庫全書》本，臺灣商務印書館 1986 年版。

漢·劉向：《新序》，《景印文淵閣四庫全書》本，臺灣商務印書館 1986 年版。

漢·劉向：《戰國策》，上海古籍出版社 1985 年版。

漢·王充：《論衡》，上海人民出版社 1974 年版。

漢·劉安撰，何寧集釋：《淮南子集釋》，中華書局 1998 年版。

漢·桓譚：《新輯本桓譚新論》，中華書局 2009 年版。

漢·王逸：《楚辭章句》，上海古籍出版社 2017 年版。

漢·黃石公：《黃石公三略》，《景印文淵閣四庫全書》本，臺灣商務印書館 1986 年版。

漢·無名氏撰，黃奭輯：《春秋緯》，上海古籍出版社 1993 年版。

三國魏·王肅：《孔子家語》，《景印文淵閣四庫全書》本，臺灣商務印書館 1986 年版。

晉·常璩：《華陽國志》，巴蜀書社 1985 年版。

晉·皇甫謐撰，徐宗元輯：《帝王世紀輯存》，中華書局 1964 年版。

晉・王嘉：《拾遺記》，中華書局 1981 年版。

南朝宋・劉義慶撰，徐震堮注：《世說新語校箋》，中華書局 1984
年版。

南朝梁・吳均：《續齊諧記》，《景印文淵閣四庫全書》本，臺灣商
務印書館 1986 年版。

南朝梁・蕭統：《昭明文選》，中華書局 1977 年版。

南朝梁・劉勰撰，黃叔琳校注：《文心雕龍校注》，中華書局 2008
年版。

南朝梁・釋僧祐：《弘明集》，上海古籍出版社 1994 年版。

南朝梁・釋僧祐：《出三藏記集》，中華書局 2013 年版。

南朝梁・釋慧皎：《高僧傳》，中華書局 1992 年版。

北魏・酈道元著，陳橋驛校證：《水經注校證》，中華書局 2013
年版。

北魏・楊衒之撰，范祥雍校注：《洛陽伽藍記校注》，上海古籍出版
社 1978 年版。

北齊・顏之推撰，王利器集解：《顏氏家訓集解》，上海古籍出版社
1980 年版。

唐・李林甫等撰：《唐六典》，中華書局 1992 年版。

唐・杜佑：《通典》，中華書局 1988 年版。

唐・林寶：《元和姓纂》，中華書局 1994 年版。

唐・李吉甫：《元和郡縣圖志》，中華書局 1983 年版。

唐・虞世南：《北堂書鈔》，學苑出版社 2015 年版。

唐・歐陽詢：《藝文類聚》，上海古籍出版社 1998 年版。

唐・徐堅：《初學記》，中華書局 2004 年版。

唐・陸德明撰，張一弓點校：《經典釋文》，上海古籍出版社 2012
年版。

唐・許敬宗編，羅國威整理：《日藏弘仁本文館詞林校證》，中華書
局 2001 年版。

唐・韋述、杜寶撰，辛德勇輯：《兩京新記輯校・大業雜記輯校》，

三秦出版社 2006 年版。

唐·張鷟撰，趙守儼點校：《朝野僉載》，中華書局 2005 年版。

唐·鄭處誨撰，田延柱點校：《明皇雜錄》，中華書局 1994 年版。

唐·趙蕤撰，梁運華校注：《長短經》，中華書局 2017 年版。

唐·李匡乂撰，吳企明點校：《資暇集》，中華書局 2012 年版。

唐·封演撰，趙貞信校注：《封氏聞見記校注》，中華書局 2005 年版。

唐·吳兢撰，裴汝誠等譯注：《貞觀政要譯注》，上海古籍出版社 2016 年版。

唐·劉知幾著，浦起龍釋：《史通通釋》，上海古籍出版社 1978 年版。

唐·張彥遠：《歷代名畫記》，浙江人民美術出版社 2011 年版。

唐·劉徽注，唐·李淳風注釋：《九章算術》，中華書局 1985 年版。

唐·瞿曇悉達：《開元占經》，九州出版社 2012 年版。

唐·李淳風：《乙巳占》，上海古籍出版社 1995 年版。

唐·釋慧琳：《一切經音義》，上海古籍出版社 1988 年版。

唐·釋慧立：《大慈恩寺三藏法師傳》，中華書局 1983 年版。

唐·釋智昇撰，富世平點校：《開元釋教錄》，中華書局 2018 年版。

唐·釋道宣：《廣弘明集》，上海古籍出版社 1994 年版。

唐·釋道世：《法苑珠林》，中華書局 2003 年版。

宋·王欽若等：《册府元龜》，中華書局 1960 年版。

宋·李昉等：《太平御覽》，中華書局 1985 年版。

宋·李昉等：《太平廣記》，中華書局 1961 年版。

宋·李昉等：《文苑英華》，中華書局 1966 年版。

宋·樂史：《太平寰宇記》，中華書局 2007 年版。

宋·王溥：《唐會要》，中華書局 1955 年版。

宋·鄭樵：《通志》，中華書局 1987 年版。

宋·馬端臨：《文獻通考》，中華書局 2011 年版。

宋·王應麟：《玉海》，廣陵書社 2007 年版。

宋・孫逢吉：《職官分紀》，中華書局 1988 年版。

宋・洪邁：《容齋隨筆》，中華書局 2013 年版。

宋・李如箎：《東園叢説》，中華書局 1985 年版。

宋・郭茂倩：《樂府詩集》，中華書局 1979 年版。

宋・王應麟：《困學紀聞》，上海古籍出版社 2008 年版。

宋・王應麟：《漢藝文志考證》，中華書局 2011 年版。

宋・張君房輯：《雲笈七籤》，齊魯書社 1988 年版。

宋・趙明誠：《金石錄校證》，廣西師範大學出版社 2005 年版。

宋・朱翌：《猗覺寮雜記》，《景印文淵閣四庫全書》本，臺灣商務
　　印書館 1986 年版。

宋・周應和：《景定建康志》，南京出版社 2009 年版。

宋・王堯臣等：《崇文總目》，《宋元明清書目題跋叢刊》，中華書
　　局 2006 年版。

宋・陳揆等：《中興館閣書目輯考》，《宋元明清書目題跋叢刊》，
　　中華書局 2006 年版。

宋・陳振孫撰，徐曉蠻、顧美華點校：《直齋書錄解題》，上海古籍
　　出版社 2015 年版。

宋・晁公武撰，孫猛校證：《郡齋讀書志校證》，上海古籍出版社
　　2011 年版。

宋・章如愚：《群書考索》，書目文獻出版社 1992 年版。

明・梅鼎祚：《梁文紀》，《景印文淵閣四庫全書》本，臺灣商務印
　　書館 1986 年版。

明・王圻著，王思義編集：《三才圖會》，上海古籍出版社 1988
　　年版。

明・胡我琨：《錢通》，《景印文淵閣四庫全書》本，臺灣商務印書
　　館 1986 年版。

明・陳第：《世善堂藏書目錄》，書目文獻出版社 1994 年版。

明・楊士奇等：《文淵閣書目》，《宋元明清書目題跋叢刊》，中華
　　書局 2006 年版。

清·孫星衍等輯:《漢官六種》,中華書局 1990 年版。

清·顧祖禹:《讀史方輿紀要》,中華書局 2005 年版。

清·張敦頤:《六朝事迹編類》,上海古籍出版社 1995 年版。

清·嚴可均輯:《全上古三代秦漢三國六朝文》,中華書局 1958 年版。

清·董誥等編:《全唐文》,中華書局 1983 年版。

清·張玉書:《佩文韻府》,上海古籍出版社 1983 年版。

清·金鶚:《求古録禮説》,皇清經解續編本。

清·倪濤:《六藝之一録》,《景印文淵閣四庫全書》本,臺灣商務印書館 1986 年版。

清·秦蕙田:《五禮通考》,《景印文淵閣四庫全書》本,臺灣商務印書館 1986 年版。

清·王念孫:《廣雅疏證》,《四部備要》本,中華書局 1936 年版。

清·朱彝尊:《經義考》,中華書局 1998 年版。

清·朱駿聲:《説文通訓定聲》,中華書局 1984 年版。

清·郝懿行:《竹書紀年校證》,《郝懿行全集》本,齊魯書社 2010 年版。

清·郭慶藩:《莊子集釋》,中華書局 1961 年版。

清·汪繼培輯,朱海雷撰:《尸子譯注》,上海古籍出版社 2006 年版。

清·阮元:《疇人傳》,中華書局叢書集成本。

清·顧炎武撰,于杰點校:《歷代宅京記》,中華書局 1984 年版。

清·《欽定滿洲源流考》,《景印文淵閣四庫全書》本,臺灣商務印書館 1986 年版。

清·顧張思編:《土風録》,清嘉慶刻本。

清·顧炎武著,黃汝成集釋:《日知録集釋》,上海古籍出版社 2006 年版。

清·王鳴盛:《十七史商榷》,上海書店 2005 年版。

清·趙翼撰,王樹民校證:《廿二史劄記校證》,中華書局 1984

年版。

清·趙翼:《陔餘叢考》,中華書局 2012 年版。

清·錢大昕:《廿二史考異》,上海古籍出版社 2004 年版。

清·錢大昕:《十駕齋養新錄》,商務印書館 1935 年版。

清·段玉裁:《説文解字注》,上海古籍出版社 1981 年版。

清·王先謙:《釋名疏證補》,中華書局 2008 年版。

清·俞樾等:《古書疑義舉例五種》,中華書局 1956 年版。

清·王懋竑:《讀書記疑》,《續修四庫全書》本。

清·章學誠:《校讎通義》,《叢書集成初編》本。

清·杭世駿:《諸史然疑》,《叢書集成初編》本。

清·張熷:《讀史舉正》,《叢書集成初編》本。

清·永瑢:《四庫全書總目》,中華書局 1965 年版。

清·邵懿辰撰,邵章續錄:《增訂四庫簡明目錄標注》,上海古籍出版社 1979 年版。

清·張之洞撰,范希曾補正:《書目答問補正》,上海古籍出版社 1983 年版。

清·丁國鈞:《補晉書藝文志》,中華書局二十五史補編 1998 年版。

清·萬斯同:《隋諸王世表》,《二十五史補編》本,北京圖書館出版社 2005 年版。

清·萬斯同:《隋將相大臣年表》,《二十五史補編》本,北京圖書館出版社 2005 年版。

清·黃大華:《隋唐之際月表》,《二十五史補編》本,北京圖書館出版社 2005 年版。

清·楊守敬:《隋書地理志考證》,《二十五史補編》本,北京圖書館出版社 2005 年版。

清·張鵬一:《隋書經籍志補》,《二十五史補編》本,北京圖書館出版社 2005 年版。

清·章宗源:《隋書經籍志考證》,《二十五史補編》本,北京圖書館出版社 2005 年版。

清·姚振宗：《隋書經籍志考證》，《二十五史補編》本，北京圖書館出版社 2005 年版。

清·丁謙：《隋書四夷傳地理考證》，《二十五史三編》本，岳麓書社 1994 年版。

清·胡孔福：《南北朝僑置州郡考》，徐蜀編《二十四史訂補》（第 7 冊），書目文獻出版社 1996 年版。

清·吳廷燮：《東西魏北齊周隋方鎮年表》，遼海書社 1936 年版。

清·牛運震：《讀史糾謬》，齊魯書社 1989 年版。

清·傅雲龍：《隋書考證》，徐蜀編《二十四史訂補》（第 8 冊），書目文獻出版社 1996 年版。

清·李慈銘：《隋書札記》，徐蜀編《二十四史訂補》（第 8 冊），書目文獻出版社 1996 年版。

清·李慈銘：《北史札記》，《二十五史三編》本，岳麓書社 1994 年版。

清·周嘉猷：《南北史年表》，《二十五史補編》本，北京圖書館出版社 2005 年版。

清·周嘉猷：《南北史帝王世系表》，《二十五史補編》本，北京圖書館出版社 2005 年版。

清·周嘉猷：《南北史世系表》，《二十五史補編》本，北京圖書館出版社 2005 年版。

清·徐崇：《補南北史藝文志》，《二十五史補編》本，北京圖書館出版社 2005 年版。

清·徐文範：《東晉南北朝輿地表》，《二十五史補編》本，北京圖書館出版社 2005 年版。

清·汪士鐸：《南北史補志》，《二十五史補編》本，北京圖書館出版社 2005 年版。

清·汪士鐸：《南北史志未刊稿》，《二十五史補編》本，北京圖書館出版社 2005 年版。

羅振玉：《隋書斠議》，徐蜀編《二十四史訂補》（第 8 冊），書目文獻出版社 1996 年版。

張元濟：《百衲本二十四史校勘記·隋書校勘記》，商務印書館 2001 年版。

顧實：《漢書藝文志講疏》，商務印書館 1947 年版。

張元濟：《校史隨筆》，上海古籍出版社 1998 年版。

岑仲勉：《隋書求是》，中華書局 2004 年版。

呂思勉：《呂思勉讀史札記》，上海古籍出版社 2005 年版。

陳垣：《二十史朔閏表》，中華書局 1962 年版。

陳垣：《史諱舉例》，上海書店出版社 1997 年版。

陳垣：《通鑑胡注表微》，科學出版社 1958 年版。

仲偉烈注：《隋書帝紀箋注稿》，臺灣新文豐出版股份有限公司 2004 年版。

許福謙：《南北朝八書二史疑年録》，北京出版社、文津出版社 2003 年版。

牛繼清、張林祥：《十七史疑年録》，黃山書社 2007 年版。

[日] 藤原佐世：《日本國見在書目録》，叢書集成初編本，中華書局 1991 年版。

[日] 興膳宏、川合康三：《隋書經籍志詳考》，汲古書院 1995 年版。

黃永年：《隋書説略》，《二十五史説略》，燕山出版社 2002 年版。

黃永年：《唐史史料學》，上海書店出版社 2002 年版。

吳楓：《隋唐歷史文獻集釋》，中州古籍出版社 1987 年版。

謝保成：《隋唐五代史學》，商務印書館 2007 年版。

黃懷信、張懋鎔、田旭東：《逸周書彙校集注》，上海古籍出版社 2007 年版。

袁珂：《山海經校譯》，上海古籍出版社 1985 年版。

徐元誥：《國語集解》，中華書局 2002 年版。

陳立：《白虎通疏證》，中華書局 1994 年版。

[日] 安居香山、中村璋八：《緯書集成》，河北人民出版社 1994 年版。

上海古籍出版社編：《漢魏六朝筆記小説大觀》，上海古籍出版社
　　1999 年版。

上海古籍出版社編：《隋唐五代筆記小説大觀》，上海古籍出版社
　　2000 年版。

韓理洲輯校：《全隋文補遺》，三秦出版社 2004 年版。

吳剛主編：《全唐文補遺》（第 3 輯），三秦出版社 1996 年版。

趙萬里：《漢魏南北朝墓誌集釋》，廣西師範大學出版社 2008 年版。

毛遠明：《漢魏六朝碑刻校注》，綫裝書局 2008 年版。

羅新、葉煒：《新出魏晉南北朝墓誌疏證》（修訂本），中華書局
　　2016 年版。

趙超：《漢魏南北朝墓誌彙編》，天津古籍出版社 2008 年版。

葉煒、劉秀峰：《墨香閣藏北朝墓誌》，上海古籍出版社 2016 年版。

王連龍：《新見北朝墓誌集釋》，中國書籍出版社 2013 年版。

王其禕、周曉薇：《隋代墓誌銘彙考》，綫裝書局 2007 年版。

劉文：《陝西新見隋朝墓誌》，三秦出版社 2018 年版。

國家圖書館善本金石組編：《歷代石刻史料彙編》，北京圖書館出版
　　社 2000 年版。

北京圖書館金石組編：《北京圖書館藏中國歷代石刻拓本匯編》，中
　　州古籍出版社 1989 年版。

孫蘭風、胡海帆主編：《隋唐五代墓誌匯編》，天津古籍出版社
　　1992 年版。

河南省文物研究所、河南省洛陽地區文管處：《千唐誌齋藏誌》，文
　　物出版社 1984 年版。

周紹良：《唐代墓誌彙編》，上海古籍出版社 1992 年版。

周紹良、趙超：《唐代墓誌彙編續集》，上海古籍出版社 2001 年版。

趙力光主編：《西安碑林博物館新藏墓誌彙編》，綫裝書局 2007
　　年版。

趙力光主編：《西安碑林博物館新藏墓誌續編》，陝西師範大學出版
　　社 2014 年版。

趙君平、趙文成：《秦晉豫新出墓誌搜佚》，國家圖書館出版社 2011 年版。

齊運通：《洛陽新獲七朝墓誌》，中華書局 2012 年版。

胡戟、榮新江：《大唐西市博物館藏墓誌》，北京大學出版社 2012 年版。

趙君平、趙文成：《秦晉豫新出墓誌搜佚續編》，國家圖書館出版社 2015 年版。

［日］梶山智史：《北朝隋代墓誌所載總合目録》，汲古書院 2013 年版。

周曉薇、王其禕：《片石千秋：隋代墓誌銘與隋代歷史文化》，科學出版社 2014 年版。

馬衡：《凡將齋金石叢稿》，中華書局 1977 年版。

《辭源》（合訂本），商務印書館 1988 年版。

《漢語大詞典》，上海辭書出版社 2011 年版。

上海圖書館編：《中國叢書綜録》，上海古籍出版社 1986 年版。

楊志玖、吳楓主編：《中國歷史大辭典》（隋唐五代卷），上海辭書出版社 1995 年版。

吕宗力：《中國歷代官制大辭典》（修訂版），商務印書館 2015 年版。

張政烺主編：《中國古代職官大辭典》，河南人民出版社 1990 年版。

王仲犖：《北周六典》，中華書局 1979 年版。

王仲犖：《北周地理志》，中華書局 1980 年版。

中華人民共和國民政部編：《中華人民共和國行政區劃簡册》，中國地圖出版社 2005 年版。

譚其驤：《中國歷史地圖集》，中國地圖出版社 1982 年版。

史爲樂：《中國歷史地名大辭典》，中國社會科學出版社 2017 年版。

魏嵩山：《中國歷史地名大辭典》，廣東教育出版社 1995 年版。

戴均良等主編：《中國古今地名大詞典》，上海辭書出版社 2005 年版。

臧勵龢等：《中國古今地名大辭典》，商務印書館 1982 年版。

馮承鈞原編、陸峻嶺增訂：《西域地名》，中華書局 1980 年第 2 版。

施和金：《中國行政區劃通史》（隋代卷），復旦大學出版社 2009
　　年版。

陳寅恪：《隋唐制度淵源略論稿》，中華書局 1963 年版。

萬繩楠整理：《陳寅恪魏晉南北朝史講演錄》，黃山書社 1987 年版。

王永興：《陳寅恪先生史學述論稿》，北京大學出版社 1998 年版。

韓國磐：《隋朝史略》，上海人民出版社 1954 年版。

金寶祥：《隋史新探》，蘭州大學出版社 1989 年版。

胡戟：《隋煬帝新傳》，上海人民出版社 1995 年版。

翦伯讚、鄭天挺：《中國通史參考資料》（四），中華書局 1983
　　年版。

王永興：《隋末農民戰爭史料彙編》，中華書局 1980 年版。

王國維：《觀堂集林》，河北教育出版社 2003 年版。

任半塘：《唐聲詩》，上海古籍出版社 1982 年版。

劉起釪：《尚書學史》，中華書局 1996 年版。

劉世珩：《南朝寺考》，新文豐出版社 1976 年版。

唐長孺：《山居存稿》，中華書局 1989 年版。

周一良：《魏晉南北朝史札記》（訂補本），中華書局 2015 年版。

沈家本：《瀋寄簃先生遺書》，中國書店 1982 年版。

沈家本：《歷代刑法考》，商務印書館 2011 年版。

高其邁：《隋唐刑法志注釋》，法律出版社 1987 年版。

陳戍國：《魏晉南北朝禮制研究》，湖南教育出版社 1995 年版。

谷霽光：《府兵制度考釋》，上海人民出版社 1962 年版。

張金龍：《魏晉南北朝禁衛武官制度研究》，中華書局 2004 年版。

〔日〕池田温著，龔澤銑譯：《中國古代籍帳研究》，中華書局 1984
　　年版。

閻步克：《服周之冕——〈周禮〉六冕禮制的興衰變異》，中華書
　　局 2009 年版。

周峰：《中國古代服裝參考資料》，北京燕山出版社 1987 年版。

吳承洛：《中國度量衡史》，商務印書館 1984 年版。

國家計量總局等編：《中國古代度量衡圖集》，文物出版社 1981
　　年版。

陳遵嬀：《中國天文學史》，上海人民出版社 1980 年版。

薄樹人：《中國天文學史》，文津出版社 1996 年版。

李約瑟：《中國科學技術史·天文卷》，科學出版社 1975 年版。

鄭文光、席澤宗：《中國歷史上的宇宙理論》人民出版社 1975
　　年版。

潘鼐：《中國恒星觀測史》，學林出版社 1989 年版。

王應偉：《中國古曆通解》，遼寧教育出版社 1998 年版。

陳美東：《古曆新探》，遼寧教育出版社 1995 年版。

陳美東：《中國科學技術史天文學卷》，科學出版社 1997 年版。

［日］藪内清著，杜石然譯：《中國的天文曆法》，北京大學出版社
　　2017 年版。

錢寶琮：《中國數學史》，科學出版社 1992 年版。

吉聯抗：《樂記》，音樂出版社 1958 年版。

張星烺主編：《中西交通史料彙編》（第一冊），中華書局 1977
　　年版。

張博泉、蘇金源、董玉英：《東北歷代疆域史》，吉林人民出版社
　　1987 年版。

［日］白鳥庫吉著，方壯猷譯：《東胡民族考》，商務印書館 1934
　　年版。

何光嶽：《東胡源流史》，江西教育出版社 2004 年版。

金毓黻：《東北通史》，五十年代出版社 1943 年版。

張錫彤等著：《〈中國歷史地圖集〉釋文彙編·東北卷》，中央民族
　　學院出版社 1988 年版。

孫進己等主編：《東北歷史地理》，黑龍江人民出版社 1989 年版。

屠寄：《黑龍江輿圖說》，上海古籍出版社 1995 年版。

干志耿、孫秀仁：《黑龍江古代民族史綱》，黑龍江人民出版社 1987 年版。

姚薇元：《北朝胡姓考》，科學出版社 1958 年版。

羅新：《中古北族名號研究》，北京大學出版社 2009 年版。

吳玉貴：《突厥汗國與隋唐關係史研究》，中國社會科學出版社 1998 年版。

段連勤：《丁零、高車與鐵勒》，上海人民出版社 1988 年版。

韓儒林：《穹廬集——元史及西北民族史研究》，上海人民出版社 1982 年版。

薛宗正：《突厥史》，中國社會科學出版社 1992 年版。

余太山：《兩漢魏晉南北朝與西域關係史研究》，中國社會科學出版社 1995 年版。

余太山：《兩漢魏晉南北朝正史西域傳研究》，中華書局 2003 年版。

余太山：《兩漢魏晉南北朝正史西域傳要注》，中華書局 2005 年版。

季羨林等：《大唐西域記校注》，中華書局 1985 年版。

［日］長澤和俊：《韋節、杜行滿の西使》，《シルクロード史研究》，國書刊行會 1979 年版。

孫曉主編：《大越史記全書》，西南師範大學出版社 2016 年版。

吳廷燮：《室韋考略》，《四存月載》1922 年第 14 期。

［日］賓板橋：《李氏之興與一首讖謠》，《美國東方學會學報》1941 年第 4 期。

［日］藪内清：《中國天文學における五星運動論》，《東方學報（京都）》1956 年第 26 冊。

錢寶琮：《蓋天說源流考》，《科學史集刊》1958 年第 1 期。

瞿林東：《略談〈隋書〉的史論》，《歷史研究》1979 年第 8 期。

陳碧笙：《〈隋書〉赤土國究在何處》，《中國史研究》1980 年第 4 期。

陳垣：《〈隋書·百官志〉後周禄秩解》，《陳垣史源學雜文》，人民出版社 1980 年版。

施和金：《〈隋書地理志〉考辯釋例》，《華中師範學院學報》1982
年第 1 期。

施和金：《隋唐〈地理志〉湖北地理誤述考訂》，《江漢論壇》1982
年第 11 期。

施和金：《隋唐〈地理志〉廣西地理誤述考訂》，《學術論壇》1982
年第 5 期。

施和金：《隋唐〈地理志〉陝西地理誤述考訂》，《人文雜志》1982
年第 3 期。

瞿林東：《〈隋書〉訂誤（二則)》，《古籍整理出版情況簡報》1982
年第 7 期。

劉金沂：《隋唐曆法中入交定日數的幾何解釋》，《自然科學史研
究》1983 年第 4 期。

石微：《隋越王侗封王年考》，《松遼學刊》1983 年第 Z1 期。

王頲：《室韋的族源和各部方位》，載《中國蒙古史學會論文選集》
（1983 年），内蒙古人民出版社 1987 年版。

易民：《〈隋書〉考異摘要》，《文史》第 22 輯。

管學成、王興吉：《簡論標點本〈二十四史〉等古籍中科學家傳的
誤斷與錯訛》，《古籍論叢》第 2 輯，福建人民出版社 1985
年版。

劉金沂：《麟德曆行星運動計算法》，《自然科學史研究》1985 年第
2 期。

榮孟源：《隋曆校記》，《中華文史論叢》1985 年第 3 輯。

張國剛：《〈隋書〉、兩〈唐書〉"百（職）官志"校讀拾零》，《南
開學報》1985 年第 2 期。

羅新本：《〈宋書〉〈隋書〉勘誤兩則》，《中國史研究》1985 年第
3 期。

施和金：《楊守敬〈隋書地理志〉考證訂補》，《南京師大學報》
1985 年第 3 期。

畢于潔：《王重民先生〈隋志〉批札輯錄》，《文獻》1986 年第 1 期。

韋建培：《〈隋書〉標點一誤》，《陝西師大學報》1986 年第 1 期。

李慶：《〈隋書·經籍志〉標點勘誤》，《古籍整理與研究》1986 年
　　第 1 期。

彭益林：《〈隋書·天文志〉脱文拾補》，《古籍整理出版情況簡報》
　　1986 年第 12 期。

陶廣峰：《隋文獻獨孤皇后存年考辨》，《史學月刊》1987 年第 5 期。

馮繼欽：《北朝時期的庫莫奚族》，《求是學刊》1987 年第 5 期。

吳玉貴：《西突厥新考——兼論〈隋書〉與〈通典〉、兩〈唐書〉
　　之"西突厥"》，《西北民族研究》1988 年第 1 期。

李國祥、彭益林：《〈隋書·天文志〉斠證》，《古籍整理與研究》
　　1988 年第 4 期。

汪受寬：《〈隋書〉曲筆論》，《蘭州大學學報》1988 年第 1 期。

王德厚：《室韋地理考補》，《北方文物》1989 年第 1 期。

顧吉辰：《〈隋書刑法志〉考異》，《歷史文獻研究》（北京新三輯），
　　北京燕山出版社 1992 年版。

金祖孟：《我國測影驗氣的歷史發展》，《華東師範大學學報（自然
　　科學版)》1992 年第 1 期。

郭黎安：《〈隋書·地理志〉所載舊置郡縣考》（秦雍部分），《學
　　海》1992 年第 4 期。

凍國棟：《讀〈隋書〉劄記二則》，《魏晉南北朝隋唐史資料》第 12
　　期，武漢大學出版社 1993 年版。

鄧小軍：《〈隋書〉不載王通考》，《四川師範大學學報》1994 年第 3 期。

王榮彬：《劉焯〈皇極曆〉插值法的構建原理》，《自然科學史研
　　究》1994 年第 4 期。

劉鈍：《〈皇極曆〉中等間距二次插值方法術文釋義及其物理意
　　義》，《自然科學史研究》1994 年第 4 期。

王榮彬：《中國古代曆法推没滅術意義探秘》，《自然科學史研究》
　　1995 年第 3 期。

田廷柱：《〈通鑑・隋紀〉正誤二則》，《史學月刊》1995 年第 3 期。

米慶餘：《〈隋書・流求傳〉辨析》，《歷史研究》1995 年第 6 期。

寧志新：《隋朝"行軍元帥"考》，《河北師院學報》1996 年第 3 期。

劉次沅：《〈隋書・天文志〉天象記錄選注》，《陝西天文臺臺刊》1996 年 6 月。

張久和：《室韋地理再考辨》，《中國邊疆史地研究》1998 年第 1 期。

關立言：《春秋日食三十七事考》，《史學月刊》1998 年第 2 期。

王化鈺：《〈春秋經〉〈傳〉日月食考》，《吉林大學社會科學學報》1998 年第 2 期。

朱聖鍾：《〈隋書・地理志〉勘誤一則》，《中國歷史地理論叢》1998 年第 4 期。

郭黎安：《〈隋書・地理志〉所載舊置郡縣考》（梁益部分），《歷史地理》1999 年第 15 輯。

楊昶：《讀〈隋書〉劄記》，《歷史文獻研究》總第 18 輯，華中師範大學出版社 1999 年版。

韓昇：《隋史考證九則》，《廈門大學學報》1999 年第 1 期。

楊昶：《讀〈隋書〉札記》，《歷史文獻學研究》總第 18 輯，華中師範大學出版社 1999 年版。

韓昇：《〈隋書・倭國傳〉考釋》，《中華文史論叢》總第 61 輯，上海古籍出版社 2000 年版。

牛繼清、張林祥：《〈隋書〉時誤補校》，《文史》第 50 期，中華書局 2000 年版。

熊清元：《〈隋書・百官志上〉點校匡補》，《黃岡師範學院學報》2000 年第 2 期。

［日］大橋由紀夫：《没日滅日起源考》，《自然科學史研究》2000 年第 3 期。

侯旭東：《〈隋書〉標點勘誤及校勘補遺五則》，《中國史研究》2001 年第 1 期。

侯旭東：《〈隋書〉標點勘誤及校勘補遺四則》，《中國史研究》2001 年第 2 期。

閻希娟：《〈隋書〉中有關長城修建地點糾謬》，《陝西師範大學學報》2001 年第 2 期。

郭黎安：《〈隋書・地理志〉所載舊置郡縣考》（豫兗部分），《歷史地理》2002 年第 18 輯。

王化昆：《〈隋書〉勘誤四則》，《中國史研究》2002 年第 3 期。

魏斌：《關於周隋之際的洛陽經營》，《魏晉南北朝隋唐史資料》第 20 輯，武漢大學出版社 2003 年版。

郭林生：《〈隋書・李德林傳〉開皇元年史事淺證》，《河南科技大學學報》2003 第 4 期。

［日］佐口透：《〈隋書・鐵勒傳〉箋注》，載［日］內田吟風等著、余大鈞譯《北方民族史與蒙古史譯文集》，雲南人民出版社 2003 年版。

［日］護雅夫：《〈隋書・西突厥傳〉箋注》，載［日］內田吟風等著、余大鈞譯《北方民族史與蒙古史譯文集》，雲南人民出版社 2003 年版。

貢鳳娟：《關於〈隋書〉所記"蘇威事迹"若干史料辨析》，《阜陽師範學院學報》2004 年第 3 期。

么振華：《〈隋書〉辨誤一則》，《中國史研究》2004 年第 4 期。

沈宏格：《獨孤皇后與隋廢易太子事件》，《思茅師範高等專科學校學報》2005 年第 1 期。

曲安京：《爲什麼計算沒日與滅日》，《自然科學史研究》2005 年第 2 期。

閻步克：《宗經、復古與尊君、實用——中古〈周禮〉六冕制度的興衰變異》，《北京大學學報》2006 年第 1 期。

許雲和：《〈隋書・禮儀志〉正誤一則》，《中國史研究》2006 年第 2 期。

鄒建達：《〈隋書〉紀年辯證一則》，《雲南師範大學學報》2006 年第 6 期。

王興文:《〈隋書·劉焯傳〉卒年記載有誤》,《溫州師範學院學報》
　　2006 年第 6 期。

唐變軍:《〈隋書·天文志·五代災變應〉勘誤》,《古籍整理研究
　　學刊》2007 年第 6 期。

［日］須原祥二著,趙權利譯:《〈隋書·倭國傳〉小考》,《唐都學
　　刊》2008 年第 4 期。

吳炯炯:《〈隋書·百官志〉正誤一則》,《中國典籍與文化》2009
　　年第 1 期。

蘇小華:《〈隋書〉所記楊堅史事辨析》,《求索》2010 年第 3 期。

邢東升:《〈隋書〉煬帝本紀疑誤舉例》,《學海》2010 年第 6 期。

許雲和:《〈隋書·音樂志〉斷句商榷一例》,《中國史研究》2011
　　年第 3 期。

張葳:《〈隋書〉標點校考勘誤及補遺二十則》,《古籍整理研究學
　　刊》2011 年第 5 期。

杜永清等:《"東後魏尺"考》,《物理通報》2011 年第 8 期。

唐華全:《中華書局點校本〈隋書〉質疑二十九則》,《河北師範大
　　學學報》2012 年第 1 期。

［日］山寺三知:《〈隋書·音樂志〉標點瑣議》,《文化藝術研究》
　　2012 年第 1 期。

唐華全:《〈隋書〉勘誤 18 則》,《南昌航空大學學報》2012 年第 2 期。

沈禎雲:《隋朝皮子信開皇初年任職考》,《敦煌學輯刊》2012 年第
　　3 期。

華林甫:《論楊守敬考證〈隋書·地理志〉的成就與不足》,《江漢
　　論壇》2012 年第 7 期。

劉嘯:《隋代三省長官及六部尚書補考》,《文史》2013 年第 2 輯。

冀英俊:《〈隋書〉校正兩則》,《中國史研究》2014 年第 2 期。

張寸:《〈隋書·李穆傳〉中的幾個問題》,《黑龍江史志》2015 年
　　第 1 期。

張勇盛:《〈隋書·食貨志〉勘誤二則》,《江海學刊》2015 年第 2 期。

李兆宇：《楊堅代周立隋史事考辨》，《渭南師範學院學報》2015 年第 2 期。

方祥：《關於〈隋書·元胄傳〉中世系錯誤的淺析》，《黑龍江史志》2015 年第 3 期。

彭麗華：《〈隋書·百官志〉勘誤一則》，《中國史研究》2015 年第 4 期。

周晟：《〈隋書·裴矩傳〉校正一則》，《江海學刊》2015 年第 4 期。

顏世明：《〈隋書·地理志〉鳴沙縣更名敦煌縣時間勘誤》，《江海學刊》2016 年第 2 期。

衣撫生：《〈晋書〉〈隋書〉〈宋史〉天文志勘誤一則》，《中國史研究》2016 年第 2 期。

孫煒冉：《〈隋書·高麗傳〉勘誤一則》，《中國史研究》2016 年第 3 期。

宋神秘：《隋朝"日長影短"探析》，《科學技術哲學研究》2016 年第 3 期。

龍坡濤：《〈隋書〉疑誤辨析》，《集美大學學報》2017 年第 4 期。

張宗友：《〈隋志〉"但錄題及言"釋評辨正》，《中華文史論叢》2017 年第 4 期。

孫振田：《〈隋書·經籍志〉標點考校二則》，《四川圖書館學報》2018 年第 1 期。

趙杰：《隋朝大業三年榆林至紫河長城位置考》，《內蒙古社會科學》（漢文版）2018 年第 3 期。

陳長琦、張彩雲：《岑仲勉與〈隋書〉的校勘和訂補》，《史學月刊》2018 年第 3 期。

隋書　卷一

帝紀第一

高祖上

　　高祖文皇帝，^[1]姓楊氏，諱堅，^[2]弘農郡華陰人也。^[3]漢太尉震八代孫鉉，^[4]仕燕爲北平太守。^[5]鉉生元壽，^[6]後魏代爲武川鎮司馬，^[7]子孫因家焉。元壽生太原太守惠嘏，^[8]嘏生平原太守烈，^[9]烈生寧遠將軍禎，^[10]禎生忠，^[11]忠即皇考也。皇考從周太祖起義關西，^[12]賜姓普六茹氏，^[13]位至柱國、大司空、隋國公。^[14]薨，贈太保，^[15]謚曰桓。^[16]

　　[1]高祖：隋文帝楊堅的廟號。帝王死後，在太廟立室奉祀，並追尊某祖某宗的名號，稱廟號。　文皇帝：楊堅的謚號。紀另見本書卷二、《北史》卷一一。
　　[2]諱：指對君主、尊長輩的名字避開不直稱，或於人死後書其名，名前稱諱，以示尊敬。此指後者。
　　[3]弘農郡：西漢置，治所在弘農縣，即今河南靈寶市北。隋開皇三年（583）廢弘農郡，大業三年（607）復置，治所尋移至

今河南靈寶市。　華陰：縣名。西漢置，治所在今陝西華陰市東南。隋大業五年將治所移至今華陰市。按，關於楊堅的真實籍貫家世，史學界頗有質疑。（參見陳寅恪《唐代政治史述論稿》，上海古籍出版社 1982 年版，第 16 頁；陳寅恪《魏晋南北朝史講演録》，黃山書社 1987 年版，第 288 頁）

[4]太尉震：即楊震，東漢安帝時擔任太尉。傳見《後漢書》卷五四。　代：中華本校勘記云："'代'應作'世'，唐人諱改。按本書中'世''代'雜出，其他避諱字也有類似情況，當是唐時修史非出於一人之手，前後並不一致，而後人校史時又有回改。以後凡遇有這種避諱情況，祇在某一避諱字第一次出現時出校記。"

鉉：人名。即楊鉉。名亦見《新唐書·宰相世系表》。

[5]燕：即北燕（407—436），十六國之一，漢人馮跋所建。按，十六國時期有前燕（337—370）、後燕（384—407）、西燕（384—394）、南燕（398—410）、北燕五個朝代，根據這些政權滅亡的時間前後和被哪個政權所滅，以及鉉子元壽在後魏任官的情況推斷，此"燕"似指北燕。　北平：郡名。治所在今河北遵化市東。

[6]元壽：人名。楊隋先祖，其他事迹不詳。

[7]後魏：即北魏（386—557），亦單稱魏。初都平城（今山西大同市東北），公元 494 年遷都洛陽（今河南洛陽市東北白馬寺東）。公元 534 年分裂爲東魏和西魏兩個政權。東魏（534—550）都於鄴（今河北臨漳縣西南鄴鎮東），西魏（535—557）都於長安（今陝西西安市西北郊）。　武川鎮：北魏六鎮之一。在今内蒙古武川縣西烏蘭不浪東土城子。（參見陳寅恪《魏晋南北朝史講演録》第 268 頁；唐長孺《魏晋南北朝史三論》，武漢大學出版社 1993 年版，第 191 頁）

[8]太原：郡名。指太原郡，治所在今山西太原市西南古城營。

惠嘏：人名。事另見《北史·隋文帝紀》《新唐書·宰相世系表》。

[9]平原太守:《北史·隋文帝紀》同,《周書》卷一九《楊忠傳》作"太原郡守"。平原,郡名。北魏曾前後置兩個平原郡:一治所在今甘肅平涼市東涇水南岸,隋開皇三年廢;一北魏太和十一年置,治所在今山東聊城市東北,隋開皇初廢。 烈:人名。即楊烈。事另見《北史·隋文帝紀》《周書·楊忠傳》。

[10]寧遠將軍:官名。魏晉南北朝因事因人而置各類名號的將軍,其數繁多,因稱雜號將軍。其數各有差,官品也高下不同。南北朝時雜號將軍多爲加官散官,並不領兵征討。此寧遠將軍爲北魏雜號將軍之一,位五品上。按,《北史·隋文帝紀》同,《周書·楊忠傳》作"建遠將軍"。 禎:人名。即楊禎。事另見《北史·隋文帝紀》《周書·楊忠傳》。

[11]忠:人名。即楊忠,隋文帝楊堅之父。傳見《周書》卷一九。事另見《北史·隋文帝紀》。

[12]周太祖:即宇文泰。"太祖"是他死後北周閔帝受禪稱帝後追尊的廟號。紀見《周書》卷一、二,《北史》卷九。 關西:地區名。秦、漢、唐時泛指故函谷關(今河南靈寶市東北)或今潼關以西地區。

[13]普六茹氏:鮮卑族複姓。按,"宇文泰改賜部下鮮卑姓"事,參見陳寅恪《唐代政治史述論稿》上篇;《魏晉南北朝史講演錄》,第308頁。

[14]柱國:勳官名。全稱爲柱國大將軍。北魏太武帝置,以爲開國元勳長孫嵩的加官。孝莊帝因尒朱榮有擁立之功,特置以授之,位在丞相上。西魏文帝以宇文泰有中興之功,又置此官授之。後凡屬功參佐命,望實俱重的,也得居之。自大統十六年(550)以前任此官的名義上有八人。北周武帝增置上柱國等官,並以上柱國大將軍爲勳官之首。柱國大將軍次之,正九命。 大司空:官名。北周大司空卿的簡稱。西魏恭帝三年(556)仿《周禮》建六官,置大司空卿爲冬官府最高長官。"掌邦事,以五材九範之徒佐皇帝富邦國;大祭司則灑掃;廟社四望,則奉豕牲"。置一員。正

七命。北周同。　隋國公：爵名。北周十一等爵的第四等。正九命。（參見王仲犖《北周六典》卷八《封爵第十九》，中華書局1979年版，第538頁。另，後凡西魏、北周官爵注釋，多參閱本書，不再一一説明）按，"隋國公"應爲"隨國公"。楊堅在北周本襲封隨國公，其稱帝後國號稱"隨"。因北周、北齊動蕩不安，故去"辶"作"隋"，以"辶"訓"走"故。

　[15]太保：官名。北周三公之一。正九命。此爲贈官。

　[16]謚：上古有號無謚，周初始制謚法，秦始皇廢而不用，自漢初恢復。即帝王、貴族、大臣死後，據其生前事迹依謚法給予稱號。

　　皇妣吕氏，[1]以大統七年六月癸丑夜生高祖於馮翊般若寺，[2]紫氣充庭。有尼來自河東，[3]謂皇妣曰："此兒所從來甚異，不可於俗間處之。"尼將高祖舍於別館，躬自撫養。皇妣嘗抱高祖，忽見頭上角出，遍體鱗起。皇妣大駭，墜高祖於地。尼自外入見曰："已驚我兒，致令晚得天下。"爲人龍顏，[4]額上有五柱入頂，[5]目光外射，有文在手曰"王"。長上短下，沈深嚴重。初入太學，[6]雖至親昵不敢狎也。

　[1]吕氏：字苦桃。楊堅之母。其家族情況參見本書卷七九《高祖外家吕氏傳》。

　[2]大統：西魏文帝元寶炬年號（535—551）。　馮翊：郡名。三國魏以左馮翊改置，治所在臨晋縣（今陝西大荔縣），北魏移置高陸縣（今陝西高陵縣），後廢。隋大業三年復置，治所在馮翊縣（今陝西大荔縣）。

　[3]河東：地區名。因在黄河以東而得名。戰國、秦、漢指今

山西西南部。唐以後泛指今山西省。

　　[4]龍顏：宋刻遞修本、汲古閣本、中華本同底本。然殿本、庫本以及《北史》卷一一《隋文帝紀》、《册府元龜》卷四四《帝王部·奇表》皆爲"龍頷"。

　　[5]五柱：宋刻遞修本、汲古閣本、中華本同底本，《北史·隋文帝紀》也同。但殿本、庫本皆爲"玉柱"。按，關於楊堅"生時靈異"的記載，岑仲勉有考論（參見岑仲勉《隋書求是》，中華書局2004年版，第1頁）。

　　[6]太學：學校名。屬官學。周朝置，爲王公貴族子弟學府，名大學。漢武帝時興太學，以博士爲師，傳授儒家經典。東漢、三國魏沿置。西晉置國子學，習慣稱太學。東晉置，又別立國子學。南朝宋稱太學爲四學館，齊太學廢立不常，梁太學分五個學館，陳承梁制。北魏、北齊太學與國子學並置，但地位低於後者。北周置太學，不置國子學。此指北周的太學。

　　年十四，京兆尹薛善辟爲功曹。[1]十五，以太祖勳授散騎常侍、車騎大將軍、儀同三司，[2]封成紀縣公。[3]十六，遷驃騎大將軍，[4]加開府。[5]周太祖見而歎曰："此兒風骨，不似代間人。"[6]明帝即位，[7]授右小宫伯，[8]進封大興郡公。[9]帝嘗遣善相者趙昭視之，[10]昭詭對曰："不過作柱國耳。"既而陰謂高祖曰："公當爲天下君，必大誅殺而後定。善記鄙言。"

　　[1]京兆尹：官名。爲京城長安所在地京兆郡長官。北周爲八命。　薛善：人名。北周宇文護當政時期，與宇文護親善，授京兆尹。傳見《周書》卷三五，《北史》卷三六有附傳。　辟：一種選官制度，也稱"辟召""徵辟"。即皇帝以敕令選用官員，以及公府、大將軍和州郡長官選用屬吏。三國兩晉南北朝沿置。　功曹：

官名。全稱功曹史。漢朝郡縣置，職掌人事，並參政務。魏晉南北朝沿置。此指北周郡功曹。

〔2〕太祖：此指楊忠。"太祖"是其子楊堅稱帝後追尊的廟號。

散騎常侍：散官名。北周爲加官，不理事，唯假章綬禄賜班位而已。　車騎大將軍：軍號名。儀同府長官軍號，以車騎將軍中資深者爲車騎大將軍。金印紫綬。典京師兵衛，掌宫衛。北周爲九命。

儀同三司：勳官名。北周府兵制中儀同府長官加此勳官名，不掌具體事務。九命。（參見王仲犖《北周六典》卷九《勳官第二十》，第 578 頁；谷霽光《府兵制度考釋》，上海人民出版社 1962 年版，第 51 頁）

〔3〕縣公：爵名。爲北周十一等爵的第六等。"命數未詳，非正九命則當是九命"（參見王仲犖《北周六典》卷八《封爵第十九》，第 548 頁）。

〔4〕驃騎大將軍：軍號名。北周府兵制中二十四軍每一軍的長官軍號爲驃騎大將軍。北周爲九命。

〔5〕開府：勳官名。即開府儀同三司。北周府兵制中二十四軍每一軍長官加此勳官名。北周爲九命。

〔6〕不似代間人：《北史》卷一一《隋文帝紀》作"非世間人"。按，此文中之"代"當爲"世"字，是避唐太宗李世民諱而改。

〔7〕明帝：北周皇帝宇文毓的謚號。紀見《周書》卷四、《北史》卷九。

〔8〕右小宫伯：官名。全稱爲右小宫伯下大夫。西魏恭帝三年置，北周沿之。爲天官府宫伯司次官，分置左、右。協助左右宫伯中大夫掌管宫廷侍衛，輪番在宫内執勤及臨朝或出行時警衛。正四命。

〔9〕大興郡公：爵名。爲北周十一等爵的第五等。正九命。

〔10〕趙昭：人名。事迹未詳。按，《太平御覽》卷七三〇《方術部一一·相中》引《隋書》作"趙照"，《北史·隋文帝紀》載

此爲“來和”。考本書卷七八《來和傳》、《北史》卷八九《來和傳》、《通鑑》卷一七二《陳紀》宣帝太建七年，雖皆載來和爲楊堅相面事而未載趙昭事，但觀《通鑑》載來和建議楊堅“願忍誅殺”，《北史·隋文帝紀》載來和建議的却是“必大誅殺而後定”，兩者截然相反，而後者又和本書此處所載趙昭的建議相同。故此處取趙昭名。

　　武帝即位，[1]遷左小宮伯。出爲隋州刺史，[2]進位大將軍。[3]後徵還，遇皇姆寢疾三年，晝夜不離左右，代稱純孝。宇文護執政，[4]尤忌高祖，屢將害焉，大將軍侯伏侯壽等匡護得免。[5]其後襲爵隋國公。武帝娉高祖長女爲皇太子妃，[6]益加禮重。齊王憲言於帝曰：[7]“普六茹堅相貌非常，臣每見之，不覺自失。恐非人下，請早除之。”帝曰：“此止可爲將耳。”内史王軌驟言於帝曰：[8]“皇太子非社稷主，[9]普六茹堅貌有反相。”帝不悦，曰：“必天命有在，將若之何！”[10]高祖甚懼，深自晦匿。

　　[1]武帝：北周皇帝宇文邕的謚號。紀見《周書》卷五、六，《北史》卷一〇。
　　[2]隋州：即隨州。西魏廢帝三年（554）改并州置，北周沿之。治所在今湖北隨州市。
　　[3]大將軍：勳官名。爲北周十一等勳官的第四等，可開府置官屬，以酬勤勞，無實際職掌。正九命。
　　[4]宇文護：人名。西魏權臣宇文泰之侄，北周建立，宇文護專政。傳見《周書》卷一一，《北史》卷五七有附傳。
　　[5]侯伏侯壽：人名。本姓侯，侯伏侯氏爲西魏文帝所賜的鮮

卑族姓。參見《周書》卷二九、《北史》卷六六《侯植傳》。中華本校勘記云："《周書·侯植傳》、又《武帝紀》作'侯伏侯萬壽'。按：書中一部分人名往往有省一字的，以後凡遇有這種情況，衹在某一人名第一次出現時出校記。"

[6]皇太子妃：指周宣帝皇后楊麗華。傳見《周書》卷九、《北史》卷一四。

[7]憲：人名，即北周宇文憲。傳見《周書》卷一二、《北史》卷五八。

[8]内史：官名。此北周官名的簡稱。西魏、北周内史官署屬春官府，初以内史中大夫爲長官。後周宣帝大象元年（579）改置内史上大夫爲長官。掌詔書撰寫，參議刑罰爵賞及軍國大事，並修撰國志及起居注。内史中大夫正五命，内史上大夫正六命。

[9]皇太子：指北周宇文贇。紀見《周書》卷七、《北史》卷一〇。

[10]必天命有在，將若之何：《北史》卷一一《隋文帝紀》意同此。然《通鑑》卷一七二《陳紀》太建七年載周武帝聽齊王憲之言後，"亦疑之，以問來和"云云，與此意有不同。

建德中，[1]率水軍三萬，破齊師於河橋。[2]明年，從帝平齊，[3]進位柱國。宇文憲破齊任城王高湝於冀州，[4]除定州總管。[5]先是，定州城西門久閉不行，齊文宣帝時，[6]或請開之，以便行路。帝不許，曰："當有聖人來啓之。"及高祖至而開焉，莫不驚異。尋轉亳州總管。[7]宣帝即位，[8]以后父徵拜上柱國、大司馬。[9]

[1]建德：北周武帝宇文邕年號（572—578）。

[2]齊：即北齊（550—577），都於鄴（今河北臨漳縣西南）。河橋：橋名。此指西晉杜預於富平津所建之橋，在今河南孟津縣

東、孟州市西南黄河上。北魏、東魏先後築河陽三城於橋北、橋南及河中洲上，爲洛陽外圍戍守要地。

[3]帝：此指北周武帝宇文邕。

[4]高湝（jiē）：人名。北齊神武帝高歡第十子。武平七年（576），與廣寧王高孝珩於冀州招募兵士，抵擋北周軍隊進攻，兵敗被俘，死於長安。傳見《北齊書》卷一〇、《北史》卷五一。冀州：治所在今河北冀州市。

[5]定州：治所在今河北定州市。　總管：官名。東魏孝敬帝武定六年（548）始置。西魏亦置。北周明帝武成元年（559）正式改都督諸州軍事爲總管，總管之設乃成定制。北周之制，總管加使持節諸軍事。總管或單任，然多兼帶刺史。故總管職權雖以軍事爲主，實際是一地區若干州、防（鎮）的最高軍政長官。

[6]齊文宣帝：即北齊皇帝高洋。紀見《北齊書》卷四、《北史》卷七。

[7]亳州：北周末改南兗州置。治所在今安徽亳州市。

[8]宣帝：北周皇帝宇文贇的謚號。

[9]上柱國：勳官名。北周爲正九命。　大司馬：官名。此爲北周大司馬卿的簡稱。西魏恭帝三年仿《周禮》建六官，置大司馬卿爲夏官府最高長官。掌邦政，征伐敵國及四時治兵講武皆由其主持，大祭祀則掌宿衛，廟社則奉羊牲。置一員。正七命。北周沿之。

　　大象初，[1]遷大後丞、右司武，[2]俄轉大前疑。[3]每巡幸，恒委居守。時帝爲《刑經聖制》，[4]其法深刻。高祖以法令滋章，非興化之道，切諫，不納。高祖位望益隆，帝頗以爲忌。帝有四幸姬，[5]並爲皇后，諸家爭寵，數相毀譖。帝每忿怒，謂后曰：“必族滅爾家！”因召高祖，命左右曰：“若色動，即殺之。”高祖既至，容色自若，乃止。

[1]大象：北周靜帝宇文闡年號（579—580）。

[2]大後丞：官名。北周宣帝大成元年（579）置四輔官（大前疑、大右弼、大左輔、大後丞），爲主要執政大臣，大後丞爲其中之一。　右司武：官名。此是北周右司武上大夫的簡稱。周武帝宣政元年（578）置左、右司武上大夫，總掌宿衛軍事。正六命。按，據開皇十四年《王臺墓誌》，王臺北周大象元年任左司武中録，墓誌云“聖上時領左司武大將軍，特垂識任”，與此“右司武”記載有異（參見王其禕、周曉薇《隋代墓誌銘彙考》一三三，綫裝書局2007年版）。

[3]大前疑：官名。北周宣帝大成元年置四輔官（大前疑、大右弼、大左輔、大後丞），爲主要執政大臣，大前疑爲其中之一。

[4]《刑經聖制》：法典名。北周宣帝大象元年頒行。法令嚴峻。

[5]四幸姬：指周宣帝同時設立的四位皇后：朱皇后名滿月、陳皇后名月儀、元皇后名樂尚、尉遲皇后名熾繁。傳見《周書》卷九、《北史》卷一四。

大象二年五月，以高祖爲揚州總管，[1]將發，暴有足疾，不果行。乙未，[2]帝崩。時靜帝幼沖，[3]未能親理政事。内史上大夫鄭譯、御正大夫劉昉以高祖皇后之父，[4]衆望所歸，遂矯詔引高祖入總朝政，[5]都督内外諸軍事。[6]周氏諸王在藩者，高祖悉恐其生變，稱趙王招將嫁女於突厥爲詞以徵之。[7]丁未，發喪。庚戌，周帝拜高祖假黄鉞、左大丞相，[8]百官總己而聽焉。以正陽宮爲丞相府，[9]以鄭譯爲長史，[10]劉昉爲司馬，[11]具置僚

佐。[12]宣帝時，刑政苛酷，群心崩駭，莫有固志。至
是，高祖大崇惠政，法令清簡，躬履節儉，天下悦之。

[1]揚州：北周治所在今安徽壽縣。

[2]乙未：關於此時間，史書記載不一。《周書》卷七《宣帝
紀》載："乙未，帝不豫""己酉，大漸""是日，帝崩於天德殿"。
同書卷八《靜帝紀》和《北史》卷一〇《周宣帝紀》《周靜帝紀》、
卷一一《隋文帝紀》所載時間同。另，《南史》卷一〇《陳宣帝
紀》也載"己酉，周宣帝崩"。《通鑑》卷一七四《陳紀》太建十
四年取《隋書》"乙未"説，並附《考異》。

[3]靜帝：北周皇帝宇文闡的謚號。紀見《周書》卷八、《北
史》卷一〇。

[4]鄭譯：人名。周宣帝時，鄭譯以恩舊之故，授内史上大夫，
任遇甚重，參議機密。傳見本書卷三八，《周書》卷三五、《北史》
卷三五有附傳。　御正大夫：官名。西魏恭帝三年仿《周禮》建六
官，天官冢宰府有御正中大夫，正五命；小御正下大夫，正四命。
職掌草擬詔册文誥，近侍樞機。凡諸刑罰爵賞，以及軍國大事，皆
須參議。北周沿之。周明帝武成元年以御正任總絲綸，更崇其秩爲
上大夫，號爲大御正。正六命。按，此"御正大夫"殿本、庫本、
中華本同；《北史·隋文帝紀》亦同。但北周無此官名，僅有御正
上大夫、御正中大夫、小御正下大夫之稱。考本書卷三八《劉昉
傳》、《北史》卷七四《劉昉傳》、《通鑑》卷一七四《陳紀》太建
十四年皆載劉昉時爲小御正，即小御正下大夫。當以此爲確。　劉
昉：人名。傳見本書卷三八、《北史》卷七四。

[5]詔：初意爲上告於下的文書。秦始皇統一天下，始定天子
稱皇帝，其令爲詔。此後，即作爲皇帝專用文書之一。後世皆因
之。亦稱詔書、詔旨、詔命等。

[6]都督内外諸軍事：官名。北周置，原稱都督中外諸軍事，

爲避楊堅父諱而改。魏黃初三年（222）始置此官，及曹真任此職時其成爲全國最高軍事統帥。魏晉南北朝時，僅特殊權臣就任，不常置。

〔7〕招：人名。即宇文招，北周太祖宇文泰之子，建德三年，進爵爲趙王。傳見《周書》卷一三、《北史》卷五八。 突厥：古族名、國名。廣義包括突厥、鐵勒諸部落，狹義專指突厥。公元六世紀時游牧於金山（今阿爾泰山）以南，因金山形似兜鍪，俗稱"突厥"，遂以名部落。西魏廢帝元年，土門自號伊利可汗，建立突厥汗國，後分裂爲西突厥、東突厥兩個汗國。傳見本書卷八四、《北史》卷九九、《舊唐書》卷一九四、《新唐書》卷二一五《突厥傳》。

〔8〕假黃鉞：黃鉞即飾以黃金的鉞，本用於皇帝儀仗。三國時特賜出征重臣，以示威重，令其專主征伐。其後相沿爲成制。晉和南朝宋、齊以及北齊、北周也有此制。 左大丞相：官名。北魏孝莊帝永安元年（528）始置大丞相，永安三年廢。北周靜帝大象二年又置左、右大丞相。以宇文贊爲右大丞相，但僅有虛名；以楊堅爲左大丞相，總攬朝政。旋去左右之號，獨以楊堅爲大丞相。實爲控制朝廷的權臣。

〔9〕正陽宮：宮殿名。北周大象元年宣帝傳位於靜帝，靜帝所居稱正陽宮。宣帝死後，靜帝入居天臺，廢正陽宮，而其變爲楊堅的丞相府。 丞相府：官署名。實應稱左大丞相府。爲楊堅掌控北周軍政大權的機構。府中官員衆多。

〔10〕長史：官名。此爲北周丞相府的官員名，全稱是大丞相府長史。爲府中大丞相下衆官員之首。

〔11〕司馬：官名。此爲北周丞相府的官員名，全稱是大丞相府司馬。

〔12〕僚佐：長官部下所屬官吏。

卷
一

帝
紀
第
一

六月，趙王招、陳王純、越王盛、代王達、滕王逌並至于長安。[1]相州總管尉遲迴自以重臣宿將，[2]志不能平，遂舉兵東夏。[3]趙、魏之士，[4]從者若流，旬日之間，衆至十餘萬。又宇文冑以滎州，[5]石愻以建州，[6]席毗以沛郡，[7]毗弟義羅以兖州，[8]皆應於迴。迴遣子質於陳請援。[9]高祖命上柱國、郇國公韋孝寬討之。[10]雍州牧畢王賢及趙、陳等五王，[11]以天下之望歸於高祖，因謀作亂。高祖執賢斬之，寢趙王等之罪，因詔五王劍履上殿，[12]入朝不趨，[13]用安其心。

[1]純：人名。即宇文純，北周太祖宇文泰之子，建德三年，進爵爲陳王。傳見《周書》卷一三、《北史》卷五八。　盛：人名。即宇文盛，北周太祖宇文泰之子，天和中，進爵爲越王。傳見《周書》卷一三、《北史》卷五八。按，底本作“達”，《北史》卷一一中華本校勘記云：“諸本誤作‘越王達、代王盛’，據《隋書》及本書卷五八《文帝十三王傳》改。”檢《周書》卷一三《文閔明武宣諸子傳》，盛封越野王、達封代奐王。今據改。　達：人名。即宇文達，北周太祖宇文泰之子，建德三年，進爵爲代王。傳見《周書》卷一三、《北史》卷五八。按，底本作“盛”，今據中華本改。　逌（yōu）：人名。即宇文逌，北周太祖宇文泰之子，建德三年，進爵爲滕王。傳見《周書》卷一三、《北史》卷五八。　長安：北周都城。在今陝西西安市西北郊。

[2]相州：北魏天興四年（401）分冀州置相州，治鄴縣（今河北臨漳縣西南鄴鎮）。東魏天平元年（534）改爲司州。北周建德六年復名相州，大象二年移治安陽城（今河南安陽市西南）。　尉遲迴：人名。北周太祖宇文泰之甥，周宣帝時任大前疑、相州總管。楊堅輔政，懼爲所圖，遂起兵反抗。傳見《周書》卷二一、

《北史》卷六二。

[3]東夏：地區名。泛指中國東部。

[4]趙、魏：地區名。泛指戰國時趙國、魏國所轄區域。

[5]宇文冑：人名。北周太祖宇文泰長兄之孫，大象末年，任滎州刺史，舉兵聲援尉遲迥，後爲楊素所敗。《周書》卷一〇、《北史》卷五七有附傳。 滎州：北周以北豫州改置，治所在今河南滎陽市西北汜水鎮。

[6]石愻（xùn）：人名。北周隋初人，其他事迹不詳。 建州：西魏置，北周治所在今山西絳縣東南。

[7]席毗：人名。按，各本均同。《北史》卷一一《隋文帝紀》、卷六二《尉遲迥傳》亦同。中華本校勘記云："本書《李禮成傳》作'席毗羅'。"本書卷六〇《于仲文傳》、《北史》卷二三《于仲文傳》、卷一〇〇《李禮成傳》，以及《通鑑》卷一七四《陳紀》太建十二年均作"席毗羅"。再觀其弟名"叉羅"，故"席毗羅"確。席毗羅，原爲北齊將領，後降北周，任北周徐州總管司錄，據兗州，響應尉遲迥起兵反楊堅。兵敗後被于仲文斬殺。 沛郡：北周治所在今江蘇沛縣。

[8]义羅：人名。名另見《北史·隋文帝紀》。按，殿本、庫本同底本，但宋刻遞修本、汲古閣本、中華本和《北史·隋文帝紀》爲"叉羅"。 兗州：北周治所在今山東兗州市。按，《通鑑》卷一七四《陳紀》太建十二年載"席毗羅據兗州"，而不載席义羅據兗州。

[9]陳：即南朝陳（557—589），都於建康（今江蘇南京市）。

[10]韋孝寬：人名。西魏、北周名將，西魏時韋孝寬指揮玉璧之戰粉粹了東魏高歡進攻，西魏實力得以壯大，北周時又數獻平齊之策，多被采納，因功官至大司空、上柱國，封鄖國公。傳見《周書》卷三一、《北史》卷六四。

[11]雍州：北周治所在今陝西西安市西北郊。 牧：官名。京都所在州的長官，北周爲九命。 畢王賢：即宇文賢。北周明帝之

子，建德三年進封畢王，周宣帝大象初年出任雍州牧。傳見《周
書》卷一三、《北史》卷五八。

　　[12]劍履上殿：古代帝王賜給大臣的一種特殊禮遇，受賜者可
以佩劍穿履朝見皇帝。

　　[13]入朝不趨：古代帝王賜給大臣的一種特殊禮遇，受賜者朝
見皇帝可不用小步快走。趨，小步快走。

　　七月，陳將陳紀、蕭摩訶等寇廣陵，[1]吳州總管于
顗轉擊破之。[2]廣陵人杜喬生聚衆反，[3]刺史元義討平
之。[4]韋孝寬破尉遲迴於相州，傳首闕下，[5]餘黨悉平。
初，迴之亂也，鄖州總管司馬消難據州響應，[6]淮南州
縣多同之。[7]命襄州總管王誼討之，[8]消難奔陳。[9]荆、
鄖群蠻乘釁作亂，[10]命亳州總管賀若誼討平之。[11]先是，
上柱國王謙爲益州總管，[12]既見幼主在位，政由高祖，
遂起巴、蜀之衆，[13]以匡復爲辭。高祖方以東夏、山南
爲事，[14]未遑致討。謙進兵屯劍閣，[15]陷始州。[16]至是，
乃命行軍元帥、上柱國梁睿討平之，[17]傳首闕下。巴、
蜀阻險，人好爲亂，於是更開平道，毀劍閣之路，立銘
垂誡焉。[18]五王陰謀滋甚，高祖齎酒肴以造趙王第，欲
觀所爲。趙王伏甲以宴高祖，高祖幾危，賴元胄以
濟，[19]語在《胄傳》。於是誅趙王招、越王盛。[20]

　　[1]陳紀：人名。據《通鑑》卷一七四《陳紀》太建十二年八
月條胡三省注：“陳紀，即陳慧紀。”陳慧紀，南朝陳高祖陳霸先之
從孫，太建十年（578）爲持節、緣江都督，兗州刺史。傳見《陳
書》卷一五、《南史》卷六五。　蕭摩訶：人名。南朝陳大將，輔
佐陳後主登基有功，加爲侍中、驃騎大將軍、綏建郡公。後降隋。

傳見《陳書》卷三一、《南史》卷六七。 廣陵：郡名。北周治所在今江蘇揚州市西北蜀崗上。

[2]吴州：北周大象中以南兗州改名，治所在今江蘇揚州市西北。 于顗：人名。本書卷六〇、《北史》卷二三有附傳。按，關於陳紀等攻廣陵一事，《通鑑》卷一七四《陳紀》記於太建十二年（即大象二年）八月。

[3]杜喬生：人名。事迹不詳。

[4]元義：人名。事迹不詳。

[5]韋孝寬破尉遲迥於相州，傳首闕下：《周書》卷八《静帝紀》、《北史》卷一一《隋文帝紀》、《通鑑》卷一七四《陳紀》太建十二年，皆載韋孝寬破尉遲迥在該年八月，而尉遲迥死於此月庚午日。再從前引《周書》《通鑑》和本書皆載尉遲迥起兵於是年六月，而《周書》卷二一和《北史》卷六二《尉遲迥傳》以及前引《通鑑》，又皆載“迥自起兵至敗，六十八日”。推算其亡也當在八月。故本書將此事記於“七月”條下欠妥，當載於“八月”條中。另，《周書》卷二一和《北史》卷六二之《尉遲迥傳》以及前引《通鑑》，皆載尉遲迥兵敗後是“自殺”，《北史·隋文帝紀》爲“斬之”。“自殺”確，本書此處籠統。

[6]鄖州：北周置。按，《通鑑》卷一七四《陳紀》太建十二年七月條胡三省關於“鄖州”有注，可參。觀注，鄖州治所似在今湖北京山縣一帶。 司馬消難：人名。初仕北齊，官至北豫州刺史，後被猜忌迫害舉州降周，歷遷大後丞，出爲鄖州總管。傳見《周書》卷二一，《北史》卷五四有附傳。

[7]淮南：地區名。泛指淮河以南。

[8]襄州：北周治所在今湖北襄樊市襄陽區。 王誼：人名。傳見本書卷四〇，《北史》卷六一有附傳。

[9]消難奔陳：據《周書·静帝紀》、《陳書》卷五和《南史》卷一〇之《宣帝紀》皆載司馬消難降陳在該年八月；《通鑑》卷一七四《陳紀》太建十二年條記，其降陳在七月底（癸丑），而受陳

官爵在八月己未。

[10]荆：州名。即荆州，北周治所在今湖北江陵縣。 鄀：州名。即鄀州，北周治所在今湖北鍾祥市。 群蠻：泛指古代南方各少數民族。漢至南北朝時，主要分布在長江和淮河流域的廣大地區。種類繁多，有五溪蠻、宜都蠻、豫州蠻、荆州蠻、西陽蠻等。無統一語言，居住在深山峽谷之中。主要從事農業生產，手工業也較發達。參見《魏書》卷一〇一和《北史》卷九五之《蠻傳》、《南史》卷七九《諸蠻傳》。按，《周書·静帝紀》載"豫州、荆州、襄州三總管内諸蠻"。《通鑑》卷一七四《陳紀》太建十二年載"豫、荆、襄州蠻"。與本書此處所記稍有不同。

[11]賀若誼：人名。傳見本書卷三九，《北史》卷六八有附傳。按，據《通鑑》卷一七四《陳紀》太建十二年條記諸蠻（《通鑑》稱"巴蠻"）反在該年七月，王誼平定之在該年八月。

[12]王謙：人名。西魏時以父功，累遷驃騎大將軍、開府，後以隨征吐谷渾及東征軍功，進上柱國、益州總管。傳見《周書》卷二一、《北史》卷六〇。 益州：北周治所在今四川成都市。

[13]巴、蜀：據《通鑑》卷一七四《陳紀》太建十二年八月條胡三省注："此巴、蜀，謂漢巴郡、蜀郡大界。"即泛指今四川地區。

[14]山南：地區名。按，據前文，此似泛指鄀州總管司馬消難以及反叛的荆、鄀群蠻所控制的地區。

[15]劍閣：關名。即今四川劍門關。

[16]始州：西魏以安州改名，北周時治所在今四川劍閣縣。

[17]行軍元帥：官名。北周出征軍的統帥名。根據需要臨時任命，事罷則廢。 梁睿：人名。傳見本書卷三七，《周書》卷一七、《北史》卷五九有附傳。按，據《周書·静帝紀》、《通鑑》卷一七四《陳紀》太建十二年載，王謙反楊堅在該年八月，而被平定在該年十月。此均記在"七月"不妥。

[18]更開平道，毁劍閣之路，立銘垂誡焉：《北史·隋文帝

紀》載此事於“八月”。

　　[19]元胄：人名。傳見本書卷四○、《北史》卷七三。

　　[20]誅趙王招、越王盛：趙王伏甲欲殺楊堅及楊堅殺趙王等的時間，《通鑑》卷一七四《陳紀》太建十二年記載同本書，而《北史·隋文帝紀》載此事於“六月”。

　　九月，以世子勇爲洛州總管、東京小冢宰。[1]壬子，周帝詔曰：“假黄鉞、使持節、左大丞相、都督内外諸軍事、上柱國、大冢宰、隋國公堅，[2]感山河之靈，應星辰之氣，道高雅俗，德協幽顯。釋巾登仕，搢紳傾屬，開物成務，朝野承風。受詔先皇，弼諧寡薄，合天地而生萬物，順陰陽而撫四夷。近者内有艱虞，外聞妖寇，以鷹鸇之志，運帷帳之謀，行兩觀之誅，[3]掃萬里之外。遄遘清肅，實所賴焉。四海之廣，百官之富，俱稟大訓，咸餐至道。治定功成，棟梁斯托，神猷盛德，莫二於時。可授大丞相，[4]罷左、右丞相之官，餘如故。”

　　[1]世子：帝王和諸侯所生的嫡長子。　勇：人名。即楊勇。傳見本書卷四五、《北史》卷七一。　洛州：北魏改司州置。北周置總管府，治所在今河南洛陽市東北。　東京：此指洛陽。　小冢宰：官名。全稱爲小冢宰上大夫，爲天官府大冢宰卿之下屬。置兩員，北周正六命。按，岑仲勉指出：“九月，以世子勇爲洛州總管、東京小冢宰。《周書》卷八作大定元年正月丙戌，似以《隋書》爲可信。”（岑仲勉：《隋書求是》，第4頁）另，檢《通鑑》卷一七四《陳紀》列此事於太建十二年（即大象二年）九月庚戌。

　　[2]使持節：漢朝官員奉使外出時，或由皇帝授予節杖，以提

高其威權。魏、晉以後，凡重要軍事長官出征或出鎮時，加使持節，可誅殺二千石以下官員。皇帝派遣大臣出巡或祭弔等事時，也使持節，以表示權力和尊崇。　大冢宰：官名。全稱大冢宰卿。西魏恭帝三年仿《周禮》建六官，置大冢宰卿一人，北周爲正七命，爲天官冢宰府最高長官。掌邦治，以建邦之六典佐皇帝治邦國。北周沿置，然其權力却因人而異，若有"五府總於天官"之命，則稱冢宰，能總攝百官，實爲大權在握之宰輔；若無此命，即稱太宰，與五卿並列，僅統本府官。

〔3〕兩觀之誅：典出春秋時孔子誅少正卯於兩觀之下，後多指爲國家安定而對亂臣賊子所施行的必要殺戮。兩觀，宮殿外的兩座高臺，用以標表宮門。一説是宮殿外懸挂法令之處，兩臺並列，故稱兩觀。

〔4〕大丞相：官名。北周置，參前"左大丞相"注。

冬十月壬申，詔贈高祖曾祖烈爲柱國、太保、都督徐兖等十州諸軍事、徐州刺史、隋國公，謚曰康；祖禎爲柱國、太傅、都督陝蒲等十三州諸軍事、同州刺史、隋國公，[1]謚曰獻；考忠爲上柱國、太師、大冢宰、都督冀定等十三州諸軍事、雍州牧。[2]誅陳王純。[3]癸酉，上柱國、郇國公韋孝寬卒。[4]

〔1〕太傅：贈官。北周爲正九命。　同州：治所在今陝西大荔縣。

〔2〕太師：贈官。北周爲正九命。

〔3〕誅陳王純：據《周書》卷八《静帝紀》、《北史》卷一一《隋文帝紀》載，誅陳王純是在"壬戌"日。

〔4〕郇國公韋孝寬卒：《周書》卷八和《北史》卷一〇《静帝紀》、《通鑑》卷一七四《陳紀》太建十二年皆載，韋孝寬死於該

年十一月丁未。另，《北史》卷六四《韋孝寬傳》也記其死於十一月。

十一月辛未，^[1]誅代王達、滕王逌。

[1]十一月辛未：岑仲勉指出，《周書》卷八《靜帝紀》作"大象二年十二月辛未"。是年十一月癸未朔，月內無辛未，本書此條，蓋誤與下文十二月甲子條相倒錯，同時復誤繫十一月於辛未之上。另，《北史》卷一〇《周靜帝紀》和《通鑑》卷一七四《陳紀》太建十二年載此事的時間同《周書》，確；《北史》卷一一一《隋文帝紀》同本書，也誤。

十二月甲子，周帝詔曰：

天大地大，合其德者聖人；一陰一陽，調其氣者上宰。^[1]所以降神載挺，^[2]陶鑄群生，代蒼蒼之工，^[3]成巍巍之業。假黃鉞、使持節、大丞相、都督內外諸軍事、上柱國、大冢宰、隋國公，應百代之期，當千齡之運，家隆台鼎之盛，門有翊贊之勤。心同伊尹，必致堯、舜，情類孔丘，憲章文武。爰初入仕，風流映世，公卿仰其軌物，搢紳謂爲師表。入處禁闈，出居藩政，芳猷茂績，問望彌遠。往平東夏，人情未安，燕南趙北，^[4]實爲天府，擁節杖旄，任當連率。^[5]柔之以德，導之以禮，畏之若神，仰之若日，芳風美迹，歌頌獨存。淮海榛蕪，^[6]多歷年代，作鎮南鄙，^[7]選衆惟賢，威震殊俗，化行黔首。任掌鈎陳，^[8]職司邦政，國之大事，朝寄更深，鑾駕巡游，留臺務廣。^[9]周公陝西之任，^[10]僅可爲倫，漢臣關内之重，[11]未足相況。

[1]上宰：此意是上天、上帝。

[2]降神：神靈降臨意，語出《詩·大雅·崧高》。

[3]蒼蒼：此指天。

[4]燕南趙北：地區名。此泛指戰國時燕國南部趙國北部一帶。

[5]連率：統帥、盟主。

[6]淮海：地區名。泛指古淮水以南，約當今江蘇、安徽中部一帶。

[7]鄙：邊邑。

[8]鈎陳：星名。在紫微垣内，最近北極。也以指稱後宮。本文意是後者。

[9]留臺：留守朝廷理政之意。兩晋與南北朝時，稱朝廷禁省爲臺。

[10]周公陝西之任：此意是指周公攝政輔成王。詳見《史記》卷三三《魯周公世家》。

[11]漢臣關内之重：此意是指蕭何坐鎮關中助劉邦爭奪天下。詳見《史記》卷五三《蕭相國世家》。漢臣，指西漢蕭何。

及天崩地坼，先帝升遐，朕以眇年，奄經荼毒，親受顧命，保乂皇家。姦人乘隙，潛圖宗社，[1]無君之意已成，竊發之期有日。英規潛運，大略川迴，匡國庇人，罪人斯得。兩河遘亂，[2]三魏稱兵，[3]半天之下，洶洶鼎沸。祖宗之基已危，[4]生人之命將殆。[5]安陸作釁，[6]南通吳、越，[7]蜂飛蝨聚，[8]江、漢騷然。[9]巴、蜀鴟張，[10]翻將問鼎，秦塗更阻，[11]漢門重閉。[12]畫籌帷帳，建出師車，諸將稟其謀，壯士感其義，不違時日，咸得清蕩。九功遠被，[13]七德允諧，[14]百僚師師，[15]四門穆穆。[16]光景照臨之地，風雲去來之所，允武允文，幽明同德，驟山驟水，[17]遐邇歸心。使朕繼踵上皇，無爲以治，聲高宇宙，道格天壤。伊尹輔殷，霍光佐漢，[18]方之蔑如也。

[1]宗社：宗廟和社稷。古時用作國家的代稱。

[2]兩河遘亂：此指相州總管尉遲迥之叛。兩河，戰國秦漢時黃河自今河南武陟縣以下東北流，經山東西北部折北至今河北滄縣東北入海，略呈南北流向，與其中游即今晉、陝間北南流向的一段東西相對，合稱兩河。《爾雅・釋地》：“兩河間曰冀州。”指此。

[3]三魏：十六國時以魏郡（治所在今河北臨漳縣西南）、陽平郡（治所在今河北大名縣東北）、廣平郡（治所在今河北曲周縣東北）及其所轄地區爲三魏。一説西漢置魏郡，後分魏郡置東、西部都尉，故稱三魏。

[4]危：底本作“慮”，汲古閣本、殿本、庫本、中華本皆爲“危”。“慮”於本句中意不貼切。

[5]人：中華本校勘記云：“‘人’應作‘民’，唐人諱改。”
殆：底本作“怠”，汲古閣本、殿本、庫本、中華本皆爲“殆”。“怠”於本句語義不夠貼切。

[6]安陸作釁：此指鄖州總管司馬消難之叛。安陸，郡名。南朝宋孝建元年（454）分江夏郡置。治所在今湖北安陸市。

[7]吳、越：此泛指古代吳國、越國地區，即今江蘇、浙江一帶。

[8]蠆：音 chài。昆蟲名。蝎子一類的毒蟲。

[9]江、漢：本文是泛指長江漢水一帶。

[10]巴、蜀鴟張：此指益州總管王謙之叛。

[11]秦：因今陝西省是秦朝的發源地，故習慣稱陝西爲秦。本

文泛指這一地區。

　　[12]漢：此泛指三國蜀漢所在地四川一帶。

　　[13]九功：語出《尚書·大禹謨》"九功惟叙"。《疏》："養民者使水、火、金、木、土、穀六事惟當修治之；正身之德、利民之用、厚民之生，此三事惟當諧和之。"九功意辦好這"九事"。

　　[14]七德：一指武功的七種德行。《左傳》宣公十二年："夫武，禁暴、戢兵、保大、定功、安民、和衆、豐財者也。"二指文治的七種德行。《國語·周語中》："尊貴、明賢、庸勳、長老、愛親、禮新、親舊。"

　　[15]百僚師師：意百官相互師法。語出《尚書·皋陶謨》。

　　[16]四門穆穆：意四方之門肅靜、恭謹。語出《尚書·堯典》。

　　[17]驟山驟水：喻以懷恩惠而歸心切，雖道路綿長，山水重覆亦急往趨之也。

　　[18]霍光：人名。西漢權臣，歷漢武帝、漢昭帝、漢宣帝三朝，官至大司馬、大將軍。執政期間，曾輔政漢昭帝，主持廢去荒淫無道的昌邑王劉賀，擁立漢宣帝，功勳卓著。傳見《漢書》卷六八。

　　昔營丘、曲阜，[1]地多諸國，重耳、小白，[2]錫用殊禮。蕭何優贊拜之儀，[3]番君越公侯之爵。[4]姬、劉以降，[5]代有令謨，宜崇典禮，憲章自昔。可授相國，[6]總百揆，[7]去都督内外諸軍事、大冢宰之號，進公爵爲王，以隋州之崇業，[8]郢州之安陸、城陽，[9]溫州之宜人，[10]應州之平靖、上明，[11]順州之淮南，[12]士州之永川，[13]昌州之廣昌、安昌，[14]申州之義陽、淮安，[15]息州之新蔡、建安，[16]豫州之汝南、臨潁、廣寧、初安，[17]蔡州之蔡陽，[18]郢州之漢東二十郡爲隋國。[19]劍履上殿，入朝不趨，贊拜不名，[20]備九錫之禮，[21]加璽綬、遠游冠、相國印、綠綟綬，[22]位在諸侯王上。隋國置丞相已下，一依舊式。

[1]營丘：地名。在今山東淄博市臨淄區北（一説在今山東昌樂縣東南），以營丘山而得名。周武王封吕尚於齊，建都於此。曲阜：地名。此指曲阜邑。在今山東曲阜市東北古城。西周至戰國魯國建都於此。

[2]重耳：人名。即春秋時晋文公。詳見《史記》卷三九《晋世家》。 小白：人名。即春秋時齊桓公。詳見《史記》卷三二《齊太公世家》。

[3]贊拜之儀：臣子朝見君王，司儀宣讀行禮的儀式。

[4]番君：指中國西部及西南部少數民族的國君。

[5]姬、劉：此指周朝、漢朝。

[6]相國：官名。初爲春秋戰國時期對輔政大臣的尊稱。後漸成爲官稱，爲百官之長，與丞相略同而位稍尊。秦不置。漢魏晋南北朝不常置，位尊於丞相，職權品秩略同，非尋常人臣之位。

[7]百揆：百官。

[8]崇業：郡名。《通鑑》卷一七一《陳紀》太建四年三月條胡三省注云：“崇業……按《隋書·帝紀》，隨州有崇業郡，而《志》不載。”北周治所不詳。

[9]郢州：據《通鑑》卷一七四《陳紀》太建十二年七月丁未條胡三省注云：“周蓋因古國名（鄖子國）置郢州於沔陽也。”若此，其治所在今湖北仙桃市西南沔城。 安陸：郡名。治所在今湖北安陸市。 城陽：郡名。治所在今湖北應城市。

[10]温州：治所在今湖北京山縣。 宜人：郡名。本書《地理志下》載：“土山，梁曰龍巢，置土州、東西二永寧、真陽三郡，

及置石武縣。後周廢三郡爲齊郡，改龍巢曰左陽……開皇初郡廢。十八年改……石武爲宜人。"北周宜人治所不詳。

〔11〕應州：治所在今湖北廣水市。　平靖：郡名。南朝梁置。治所在今湖北廣水市西北。　上明：郡名。治所在今湖北省隨州市東北。

〔12〕順州：治所在今湖北隨州市北。　淮南：郡名。東晋咸和初僑置淮南郡於丹陽郡于湖縣，即今安徽當塗縣。

〔13〕士州：治所不詳。按，各本均同。然《通鑑》卷一七四《陳紀》太建十二年十二月條胡三省注爲"土州"（南朝梁置，治所在今湖北隨州市東北。隋廢）。　永川：郡名。治所不詳。

〔14〕昌州：治所不詳。　廣昌：郡名。治所在今湖北棗陽市。安昌：郡名。治所在今湖北武漢市黃陂區。

〔15〕申州：北周改南司州置。治所在今河南信陽市。　義陽：郡名。北周治所在今河南信陽市南。　淮安：郡名。北周治所在今河南信陽市西北。

〔16〕息州：北周宣政元年（578）改東豫州置，治所在今河南息縣。　新蔡：州名。北齊置。北周治所在今河南息縣東北。　建安：郡名。北周治所不詳。

〔17〕豫州：北周治所在今河南汝南縣。　汝南：郡名。北周治所在今河南汝南縣。　臨潁：郡名。北齊改潁川郡置。北周治所在今河南臨潁縣西北。　廣寧：郡名。北齊改新蔡郡置。北周治所在今河南新蔡縣。　初安：郡名。南朝宋置。北周治所在今河南確山縣西南。

〔18〕蔡州：西魏廢帝三年改南雍州置。北周治所在今湖北棗陽市西南。　蔡陽：郡名。南朝齊置。北周治所在今湖北棗陽市西南蔡陽鎮。

〔19〕郢州：西魏大統十七年置，北周治所在今湖北鍾祥市。漢東：郡名。此西魏隨州之改名。治所在今湖北隨州市。　隋國：此是楊堅在北周時的封國名。

［20］贊拜不名：臣子朝見君王行贊拜禮時無需通報自己的姓名。這是對權臣的一種特殊優待。

［21］九錫（cì）：傳說古代帝王尊禮大臣所給的九種器物。不同典籍記九錫名目大同小異，包括車馬、衣服、樂則、朱戶、納陛、虎賁、宮矢、鈇鉞、秬鬯等。王莽代“漢”建“新”前，先加九錫，此後掌政大臣奪取政權、建立新王朝前，都加九錫，成爲例行公事。

［22］璽綬：代指印璽。璽，印章。古代尊卑通用。秦漢以後，惟皇帝印稱璽。綬，繫官印的絲帶。　遠游冠：冠名。諸王所服。漢以後歷代沿用，至元代始廢。　綠綟（lì）綬：深綠色的絲帶，用來繫印環。古代用不同顏色的絲帶標識官員的身份和等級。相國金印綠綟綬。

高祖再讓，不許。乃受王爵、十郡而已。詔進皇祖、考爵並爲王，夫人爲王妃。辛巳，司馬消難以陳師寇江州，[1]刺史成休寧擊却之。[2]

［1］江州：北周治所在今江西九江市。

［2］成休寧：人名。北周任江州刺史、隋封成陽郡公。事略見《唐贈荆州刺史成公（知禮）神道碑》（《全唐文》卷一九四）。

大定元年春二月壬子，[1]令曰：“已前賜姓，皆復其舊。”是日，周帝詔曰：“伊、周作輔，[2]不辭殊禮之錫，桓、文爲霸，[3]允應異物之典，所以表格天之勳，彰不代之業。相國隋王，前加典策，式昭大禮，固守謙光，絲言未緒。[4]宜申顯命，一如往旨。王功必先人，賞存後己，退讓爲本，誠乖朕意。宜命百辟，盡詣王宫，衆心克感，必令允納。如有表奏，勿復通聞。"癸丑，文武百官詣閣敦勸，高祖乃受。[5]

[1]大定：北周静帝宇文闡年號（581）。

[2]伊：指商湯輔臣伊尹。　周：指周成王輔臣周公旦。

[3]桓：指春秋時齊桓公。　文：指春秋時晋文公。

[4]絲言未綍（fú）：前詔書旨意没全部落實。絲，意帝王詔書；綍，大繩索。語出《禮記·緇衣》"王言如絲，其出如綸。王言如綸，其出如綍"。

[5]高祖乃受：《北史》卷一一一《隋文帝紀》、《通鑑》卷一七五《陳紀》太建十三年皆記於該年二月甲寅，楊堅始受"相國、百揆、九錫"。

甲寅，策曰：

咨爾假黄鉞、使持節、大丞相、都督内外諸軍事、上柱國、大冢宰、隋王：天覆地載，藉人事以財成；日往月來，由王道而盈昃。[1]五氣陶鑄，[2]萬物流形。誰代上玄之工，斯則大聖而已。曰惟先正，[3]翊亮皇朝。種德積善，載誕上相。[4]精采不代，風骨異人。匡國濟時，除凶撥亂。百神奉職，萬國宅心。殷相以先知悟人，[5]周輔乃弘道於代，[6]方斯蔑如也。今將授王典禮，其敬聽朕命：

[1]王道：其一，語出《尚書·洪範》，謂先王所行之正道。其二，語出《孟子·梁惠王上》，儒家稱以仁義治天下，與"霸道"相對。　盈昃（zè）：指日月圓滿或虧缺。

[2]五氣：五行之氣，五方之氣。

［3］先正：原義爲先代之臣，後多用以指前代的賢人。語出《尚書·説命下》。

［4］上相：對宰相的尊稱。

［5］殷相：指商湯輔臣伊尹。

［6］周輔：指周成王輔臣周公旦。

朕以不德，早承丕緒，上靈降禍，夙遭慜凶。妖醜覬覦，密圖社稷，宮省之内，疑慮驚心。公受命先皇，志在匡弼，輯諧内外，潛運機衡，姦人懾憚，謀用丕顯，俾贅旒之危，爲太山之固。是公重造皇室，作霸之基也。伊我祖、考之代，任寄已深，入掌禁兵，外司藩政，文經武略，久播朝野。戎軒大舉，長驅晋、魏，[1]平陽震熊羆之勢，[2]冀部耀貔豹之威。[3]初平東夏，人情未一。叢臺之北，[4]易水之南，[5]西距井陘，[6]東至滄海，比數千里，舉袂如帷。委以連城，[7]建旗杖節，教因其俗，刑用輕典，如泥從印，猶草隨風。此又公之功也。吳越不賓，多歷年代，淮海之外，時非國有。爰整其旅，出鎮於亳，[8]武以威物，文以懷遠。群盜自奔，外戶不閉，人黎慕義，襁負而歸。自北之風，化行南國。此又公之功也。宣帝御宇，任重宗臣，[9]入典八屯，[10]外司九伐。[11]禁衛勤巡警之務，治兵得蒐狩之禮。[12]此又公之功也。鑾駕游幸，頻委留臺，文武注意，軍國諮稟。萬事咸理，反顧無憂。此又公之功也。朕在諒闇，[13]公實總己。磐石之宗，姦回者衆，招引無賴，連結群小。往者國衰甫爾，[14]已創陰謀，積惡數旬，昆吾方稔。[15]泣誅磐臣，[16]宗廟以寧。此又公之功也。尉迥猖狂，[17]稱兵鄴邑，[18]欲長戟而指北闕，[19]强弩而圍南斗，[20]憑陵三魏之間，震驚九州之半，[21]聚徒百萬，悉成蛇豕，淇水、洹水，[22]一飲而竭。人之死生，翻繫凶豎，壽之長短，不由司命。公乃戒彼鷹揚，[23]出車練卒，誓蒼兕於河朔，[24]建瓴水於東山。[25]口授兵書，手畫行陣，量敵制勝，指日剋期。諸將遵其成旨，壯士感其大義，輕死忘生，轉鬭千里，旗鼓奮發，如火燎毛。玄黃變漳河之水，[26]京觀比爵臺之峻。[27]百城氛祲，一旦廓清。此又公之功也。青土連率，[28]跨據東秦，[29]藉負海之饒，倚連山之險，望三輔而將逐鹿，[30]指六國而願連雞。[31]風雨之兵，助鬼爲虐。本根既拔，枝葉自殞，屈法申恩，示以大信。此又公之功也。申部殘賊，[32]充斥一隅，蠅飛蟻聚，攻州略地。播以玄澤，迷更知反，服而捨之，無費遺鏃。此又公之功也。宇文冑親則宗枝，外藩巖邑，影響鄴賊，[33]有同就燥。迫脅吏人，叛換城戍。偏師討蠛，遂入網羅，束之武牢，[34]有同圄圉，事窮將軍，如伏國刑。此又公之功也。檀讓、席毗，[35]擁衆河外。[36]陳、韓、梁、鄭、宋、衛、鄒、魯，[37]村落成梟獍之墟，人庶爲豺狼之餌。强以陵弱，大則吞小，城有晝閉，巷無行人。授律出師，隨機掃定，讓既授首，毗亦梟懸。[38]此又公之功也。司馬消難與國親姻，作鎮安陸，性多嗜欲，意好貪聚。屬城子女，劫掠靡餘，部人貨財，多少具罄。擅誅刺舉之使，[39]專殺儀台之臣。[40]懼罪畏威，動而內興。[41]蠶食郡縣，鴆毒華夷，聞有王師，自投南裔。帝唐崇山之

29

罰，[42]僅可方此，大漢流禦之刑，[43]是亦相匹。逋逃入藪，荆、郢用安。此又公之功也。王謙在蜀，翻爲厲階，閉劍閣之門，塞靈關之宇，[44]自謂五丁復起，[45]萬夫莫向。分閫推轂，[46]嘗不逾時，風馳席卷，一舉大定，擒斬兇惡，掃地無遺。此又公之功也。陳項因循僞業，[47]自擅金陵，[48]屢遣醜徒，越趄江北。[49]公指麾藩鎮，無不摧殄。方置文深之柱，[50]非止尉佗之拜。[51]此又公之功也。

[1]晋、魏：州名。晋，南朝梁改豫州置，治所在今安徽潛山縣。魏，治所在今河北大名縣東北。此是泛指這一帶地區。

[2]平陽：郡名。北周治所在今山西臨汾市。

[3]冀部：指冀州。

[4]叢臺：在今河北邯鄲市舊縣城東北隅。相傳戰國趙武靈王所築。

[5]易水：即今中易水（瀑河）。源出今河北易縣西南，東流經定興縣南，又東南至雄縣。

[6]井陘：關名，又名土門關。在今河北井陘縣西北井陘山上。

[7]連城：語出《史記》卷一一二《平津侯主父偃列傳》："今諸侯連城，地方千里。"

[8]亳：指亳州。

[9]宗臣：與君主同宗之臣。語出《國語・魯語下》。

[10]八屯：宮苑四周所設的八衛所。《文選》張衡《西京賦》："尉衛八屯，警夜巡晝。"

[11]九伐：制裁諸侯違犯王命行爲的九種辦法。語出《周禮・夏官・大司馬》。

[12]蒐狩：蒐，檢閱、閱兵。狩，狩田，古代冬季練兵打獵。語出《周禮・夏官・大司馬》。

　　[13]諒闇：也作亮陰、梁暗、涼陰。一説爲天子、諸侯居喪之稱；一説爲居喪之所，即凶廬。此指前意。

　　[14]衰：李慈銘《隋書札記》云："'衰'爲'哀'之誤字"。另參中華本《隋書》（修訂本）卷一校勘記［一七］。

　　[15]昆吾：此指昆吾之君。昆吾爲夏、商間部落。己姓。初封地在今河南濮陽市。夏衰，昆吾爲夏伯，遷於舊許（今河南許昌市）。後爲商湯所滅。本文以昆吾之君喻北周宗室中反楊堅的趙王招、越王盛等人。

　　[16]磬甸：指犯有死罪的貴族和顯宦。語出《禮記·文王世子》："公族其有死罪，則磬於甸人。"

　　[17]尉迥：中華本校勘記云："即尉遲迥。"

　　[18]鄴邑：城名。北周相州總管治所。大象二年相州總管尉遲迥起兵討楊堅時，鄴邑在今河北臨漳縣西南鄴鎮東；兵敗，城被焚毀，鄴邑移至今河南安陽市。

　　[19]北闕：宮禁或朝廷的別稱。

　　[20]南斗：星名。即斗宿，有星六顆。在北斗星以南，形似斗，故稱。此借指北周南部地區。

　　[21]九州：含義有二：一指傳説中的中國古代地理區劃名。起於春秋戰國，説法不一。《尚書·禹貢》作冀、豫、雍、揚、兖、徐、涼、青、荆。《爾雅·釋地》有幽、營州而無青、梁州；《周禮·夏官·職方》有幽、并州而無徐、梁州。後以"九州"泛指全中國。二指大九州。戰國齊人鄒衍的一種地理學説：以爲中國爲赤縣神州，在其外又有如赤縣神州者九，以別於神州內的九州。按，本文指前一含意。

　　[22]淇水：即今河南淇河。　洹水：即今河南北部安陽河。

　　[23]鷹揚：鷹之奮揚。喻威武或大展雄才。《詩·大雅·大明》："維師尚父，時維鷹揚。"

　　[24]蒼兕（sì）：傳説中的水獸名。此借指水軍。　河朔：此泛指黃河以北地區。

[25]瓴水：高屋建瓴意。形容居高臨下之形勢。 東山：即山東。戰國、秦、漢時代，通稱華山或崤山以東爲山東。

[26]玄黃：黑色與黃色。《易·坤卦》："夫玄黃者，天地之雜也，天玄而地黃。"後因以玄黃指天地。 漳河：亦名漳水，源出今山西長子縣西，東流穿過太行山至河北臨漳縣北，下游歷代屢有變遷，今已非故道。

[27]京觀：古代戰爭中，勝者爲了炫耀武功，收集敵人尸首，封土而成的高冢。 爵臺：即銅雀臺。爵，通"雀"。

[28]青土：指古九州之一青州一帶。《尚書·禹貢》："海岱惟青州。"《周禮·職方》："正東曰青州。"海指渤海，岱即泰山。

[29]東秦：戰國時秦昭王曾稱西帝，齊湣王曾稱東帝，兩國皆以其富強而東西並立，後因稱齊國或齊地爲"東秦"。

[30]三輔：西漢治理京畿地區的三個職官的合稱。亦指其所轄地區。本文指北周京城長安及附近地區。

[31]六國：指戰國時位於函谷關以東的齊、楚、燕、韓、趙、魏。 連雞：縛在一起的雞。此指聯盟。

[32]申：古地名。故地在今河南信陽市南。

[33]鄴賊：指尉遲迥。

[34]武牢：中華本校勘記云："'武'應作'虎'，唐人諱改。"虎牢，地名。在今河南滎陽縣西北汜水鎮西。相傳周穆王獲虎爲押畜於此，故名。

[35]檀讓：人名。亦稱獨孤讓。北周末爲尉遲迥部下，並隨其起兵反楊堅。兵敗後被于仲文擒送京師。事略見本書卷六〇《于仲文傳》、《北史》卷六二《尉遲迥傳》以及《王幹墓誌》（見羅新、葉煒《新出魏晉南北朝墓誌疏證》一七〇，中華書局 2016 年版）。

[36]河外：黃河自龍門至華陰，自北而南，晉都於絳，故春秋晉人稱河西與河南爲河外。本文則泛指檀讓、席毗羅曾控制的兗州（治所在今山東兗州市）、曹州（治所在今山東曹縣西北）、亳州（治所在今安徽亳州市）等地區。

[37]陳、韓、梁、鄭、宋、衛、鄒、魯：這些均是春秋時的國名。本文以這些國所在地，泛指檀讓、席毗羅曾控制的地區。

[38]梟懸：斬首懸掛示衆。

[39]刺舉之使：中央派出的檢舉奸惡、舉薦有功的官員。

[40]儀台之臣：指諫諍之臣。

[41]奰：音 bèi。此是“奰匿”意，即激憤而作亂。

[42]帝唐：指唐堯。 崇山：相傳舜放驩兜之處。孔穎達疏：“蓋在衡嶺之南也。”據王夫之《孟子稗疏》、王鳴盛《蛾術編》卷四六，當在唐驩州境内，泗城之南（今廣西凌雲縣和西林縣一帶）。

[43]流禦：古代一種刑罰，把罪人流放到邊地守禦。

[44]靈關：關名。在今四川蘆山縣西北。

[45]五丁：神話傳説中的五個力士。

[46]分閫：指出任將帥或封疆大吏。 推轂：推車前進。古代帝王任命將帥時的隆重禮遇。

[47]陳頊：人名。即南朝陳宣帝。紀見《陳書》卷五、《南史》卷一〇。

[48]金陵：戰國楚築金陵城於今江蘇南京市清涼山上，後人以金陵作爲今南京市的別稱。

[49]江北：指長江下游以北的地區。

[50]文深之柱：東漢馬援在交趾立的銅柱。中華本校勘記云：“‘深’應作‘淵’，唐人諱改。馬援字文淵，立銅柱事見《後漢書》本傳。”

[51]尉佗：即趙佗。曾任秦南海郡尉故稱。傳見《史記》卷一一三、《漢書》卷九五。

　　公有濟天下之勤，重之以明德，[1]始於辟命，屈己登庸。素業清徽，聲掩廊廟，[2]雄規神略，氣蓋朝野。序百揆而穆四門，[3]恥一匡之舉九合。[4]尊賢崇德，尚齒貴功，録舊旌善，興亡繼絶。[5]寬猛相濟，彝倫攸叙，[6]敦睦帝親，崇奬王室。星象不拆，[7]陰陽自調，[8]玄冥、祝融，[9]如奉太公之召；[10]雨師、風伯，[11]似應成王之宰。[12]祥風嘉氣，觸石搖林，瑞獸異禽，游園鳴閣。至功至德，可大可久，盡品物之和，究杳冥之極。

[1]明德：光明之德，美德。語出《逸周書·本典》。

[2]廊廟：古代帝王和大臣議論政事處，後因此稱朝廷爲廊廟。廊，指殿四周的廊；廟，太廟。

[3]穆四門：即“四門穆穆”。

[4]一匡：使得到匡正。　九合：多次會盟。《論語·憲問》：“桓公九合諸侯，不以兵車，管仲之力也。”

[5]興亡繼絶：同“興滅繼絶”。古指復興衰敗滅亡之諸侯國和貴族世家。《論語·堯曰》：“興滅國，繼絶世，舉逸民。”

[6]彝倫：常理，常道。《尚書·洪範》：“王乃言曰：‘嗚呼，箕子！惟天陰騭下民，相協厥居，我不知其彝倫攸叙。’”

[7]星象：指星體的明暗及位置等現象。古人據以占測人事的吉凶禍福。

[8]陰陽：古代指天地間化生萬物的二氣，即宇宙間貫通物質和人事的兩大對立面。並認爲陰陽和而萬物得其所。

[9]玄冥：傳説中的神名。有三種説法：一是水神或雨師，二是冬神，三是北方之神。　祝融：一説爲傳説中的古帝。一説爲傳説中的神名，一是帝嚳時的火官，後尊爲火神；一是南方之神，南海之神。

[10]太公：此指西周太公望，吕尚。詳見《史記》卷三二《齊太公世家》。

[11]雨師：神話中的雨神。　風伯：神話中的風神。

[12]成王：此指西周成王。詳見《史記》卷四《周本紀》。

宰：官名。《周禮》記周王朝有冢宰、大宰、小宰、宰夫、内宰、里宰。春秋時卿大夫的家臣和采邑的長官，也都稱宰。後世也以宰泛稱官吏。這裏爲第二種含義。

　　朕又聞之，昔者明王設官胙土，[1]營丘四履，[2]得征五侯，[3]參墟寵章，[4]異其禮物。[5]故藩屏作固，垂拱責成，[6]沈默巖廊，[7]不下堂席。公道高往烈，[8]賞薄前王。朕以眇身，託于兆人之上，求諸故實，甚用懼焉。往加大典，憲章在昔，[9]謙以自牧，[10]未應朝禮。日月不居，便已隔歲。時談物議，其謂朕何！今進授相國總百揆，以申州之義陽等二十郡爲隋國。今命使持節、太傅、上柱國、杞國公椿，[11]大宗伯、大將軍、金城公趙煚，[12]授相國印綬。相國禮絕百辟，任總群官，舊職常典，宜與事革。昔堯臣太尉，舜佐司空，姬旦相周，[13]霍光輔漢，不居藩國，唯在天朝。其以相國總百揆，去衆號焉。上所假節、大丞相、大冢宰印綬。[14]

[1]胙土：指帝王將土地賜封功臣宗室，以酬其勳勞。

[2]四履：四境的界限。語本《左傳》僖公四年：“五侯九伯，女實征之，以夾輔周室。賜我先君履：東至于海，西至于河，南至于穆陵，北至于無棣。”

[3]五侯：公、侯、伯、子、男五等諸侯。

[4]參墟：亦作“參虛”。參星的分野。當在今山西、河南一帶。《左傳》昭公十五年：“唐叔受之，以處參虛。”　寵章：高官顯爵的章服。按，此指周武王封唐叔於參墟地區以夾輔王室。

[5]禮物：典禮文物。

[6]垂拱：垂衣拱手。喻不親理事務。《尚書·武成》：“惇信明

義，崇德報功，垂拱而天下治。"

[7]巖廊：也作"巖郎"。高峻的廊廡。借指朝廷。

[8]往烈：往昔的功業，先前的功績。

[9]憲章：典章制度。

[10]自牧：自我修養。語出《易·謙》："謙謙君子，卑以自牧。"

[11]椿：人名。即宇文椿，北周宗室大臣。《周書》卷一〇有附傳。

[12]大宗伯：官名。全稱爲大宗伯卿。西魏恭帝三年仿《周禮》建六官，置大宗伯卿一人，爲春官宗伯府最高長官。掌邦禮，以佐皇帝和邦國。北周正七命。　金城公：爵名。全稱爲金城郡公。北周十一等爵的第五等。正九命。　趙煚：人名。傳見本書卷四六、《北史》卷七五。

[13]姬旦：即"周公"。

[14]假節：指前楊堅所受的"假黃鉞、使持節"。

又加九錫，其敬聽朕後命。以公執律脩德，慎獄恤刑，爲其訓範，人無異志，是用錫公大輅、戎輅各一，[1]玄牡二駟。公勤心地利，所寶人天，崇本務農，公私殷阜，是用錫公袞冕之服，[2]赤舃副焉。[3]公樂以移風，雅以變俗，遐邇胥悦，天地咸和，是用錫公軒懸之樂，[4]六佾之舞。[5]公仁風德教，覃及海隅，荒忽幽遐，迴首内向，是用錫公朱户以居。公水鏡人倫，銓衡庶職，能官流詠，遺賢必舉，是用錫公納陛以登。[6]公執鈞於内，正性率下，犯義無禮，罔不屏黜，是用錫公武賁之士三百人。[7]公元本闕。是用錫公鈇鉞各一。[8]公威嚴夏日，精厲秋霜，猾夏必誅，顧眄天壤，掃清姦宄，折衝無外，是用錫公彤弓一、彤矢百，盧弓十、盧矢千。[9]惟公孝通神明，肅恭祀典，尊嚴如在，情切幽明，是用錫公秬鬯一卣，[10]珪瓚副焉。[11]隋國置丞相以下，一遵舊式。往欽哉！其敬循往策，祇服大典，簡恤爾庶功，對揚我太祖之休命。[12]

[1]大輅：《周禮·春官·巾車》載：王有五輅：玉輅、金輅、象輅、革輅、木輅。大輅爲輅之最大者，故知大輅即玉輅。是古時天子所乘之車。 戎輅：兵車。

[2]袞冕：戴冕加穿袞衣，天子、上公皆有之。袞即袞衣，又稱袞服，爲古代帝王及上公繡龍的禮服。冕，古代帝王、諸侯、卿大夫所戴的禮帽。

[3]舃（xì）：古代一種以木爲復底的鞋。《詩·大雅·韓奕》："玄袞赤舃。"

[4]軒懸：也作"軒縣"。古代諸侯陳列樂器去南面而三面懸挂。《周禮·春官·小胥》："正樂縣之位，王宮縣，諸侯軒縣。"宮縣，四面懸。

[5]六佾：周諸侯所用樂舞的格局：六列，每列六人，共三十六人；或云每列八人，六列共四十八人。

[6]納陛：古代帝王賜給有殊勳的諸侯或大臣的"九錫"之一。

[7]武賁：中華本校勘記云："'武'應作'虎'，唐人諱改。"虎賁，勇士之稱。

[8]鈇鉞：斫刀和大斧。此象徵帝王賜予的專征專殺之權。《禮記·王制》："諸侯賜弓矢，然後征。賜鈇鉞，然後殺。"

[9]彤弓一、彤矢百：彤弓、彤矢爲朱漆弓、箭。 盧弓十、盧矢千：盧弓、盧矢爲黑色弓箭。這些是古代天子用以賜有功的諸侯或大臣使專征伐權的象徵。《尚書·文侯之命》："用賚爾秬鬯一

卣，彤弓一、彤矢百，盧弓一、盧矢百。”

　　[10]秬（jù）鬯（chàng）：古代以黑黍和鬱金香草釀造的酒，用於祭祀降神及賞賜有功的諸侯。《尚書·洛誥》：“伻來毖殷，乃命寧予以秬鬯二卣。”　卣：音 yǒu。古代一種中型酒樽，青銅製，一般爲橢圓形，大腹，斂口，圈足，有蓋與提梁，多用作禮器，盛行於商和西周。

　　[11]珪瓚：玉柄的酒器。《逸周書·王會》：“珪瓚次之。”

　　[12]太祖：此指北周皇帝宇文泰。紀見《周書》卷一、《北史》卷九。

　　於是建臺置官。[1]

　　[1]臺：此作官署的名稱。

　　丙辰，[1]詔王冕十有二旒，[2]建天子旌旗，出警入蹕，[3]乘金根車，[4]駕六馬，備五時副車，[5]置旄頭雲罕，[6]樂舞八佾，[7]設鍾虡宮懸。[8]王妃爲王后，長子爲太子。前後三讓，乃受。

　　[1]丙辰：原爲“景辰”。按，因“丙”“昺”同音，本書避唐高祖父李昺諱，天干“丙”改爲“景”字。後凡天干中的景字一律回改，不再出注。

　　[2]旒：音 liú。同“瑬”。冕冠前後懸垂的玉串。《禮記·玉藻》：“天子玉藻，十有二旒。”

　　[3]出警入蹕（bì）：帝王出入時警戒清道，禁止行人。

　　[4]金根車：以黃金爲飾的根車。帝王所乘。

　　[5]五時：指立春、立夏、大暑、立秋、立冬。　副車：皇帝侍從車輛。

[6]旄頭雲罕：旄頭，古代皇帝儀仗中一種擔任先驅的騎兵。"罕"，底本作"罕"，殿本作"罕"、庫本作"旱"，中華本作"罕"。"罕"字確，其他皆因字形相近而訛。雲罕，也作"雲罕"，天子出行時爲前導之旌旗。

[7]八佾：也作"八溢""八羽"。古代天子用的一種樂舞。縱横都是八人，共六十四人。佾，舞列。

[8]鍾虡（jù）：飾以猛獸形象的懸樂鐘的格架。　宮懸：通"宮縣"。古時鐘磬等樂器懸掛於架上，懸掛的形式根據身份地位不同而異，帝王懸掛四面，象徵宮室四面的墙壁，故名宮懸。《周禮·春官·小胥》："正樂縣之位，王宮縣。"

俄而周帝以衆望有歸，乃下詔曰："元氣肇闢，樹之以君，有命不恒，所輔惟德。天心人事，選賢與能，盡四海而樂推，非一人而獨有。周德將盡，妖孽遞生，骨肉多虞，藩維構釁，[1]影響同惡，過半區宇，或小或大，圖帝圖王，則我祖宗之業，不絶如線。相國隋王，睿聖自天，英華獨秀，刑法與禮儀同運，文德共武功俱遠。愛萬物其如己，任兆庶以爲憂。手運璣衡，[2]躬命將士，芟夷姦宄，[3]刷蕩氛祲，[4]化通冠帶，[5]威震幽遐。虞舜之大功二十，未足相比，姬發之合位三五，[6]豈可足論。況木行已謝，[7]火運既興，[8]河、洛出革命之符，[9]星辰表代終之象。[10]煙雲改色，笙簧變音，獄訟咸歸，謳歌盡至。[11]且天地合德，日月貞明，[12]故以稱大爲王，照臨下土。朕雖寡昧，未達變通，幽顯之情，皎然易識。今便祇順天命，出遜别宫，禪位於隋，一依唐、虞、漢、魏故事。"[13]高祖三讓，不許。遣兼太傅、上柱國、杞國公椿奉册曰：[14]

[1]藩維：《詩·大雅·板》："价人維藩，大師維垣。"後以"藩維"指藩國。

[2]璣衡：北斗七星的泛稱。此含"神機妙算"意。

[3]芟夷：鏟除，削平。

[4]氛祲：指預示灾禍的雲氣。

[5]冠帶：本指服制，引申爲禮儀、教化。

[6]姬發：人名。即周武王。詳見《史記》卷四《周本紀》。

三五：指三所五位。《詩·大雅·大明》："燮伐大商。"東漢鄭玄箋："協和伐殷之事，謂合位三五也。"孔穎達疏："言正合會天道於五位三所而用之。歲、日、月、辰、星五者各有位，謂之五位。星、日、辰在北，歲在南，月在東，居三處，故言三所。"

[7]木行：五行説中的木德。

[8]火運：指應五行中火德而昌的帝運。

[9]河、洛出革命之符：即"河圖洛書"。古代儒家關於《周易》卦形來源及《尚書·洪範》"九疇"創作過程的傳説。《易·繫辭上》："河出圖，洛出書，聖人則之。"河，黄河。洛，洛水。據漢儒孔安國、劉歆等解説：伏羲時有龍馬出於黄河，馬背有旋毛如星點，稱作龍圖。伏羲取法以畫八卦生蓍法。夏禹治水時有神龜出於洛水，背上有裂紋，紋如文字，禹取法而作《尚書·洪範》"九疇"。古代認爲出現"河圖洛書"是帝王聖者受命之祥瑞。

[10]星辰表代終之象：古人據星象，即星體的明暗及位置等現象來占測人事的吉凶禍福。此句云"周"亡"隋"興在天象上已經顯示出來了。

[11]獄訟咸歸，謳歌盡至：此喻天下歸心於楊堅。語出《史記》卷一《五帝本紀》："獄訟者不之丹朱而之舜，謳歌者不謳歌丹朱而謳歌舜。"

[12]貞明：日月能固守其運行規律而常明。《易·繫辭下》："日月之道，貞明者也。"

[13]唐、虞、漢、魏故事：指唐堯禪位於虞舜，漢獻帝禪位於曹丕。

[14]册：古代帝王用於册立、封贈的詔書。

　　咨爾相國隋王：粤若上古之初，爰啓清濁，[1]降符授聖，爲天下君。事上帝而理兆人，[2]和百靈而利萬物，[3]非以區宇之富，未以宸極爲尊。[4]大庭、軒轅以前，[5]驪連、赫胥之日，[6]咸以無爲無欲，不將不迎。邈哉！其詳不可聞已。厥有載籍，遺文可觀。聖莫逾於堯，美未過於舜。堯得太尉，已作運衡之篇。[7]舜遇司空，便叙精華之竭。[8]彼褰裳脱屣，[9]貳宮設饗，百辟歸禹，若帝之初。斯蓋上則天時，不敢不授，下祇天命，不可不受。湯代於夏，武革於殷，干戈揖讓，雖復異揆，[10]應天順人，其道靡異。自漢迄晋，有魏至周，[11]天曆逐獄訟之歸，神鼎隨謳歌之去。[12]道高者稱帝，禄盡者不王，[13]與夫文祖、神宗，[14]無以别也。

[1]清濁：清氣與濁氣。引申以喻天地陰陽二氣。清輕的陽氣上爲天，濁重的陰氣下爲地。

[2]兆人：《北史》卷一一《隋文帝紀》爲"兆庶"。

[3]百靈：各種神靈。

[4]宸極：即北極星。借指帝王。

[5]大庭：傳説上古帝王名。一説是神農氏的别號。　軒轅：傳説古代帝王黄帝的名字。

[6]驪連：傳説遠古的帝號。　赫胥：即赫胥氏。傳説中的帝王名。

[7]運衡：即運轉的玉衡星。此句意指堯禪讓於舜。衡，即玉

衡，北斗中星，主迴轉。

[8]精華：指精神元氣。此句意指舜禪讓於禹。

[9]褰裳：謂帝王讓位。典出《竹書紀年》卷上："精華已竭，褰裳去之。"

[10]揆：道理、準則。

[11]魏：即後魏。　周：即北周（557—581），都長安（今陝西西安市西北郊）。

[12]天曆逐獄訟之歸，神鼎隨謳歌之去：此喻指天下歸心於楊堅。

[13]禄：《北史·隋文帝紀》同底本。殿本、庫本、中華本爲"録"。按，"禄"通"録"。

[14]文祖：指帝堯始祖之廟。　神宗：古代指堯廟。一説指堯太祖文祖之宗廟。

　　周德將盡，禍難頻興，宗戚姦回，[1]咸將竊發。顧瞻宮闕，將圖宗社，藩維連率，[2]逆亂相尋。搖蕩三方，不合如礪，蛇行鳥攫，投足無所。王受天明命，叡德在躬，救頹運之艱，匡墜地之業，拯大川之溺，[3]撲燎原之火，除群凶於城社，[4]廓妖氛於遠服，[5]至德合於造化，神用洽於天壤。八極九野，[6]萬方四裔，圓首方足，[7]罔不樂推。往歲長星夜掃，[8]經天晝見，八風比夏后之作，[9]五緯同漢帝之聚，[10]除舊之徵，昭然在上。近者赤雀降祉，[11]玄龜效靈，鍾石變音，蛟魚出穴，布新之覘，焕焉在下。九區歸往，[12]百靈協贊，[13]人神屬望，我不獨知。仰祇皇靈，俯順人願，今敬以帝位禪於爾躬。[14]天祚告窮，天禄永終。於戲！王宜允執厥和，[15]儀刑典訓，升圓丘而敬蒼昊，[16]御皇極而撫黔黎，[17]副率土之心，恢無疆之祚，可不盛歟！

[1]宗戚：泛稱皇室親族。

[2]藩維：按，底本作"籓維"。但宋刻遞修本、汲古閣本、殿本、庫本、中華本以及《北史》卷一一《隋文帝紀》皆作"藩維"。"藩""籓"雖在"藩籬"一詞中可通用，但在"藩維"詞中不可，故改爲"藩維"。

[3]拯：他本均同，然《北史·隋文帝紀》作"援"。

[4]城社：城池和祭地神的土壇。代指城鎮。

[5]遠服：指王畿以外的地方。

[6]八極：八方極遠之地。　九野：九州的土地。

[7]圓首方足：指人類。

[8]長星：古星名。類似彗星，有長尾形光芒。

[9]八風：此指"八音"，即中國古代對樂器的統稱，通常爲金、石、絲、竹、匏、土、革、木八種不同質材所製。　夏后：指禹受舜禪而建立的夏王朝。

[10]五緯：金、木、水、火、土五星。

[11]赤雀：傳説中的瑞鳥。

[12]九區：此指"九州"，借以指華夏大地。

[13]百靈：各種神靈。

[14]今敬以帝位禪於爾躬：殿本、庫本、中華本皆同底本，《北史·隋文帝紀》無"今"字。

[15]允執厥和：中華本校勘記云："'和'應作'中'，語出僞《古文尚書·大禹謨》。隋人諱'忠'，'中'與'忠'同音，因改'中'爲'和'。"

[16]圓丘：古代祭天的圓形高壇。

[17]皇極：此指皇位。

遣大宗伯、大將軍、金城公趙煚奉皇帝璽紱，[1]百官勸進。高祖乃受焉。

[1]皇帝璽：周制，皇帝八璽。詳參《通鑑》卷一七五《陳紀》太建十三年二月條胡三省注。

開皇元年二月甲子，[1]上自相府常服入宮，備禮即皇帝位於臨光殿。設壇於南郊，遣使柴燎告天。[2]是日，告廟，大赦，改元。[3]京師慶雲見。[4]易周氏官儀，[5]依漢、魏之舊。以柱國、相國司馬、渤海郡公高熲爲尚書左僕射兼納言，[6]相國司録、沁源縣公虞慶則爲內史監兼吏部尚書，[7]相國內郎、咸安縣男李德林爲內史令，[8]上開府、漢安縣公韋世康爲禮部尚書，[9]上開府、義寧縣公元暉爲都官尚書，[10]開府、民部尚書、昌國縣公元巖爲兵部尚書，[11]上儀同、司宗長孫毗爲工部尚書，[12]上儀同、司會楊尚希爲度支尚書，[13]上柱國、雍州牧、邗國公楊惠爲左衛大將軍。[14]乙丑，追尊皇考爲武元皇帝，[15]廟號太祖，皇妣爲元明皇后。[16]遣八使巡省風俗。[17]丙寅，修廟社。[18]立王后獨孤氏爲皇后，[19]王太子勇爲皇太子。[20]丁卯，以大將軍、金城郡公趙煚爲尚書右僕射，[21]上開府、濟陽侯伊婁彥恭爲左武候大將軍。[22]己巳，以周帝爲介國公，[23]邑五千户，[24]爲隋室賓。[25]旌旗車服禮樂，一如其舊。上書不爲表，[26]答表不稱詔。周氏諸王，盡降爲公。[27]辛未，以皇弟同安郡公爽爲雍州牧。[28]乙亥，封皇弟邵國公慧爲滕王，[29]同安公爽爲衛王；皇子雁門公廣爲晉王，[30]俊爲秦王，[31]

秀爲越王，[32]諒爲漢王。[33]以上柱國、并州總管、申國公李穆爲太師，[34]上柱國、鄧國公竇熾爲太傅，[35]上柱國、幽州總管、任國公于翼爲太尉，[36]觀國公田仁恭爲太子太師，[37]武德郡公柳敏爲太子太保，[38]濟南郡公孫恕爲太子少傅，[39]開府蘇威爲太子少保。[40]丁丑，以晉王廣爲并州總管，[41]以陳留郡公楊智積爲蔡王，[42]興城郡公楊静爲道王。[43]戊寅，以官牛五千頭分賜貧人。

[1]開皇：隋文帝楊堅年號（581—600）。

[2]柴燎告天：古代祭祀之一，燒柴祭告上天。

[3]大赦，改元：岑仲勉《隋書求是》卷一《高祖上》云："《文館詞林》卷六六八目録載文帝登祚改元大赦詔一首，但其文已佚。"

[4]慶雲：五色雲。古人以爲喜慶、吉祥之氣。

[5]官儀：官府的禮儀。此指宇文泰命蘇綽等依《周禮》所訂的六官制（參見《通鑑》卷一七五《陳紀》太建十三年二月條）。

[6]柱國：官名。隋文帝因改後周之制形成十一等散實官，以酬勤勞。柱國是第二等，開府置府佐。正二品。　相國司馬：官名。北周相國府屬官。　高熲：人名。傳見本書卷四一、《北史》卷七二。　尚書左僕射：官名。秦、西漢置尚書僕射，爲尚書令副貳，是低級官。東漢爲尚書臺次官，職權益重。獻帝時分置左、右。魏、晉置爲尚書省次官，輔助尚書令執行政務，參議大政等。南朝尚書令爲宰相之任，不親庶務，尚書省日常政務常由僕射主持。梁、陳常缺尚書令，僕射實成省的主官，位列宰相。北朝亦位列宰相，然録尚書、尚書令常置，故其地位稍遜南朝。隋朝罷録尚書，又常缺令，僕射成爲正宰相，與門下、内史省長官共秉國政。左僕射掌判吏、禮、兵三部事，兼糾彈御使所糾不當者。從二品。　納言：官名。門下省長官，職掌封駁制敕，並參與軍國大政決策

等，居宰相之職。置二員，正三品。

[7]相國司録：官名。北周大丞相府重要僚屬之一，總録一府之事。位在長史、司馬下。 虞慶則：人名。傳見本書卷四〇、《北史》卷七三。 内史監：官名。内史省長官，掌皇帝詔令出納宣行，居宰相之職。隋初内史省置監、令各一人，尋廢監，置令二人，正三品。按，隋"廢監，置令二人"的具體時間史籍闕如。考本書卷一《高祖紀上》、《北史》卷一一一《隋文帝紀》、《通鑑》卷一七五《陳紀》太建十三年及卷一七六《陳紀》至德二年同載：虞慶則於開皇元年二月甲子任内史監兼吏部尚書，開皇四年四月庚子"以吏部尚書虞慶則爲尚書右僕射"。再考本書《高祖紀上》、《通鑑》卷一七五同記開皇三年八月壬午出原州道擊胡（突厥）的虞慶則仍是内史監，而且直到開皇四年四月庚子爲右僕射，其間不見史籍再記某人任内史監。由此可斷隋廢内史監當在開皇三年八月壬午至開皇四年四月庚子間。或即在"開皇四年四月庚子"；正因爲廢了此官，爲使虞慶則依然爲相，纔"以吏部尚書虞慶則爲尚書右僕射"，這又恰好接替老病的趙芬之相位。 吏部尚書：官名。尚書省下轄六部之一吏部的長官。掌全國文職官員銓選、考課等政令。置一員，正三品。

[8]相國内郎：官名。北周相國府屬官。 縣男：爵名。北周十一等爵的第十等。正五命。 李德林：人名。傳見本書卷四二、《北史》卷七二。 内史令：官名。隋朝内史省長官，掌皇帝詔令出納宣行，居宰相之職。置二員，正三品。

[9]上開府：官名。全稱是上開府儀同大將軍。北周建德四年改開府儀同三司爲開府儀同大將軍，仍增置上開府儀同大將軍。用以酬勤勞，無實際職權。爲十一等勳官的第五等，可開府置官屬。九命。 韋世康：人名。傳見本書卷四七，《北史》卷六四有附傳。

禮部尚書：官名。尚書省下轄六部之一禮部的長官。掌禮儀、祭祀、宴享等政令，總判禮部、祠部、主客、膳部四曹。置一員，正三品。

[10]元暉：人名。傳見本書卷四六，《北史》卷一五有附傳。

都官尚書：官名。隋初沿置都官尚書，開皇三年改爲刑部尚書，是尚書省下轄六部之一刑部的長官。職掌刑法、徒隸、勾覆及關禁之政，總判刑部、都官、比部、司門四司之事。置一員，正三品。

[11]民部尚書：中華本校勘記云："本書《元巖傳》作'民部中大夫'。隋人諱'忠'，改'中大夫'爲'尚書'。"另按，《北史》爲"户部尚書"。唐貞觀二十三年改"民部"爲"户部"，這是誤改北周官名爲唐官名。民部中大夫，官名。西魏置，北周沿用爲地官府屬官。掌承司徒教，以籍帳之法，贊計人民之多寡。正五命。　元巖：人名。傳見本書卷六二、《北史》卷七五。　兵部尚書：官名。隋尚書省下轄六部之一兵部的長官。掌全國軍衛武官選授之政令，統兵部、職方、駕部、庫部四曹。置一員，正三品。

[12]上儀同：勳官名。全稱爲上儀同大將軍。北周武帝置。位在儀同大將軍上，授予有軍勳的功臣及其子弟，無具體職掌。九命。　司宗：官名。全稱爲司宗中大夫。周武帝保定四年（564）改禮部爲司宗時，由禮部中大夫改爲此名。仍屬春官府。　長孫毗：人名。事亦見本書卷一、《北史·隋文帝紀》、《册府元龜》卷一五〇《帝王部·惠民第二》。　工部尚書：官名。尚書省下轄六部之一工部的長官。掌全國百工、屯田、山澤之政令，統工部、屯田、虞部、水部四曹。置一員。正三品。

[13]司會：官名。全稱爲司會中大夫。北周天官府司會司的長官。主管全國財政收支計劃。置一員，正五命。　楊尚希：人名。傳見本書卷四六、《北史》卷七五。　度支尚書：官名。隋沿北魏、北齊置度支尚書，開皇三年改稱民部尚書，是尚書省下轄六部之一民部的長官。職掌全國土地、户口、賦稅、錢糧之政令。置一員，正三品。

[14]楊惠：人名。即楊雄，本名惠，隋文帝楊堅之侄。傳見本書卷四三，《北史》卷六八有附傳。　左衛大將軍：官名。隋文帝設左右衛，各置大將軍一人，掌宫掖禁禦，督攝仗衛。正三品。

[15]武元皇帝：楊堅追尊其父楊忠的帝號。傳見《周書》卷一九。

[16]元明皇后：楊堅追尊其母呂苦桃的后號。呂苦桃事迹略見本書卷七九《高祖外家呂氏傳》。

[17]使：使職，即臨時差遣處理某項事務者爲“使”，事後即罷。

[18]廟社：宗廟和社稷。

[19]獨孤氏：即隋文帝獨孤皇后。傳見木書卷二六、《北史》卷一四。

[20]勇：人名。即隋文帝楊堅長子楊勇。傳見本書卷四五、《北史》卷七一。

[21]尚書右僕射：官名。隋尚書省置左、右僕射各一人，地位僅次於尚書令。由於隋代尚書令不常置，僕射成爲尚書省實際長官，是宰相之職。從二品。

[22]侯：爵名。隋九等爵的第六等。正二品。　伊婁彥恭：人名。中華本校勘記云“即伊婁謙”。傳見本書卷五四、《北史》卷七五。　左武候大將軍：官名。隋文帝設左、右武候衛，各置大將軍一人，主掌皇帝出巡負責保衛。正三品。按，《北史》作“右武候大將軍”，誤。

[23]周帝：指周靜帝。

[24]邑：也稱食邑、封邑。是古代君王封賜給有爵位之人的一種食禄制度，受封者可徵收封地内的民户租税充作食禄。魏晋以後，食邑分爲虚封和實封兩類：虚封一般僅冠以“邑”或“食邑”之名，這祇是一種榮譽性加銜，受封者並不能獲得實際的食禄收入；而實封一般須冠以“真實食”“食實封”等名，受封者可真正獲得食禄收入。

[25]賓：賓客。以客禮相待。

[26]表：奏章的一種。上奏章給皇帝，多用於陳請謝賀啓奏。

[27]公：爵名。隋“公”分“國公”“郡公”“縣公”三級。

國公和開國郡公、開國縣公皆爲從一品。

[28] 爽：人名。即楊爽。傳見本書卷四四、《北史》卷七一。中華本《周書》卷一九校勘記指出，楊爽又稱楊明達、楊達。

[29] 慧：人名。即楊慧，又名楊瓚。傳見本書卷四四、《北史》卷七一。

[30] 廣：人名。即楊廣。紀見本書卷三、四，《北史》卷一二。

[31] 俊：人名。即楊俊。傳見本書卷四五、《北史》卷七一。

[32] 秀：人名。即楊秀。傳見本書卷四五、《北史》卷七一。

[33] 諒：人名。即楊諒。傳見本書卷四五、《北史》卷七一。

[34] 李穆：人名。傳見本書卷三七、《周書》卷三〇，《北史》卷五九有附傳。　太師：官名。隋三師之首。名爲訓導之官，與天子坐而論道，實無具體職權。多贈與德高望重的元老大臣爲榮譽銜，無其人則缺。正一品。

[35] 竇熾：人名。北周大臣，柱國大將軍。傳見《周書》卷三〇、《北史》卷六一。　太傅：官名。隋三師之一。名爲訓導之官，與天子坐而論道，實無具體職權。多贈與德高望重的元老大臣爲榮譽銜，無其人則缺。正一品。

[36] 幽州：治薊縣（今北京城西南）。　總管：官名。北周置諸州總管，隋承繼，又有增置。總管全稱是總管刺史加使持節。總管的統轄範圍，可達數州至十餘州，成一軍政管轄區。隋文帝在并、益、荊、揚四州置大總管，其餘州置總管。總管分上、中、下三等，品秩爲流内視從二品、正三品、從三品。　于翼：人名。北周武帝建德四年位居柱國，官任安州總管，奉詔統率數萬大軍東伐北齊，克齊十九城而還。傳見《周書》卷三〇，《北史》卷二三有附傳。　太尉：官名。隋三公之一。隋初參議國家大事，置府僚，但不久就省除府及僚佐，成了榮譽性質的頭銜。正一品。

[37] 田仁恭：人名。傳見本書卷五四，《北史》卷六五有附傳。　太子太師：官名。東宮三師之首。掌教諭太子。正二品。

[38] 柳敏：人名。傳見本書卷四七、《北史》卷六七。　太子

太保：官名。東宮三師之一。掌教諭太子。正二品。

　　[39]孫恕：人名。北周曾任司宗一職。事略見《周書》卷三
四《裴寬傳》。　太子少傅：官名。東宮三少之一。掌輔導太子，
多爲安置退免大臣的閑職或用作加官、贈官，無官署。正三品。

　　[40]蘇威：人名。傳見本書卷四一，《北史》卷六三有附傳。
太子少保：官名。東宮三少之一。掌輔導太子，多爲安置退免大
臣的閑職或用作加官、贈官，無官署。正三品。

　　[41]并州：治所在今山西太原市西南古城營。

　　[42]楊智積：人名。傳見本書卷四四，《北史》卷七一有附傳。

　　[43]楊靜：人名。傳見本書卷四四。

　　二月辛巳，[1]高平獲赤雀，太原獲蒼烏，[2]長安獲白
雀，[3]各一。宣仁門槐樹連理，衆枝內附。壬午，白狼
國獻方物。[4]甲申，太白晝見。[5]乙酉，又晝見。以上柱
國元景山爲安州總管。[6]丁亥，詔犬馬器玩口味不得獻
上。戊子，弛山澤之禁。以上開府、當亭縣公賀若弼爲
楚州總管，[7]和州刺史、新義縣公韓擒爲廬州總管。[8]己
丑，螯屋縣獻連理樹，[9]植之宮庭。辛卯，以上柱國、
神武郡公竇毅爲定州總管。[10]戊戌，以太子少保蘇威兼
納言、吏部尚書，[11]餘官如故。庚子，詔曰："自古帝王
受終革代，建侯錫爵，多與運遷。朕應籙受圖，[12]君臨
海內，載懷沿革，事有不同。然則前帝後王，俱在兼
濟，立功立事，爵賞仍行。苟利於時，其致一揆，何謂
物我之異，無計今古之殊。其前代品爵，悉可依舊。"
丁未，梁主蕭巋使其太宰蕭巖、司空劉義來賀。[13]

　　[1]二月：宋刻遞修本、汲古閣本、殿本、庫本、中華本均作

"三月"。《册府元龜》卷二一亦作"三月"。底本誤。

　　［2］高平：郡名。治所在今山西晋城市東北。　　蒼烏：傳説中的瑞鳥。

　　［3］白雀：白色的雀。古時爲祥瑞。

　　［4］白狼國：西南部族名。参《後漢書》卷五六《种暠傳》。

　　［5］太白晝見：據本書《天文志下》載，此天象是"爲臣强，爲政革"的徵兆。太白，星名，即金星。又名啓明、長庚。

　　［6］元景山：人名。傳見本書卷三九，《北史》卷一八有附傳。安州：治所在今湖北安陸市。

　　［7］賀若弼：人名。傳見本書卷五二，《北史》卷六八有附傳。楚州：《通鑑》卷一七五《陳紀》太建十三年載"賀若弼爲吳州總管，鎮廣陵"，並附《考異》。岑仲勉亦指出"楚當爲吳"（岑仲勉：《隋書求是》，第5頁）。吳州，治所在今江蘇蘇揚州市。

　　［8］韓擒：中華本校勘記指出："應作'韓擒虎'，唐人避諱，省'虎'字。"傳見本書卷五二，《北史》卷六八有附傳。　　盧州：隋開皇初改合州置，治所在今安徽合肥市。

　　［9］盩厔縣：治所在今陝西周至縣。

　　［10］竇毅：人名。北周官至大柱國、大司馬。《周書》卷三〇、《北史》卷六一有附傳。

　　［11］吏部尚書：《北史》卷一一《隋文帝紀》同。但《通鑑》卷一七五《陳紀》太建十三年該條"吏部"作"度支"，《通鑑》確。關於此，中華本《北史》卷一一校勘記有考，可参。

　　［12］應籙（lù）：順應符命。古時以此爲帝王之兆。　　受圖：《尚書中候》載，河伯曾以河圖授大禹。後因稱帝王受命登位爲"受圖"。

　　［13］梁：即後梁（555—587），都於江陵（今湖北江陵縣）。蕭巋：人名。傳見本書卷七九，《周書》卷四八、《北史》卷九三有附傳。　　太宰：官名。晋初避司馬師諱，以周官太宰名代太師，位上公。東晋不常授人。南朝沿置。此爲南朝後梁官職。　　蕭

巖：人名。南朝後梁皇帝蕭琮的叔父。《周書》卷四八、《北史》卷九三有附傳。　司空：官名。三公之一。魏晉南北朝爲名譽宰相，多爲大臣加官，位居一品（梁十八班）無實際職掌。此爲南朝後梁官職。　劉義：人名。具體事迹不詳。

　　四月辛巳，大赦。壬午，太白、歲星晝見。[1]戊戌，太常散樂並放爲百姓。[2]禁雜樂百戲。[3]辛丑，陳散騎常侍韋鼎、兼通直散騎常侍王瑳來聘于周，[4]至而上已受禪，致之介國。[5]是月，發稽胡修築長城，[6]二旬而罷。

　　[1]太白、歲星晝見：本書《天文志下》載"歲星晝見"，無"太白"。這是"大臣強，有逆謀，王者不安"的徵兆，預示劉昉等反伏誅。

　　[2]太常：官署名。掌國家禮樂，郊廟社稷祭祀等事。隋初總轄郊社、太廟、諸陵、太祝、衣冠、太樂、清商、鼓吹、太醫、太卜、廩犧等署，煬帝大業三年廢太祝、衣冠、清商署。　散樂：古代樂舞名。原指周代民間樂舞。南北朝後，成爲"百戲"的同義語。此指從事散樂的藝人。

　　[3]雜樂：不純正的音樂。　百戲：古代樂舞雜技的總稱。

　　[4]散騎常侍：官名。南朝陳集書省長官。掌侍從皇帝左右，獻納得失，省諸奏聞文書，意異者，隨事爲駁。常侍高功者一人爲祭酒，掌糾劾禁令。南朝陳第三品。　韋鼎：人名。傳見本書卷七八，《南史》卷五八有附傳。　通直散騎常侍：官名。晉泰始十年（274）武帝使員外散騎常侍二人與散騎常侍通員當值，故名。爲皇帝親近顧問，清要顯職。南朝屬集書省，多用衰老人士，其官漸低，常爲加官。陳四品。　王瑳（cuō）：人名。南朝陳後主時爲通直散騎常侍。傳見《南史》卷七七。

　　[5]介國：北周靜帝宇文闡退位後被封爲介國公，此爲其封國。

[6]稽胡：古族名。又名步落稽。匈奴的別種，或云山戎或赤
狄之後。時居今山西呂梁市離石區以西和今甘肅涇川縣以東一帶的
山谷間。傳見《周書》卷四九、《北史》卷九六。

　　五月戊子，[1]封邗國公楊雄爲廣平王，[2]永康郡公楊
弘爲河間王。[3]辛未，介國公薨，上舉哀於朝堂，以其
族人洛嗣焉。[4]

　　[1]五月戊子：中華本校勘記云：“《北史·隋本紀》上作‘戊
午’。此月己酉朔，有戊午，無戊子。”另按，《通鑑》卷一七五
《陳紀》太建十三年也作“戊午”。
　　[2]邗（hán）國公：爵名。國公是隋九等爵的第三等。從一
品。邗，汲古閣本、庫本同，中華本本書及《北史》均同。宋刻遞
修本、殿本作“邘”，《通鑑》卷一七五《陳紀》太建十三年同。
《通鑑》胡三省注云：“‘邗’當作‘邘’。”　廣平王：爵名。全稱
是“廣平郡王”。“郡王”是隋九等爵的第二等。從一品。
　　[3]楊弘：人名。傳見本書卷四三、《北史》卷七一。
　　[4]洛：人名。即宇文洛，北周虞國公宇文仲之孫。事見《周
書》卷一〇、《北史》卷五七《宇文興傳》。

　　六月癸未，詔以初受天命，赤雀降祥，五德相
生，[1]赤爲火色，其郊及社、廟，[2]依服冕之儀，[3]而朝
會之服，旗幟、犧牲，盡令尚赤。戎服以黃。

　　[1]五德相生：秦漢方士以金、木、水、火、土五行相生相克
的道理來附會王朝的命運，稱五德。劉向《三統曆》以秦爲水德，
稱漢以火德王。
　　[2]郊：古帝王祭祀天地。冬至祭天於南郊，夏至瘗地於北郊。

社：古代謂土地神。　廟：此指舊時供祀先祖神位的屋舍。

[3]服冕之儀：詳參《通鑑》卷一七五《陳紀》太建十三年六月條胡三省注。

秋七月乙卯，上始服黄，百寮畢賀。庚午，靺鞨酋長貢方物。[1]

[1]靺鞨：古族名。西漢以前稱肅慎，東漢稱挹婁，南北朝以來稱勿吉，隋唐稱靺鞨。所處東至日本海，西接突厥，南界高麗，北臨室韋。大體以今吉林松花江流域爲中心，分布在東至俄羅斯濱海邊疆區，北至黑龍江、烏蘇里江的廣大地區。傳見本書卷八一、《北史》卷九四、《舊唐書》卷一九九、《新唐書》卷二一九。

八月壬午，廢東京官。突厥阿波可汗遣使貢方物。[1]甲午，遣行軍元帥樂安公元諧擊吐谷渾於青海，[2]破而降之。

[1]阿波可汗：突厥可汗名。事見本書卷八四、《北史》卷九九《突厥傳》。可汗，又作“可寒”。古代鮮卑、柔然、突厥、回紇、蒙古等民族中最高統治者的稱號。

[2]行軍元帥：出征軍的統帥名。根據需要臨時任命，事罷則廢。　樂安公：爵名。全稱爲樂安郡公。郡公是隋九等爵的第四等。從一品。　元諧：人名。傳見本書卷四〇、《北史》卷七三。

吐谷（yù）渾：古族名。本遼東鮮卑之種，姓慕容氏。其先居於徒河之青山（今遼寧義縣境内），西晉時其一部長吐谷渾率部衆西遷，附陰山而居。永嘉末又西行，建國於群羌之故城（今青海北部和新疆東南部）。逐水草而居，風俗頗同突厥。傳見本書卷八三、《北史》卷九六、《舊唐書》卷一九八、《新唐書》卷二二一。　青海：湖名。又稱西海、僊海、鮮水海。即今青海湖。

　　九月戊申，戰亡之家，遣使賑給。[1]庚午，陳將周
羅睺攻陷胡墅，[2]蕭摩訶寇江北。[3]辛未，以越王秀爲益
州總管，改封爲蜀王。壬申，以上柱國、薛國公長孫
覽，[4]上柱國、宋安公元景山並爲行軍元帥，[5]以伐陳，
仍命尚書左僕射高熲節度諸軍。突厥沙鉢略可汗遣使貢
方物。[6]是月，行五銖錢。[7]

　　[1]遣使賑給：岑仲勉於《隋書求是》卷一引《廣弘明集》補
此内容，可參。
　　[2]周羅睺（hóu）：人名。傳見本書卷六五、《北史》卷七六。
　　胡墅：地名。《通鑑》卷一七五《陳紀》太建十三年九月條胡三
省注云：“胡墅在大江北岸，對石頭城。”若此，胡墅似即“胡墅
城”，在今江蘇南京市六合區東長江北岸。
　　[3]蕭摩訶：人名。南朝陳名將。開皇九年降隋，官任開府儀
同三司。傳見《陳書》卷三一、《南史》卷六七。
　　[4]上柱國：官名。隋文帝因改後周之制形成十一等散實官，
以酬勤勞。上柱國是第一等，開府置府佐。從一品。　長孫覽：人
名。傳見本書卷五一。
　　[5]宋安公：爵名。全稱宋安郡公。
　　[6]沙鉢略：攝圖之號。傳見本書卷八四、《北史》卷九九。
　　[7]五銖錢：隋文帝爲改周、齊錢幣混亂而鑄造的新錢。詳見
本書《食貨志》。

　　冬十月乙酉，百濟王扶餘昌遣使來賀，[1]授昌上開
府儀同三司、帶方郡公。[2]戊子，行新律。[3]壬辰，行幸

岐州。[4]

[1]百濟：古國名。故地在今朝鮮半島西南部。傳見本書卷八
一、《北史》卷九四。　扶餘昌：人名。事見本書卷八一、《周書》
卷四九、《北史》卷九四《百濟傳》。

[2]上開府儀同三司：官名。位散實官第五等。從三品。按，
中華本標點爲“授昌上開府、儀同三司、帶方郡公。”斷句有誤。
因上開府儀同三司是隋的一個散實官名，中間不應加頓號。若理解
爲上開府儀同三司和儀同三司兩個散實官名的簡稱，前者位散實官
第五等，從三品，後者位第八等，正五品，同時加在一人身上不可
能。中華書局修訂本《隋書》已校證，然未出校勘記。

[3]新律：即《開皇律》。詳見本書《刑法志》。

[4]岐州：治所在今陝西鳳翔縣。

　　十一月乙卯，以永昌郡公竇榮定爲右武候大將
軍。[1]丁卯，遣兼散騎侍郎鄭撝使於陳。[2]己巳，有流
星，聲如隤墻，光燭于地。[3]

[1]永昌郡公：各本均同。中華本校勘記云：“本書《竇榮定
傳》作‘永富縣公’，又《來和傳》作‘永富公’。”又，《北史》
卷一一《隋文帝紀》作“永富郡公”；卷八九《來和傳》也作“永
富公”。從本書卷三九《竇榮定傳》看其前後爵位變化，似“永富
縣公”確。　竇榮定：人名。傳見本書卷三九，《北史》卷六一有
附傳。　右武候大將軍：官名。隋初置左右武候府，掌皇帝出宮巡
狩時的先驅後殿、晝夜警備等軍務。右武候大將軍，是右武候府的
長官，置一員，正三品。

[2]散騎侍郎：官名。隋屬門下省，掌值朝陪從。正五品上。
鄭撝：人名。事另見《北史·隋文帝紀》。

[3]有流星，聲如隤墙，光燭于地：此天象是隋平陳天下一統的象徵。據本書《天文志下》載："流星有光有聲，名曰天保，所墜國安有喜。"

十二月戊寅，以申州刺史尒朱敞爲金州總管。[1]甲申，以禮部尚書韋世康爲吏部尚書。己丑，以柱國元袞爲廓州總管，[2]興勢郡公衛玄爲淮州總管。[3]庚子，至自岐州。壬寅，高麗王高陽遣使朝貢，[4]授陽大將軍、遼東郡公。[5]太子太保柳敏卒。

[1]申州：治所在今河南信陽市。　尒朱敞：人名。傳見本書卷五五，《北史》卷四八有附傳。事也可見前引《尒朱敞誌》。金州：治所在今陝西安康市西北漢江北岸。

[2]柱國：官名。隋文帝因改後周之制形成十一等散實官，以酬勤勞。柱國是第二等，開府置府佐。正二品。　元袞：人名。其他事迹不詳。　廓州：治所在今青海貴德縣。

[3]衛玄：人名。傳見本書卷六三、《北史》卷七六。　淮州：治所在今河南泌陽縣。

[4]高麗：古國名。此時亦稱高句麗。故地在今朝鮮半島北部。傳見本書卷八一、《北史》卷九四、《舊唐書》卷一九九、《新唐書》卷二二〇。　高陽：人名。各本與《北史》卷一一《隋文帝紀》皆同。但《北史》卷一一中華本校勘記指出："本書卷九四、《隋書》卷八一、《周書》卷四九《高麗傳》都作'高湯'，作'陽'疑誤。"再考《陳書》卷三《世祖紀》、《南史》卷九《陳高祖紀》及《册府元龜》卷九六三《外臣部·封册》載高麗王名也皆作"湯"，可斷"陽"因字形相近而訛。

[5]大將軍：官名。隋文帝因改後周之制形成十一等散實官，以酬勤勞。大將軍是第四等，開府置府佐。正三品。

　　二年春正月癸丑，幸上柱國王誼第。庚申，幸安成長公主第。[1]陳宣帝殂，[2]子叔寶立。[3]辛酉，置河北道行臺尚書省於并州，[4]以晉王廣爲尚書令。[5]置河南道行臺尚書省於洛州，[6]以秦王俊爲尚書令。置西南道行臺尚書省於益州，[7]以蜀王秀爲尚書令。戊辰，陳遣使請和，歸我胡墅。辛未，高麗、百濟並遣使貢方物。甲戌，詔舉賢良。[8]

　　[1]安成長公主：《隋書求是》卷一《高祖紀》云：《續僧傳》一一《慧海傳》作城安，惟《兩京新記》三載有“成安公主”。則作“成”者是。又云：“本卷三年六月‘乙未，幸安成長公主第’，三九《竇榮定傳》：‘其妻則高祖姊安成長公主也’，《隋書》均不作成安。”再檢《北史》卷六一《竇榮定傳》，《册府元龜》卷一一三《帝王部·巡幸》、卷三〇三《外戚部·褒寵》、卷三〇五《外戚部·儒學》亦皆作“安成長公主”。綜觀多數文獻所載，似“安成長公主”確。

　　[2]陳宣帝：即南朝陳第四位皇帝陳頊。紀見《陳書》卷五、《南史》卷一〇。

　　[3]叔寶：人名。即陳叔寶，南朝陳後主。紀見《陳書》卷六、《南史》卷一〇。

　　[4]河北道：特區名。即在黃河中下游以北設置的特區。隋朝在統一戰爭中，於地方置特區，範圍可包括若干州，稱“道”。行臺尚書省：官署名。行臺名始於魏晉。臺指臺閣，在地方代表朝廷行尚書省職權。本掌軍務，北齊以來兼掌民政。隋文帝初於諸道設置行臺尚書省，掌地方軍政。長官爲行臺尚書令，視正二品。

　　[5]尚書令：官名。此是行臺尚書令，爲行臺尚書省長官。視正二品。

[6]河南道：特區名。即在黃河中下游以南設置的特區。　洛
州：治所在今河南洛陽市東北。

[7]西南道：特區名。即在西南地區設置的特區。　益州：治
所在今四川成都市。

[8]賢良：選舉科目。始於漢文帝前二年（前178），雖非歲
舉，但兩漢諸帝屢頒詔令諸侯王、公卿、守相察舉。三國亦置，非
常制。西晉初亦有之，也視爲制科，出身頗重，皆須策對。十六國
後趙將其和秀才等並列爲定科。南朝未見。北周有，雖非常科，但
時頗重其選。隋沿此制。按，《隋書求是》卷一《高祖紀》引《文
館詞林》六九一隋文帝令山東三十四州刺史舉人敕，並考此敕和紀
中所書内容“似即一事”。“惟此敕限於山東三十四州，果同一事，
則本紀所書，於事實不盡符。”

二月己丑，詔高熲等班師。庚寅，以晉王廣爲左武
衛大將軍，[1]秦王俊爲右武衛大將軍，[2]餘官並如故。辛
卯，幸趙國公獨孤陁第。[3]庚子，京師雨土。

[1]左武衛大將軍：官名。隋文帝設左武衛，置左武衛大將軍
一人爲其首。掌領外軍宿衛宮禁。正三品。

[2]右武衛大將軍：官名。隋文帝設右武衛，置右武衛大將軍
一人爲其首。掌領外軍宿衛宮禁。正三品。

[3]獨孤陁：人名。傳見本書卷七九、《北史》卷六一。按，
底本、宋刻遞修本、中華本作“陀”，汲古閣本作“陁”，殿本、
庫本二者並用，《北史》卷六一本傳作“陁”。本書統一作“陁”。

三月戊申，開渠，引杜陽水於三畤原。[1]

[1]杜陽水：河名，在今陝西扶風縣、武功縣境。　三畤

（zhì）原：地名。亦稱周原，故址在今陝西咸陽市西。

　　四月丁丑，以寧州刺史竇榮定爲左武候大將軍。[1]
庚寅，大將軍韓僧壽破突厥於鷄頭山，[2]上柱國李充破
突厥於河北山。[3]

　　[1]寧州：治所在今甘肅寧縣。　左武候大將軍：本書卷三九
《竇榮定傳》載："高祖受禪……以長公主之故，尋拜右武候大將
軍。……以佐命功，拜上柱國、寧州刺史。未幾，復爲右武候大將
軍。"本傳未載竇榮定曾任左武候大將軍。《北史》卷六一《竇榮
定傳》亦未載任左武候大將軍。又檢本卷載：開皇元年二月丁卯伊
婁謙（彦恭）拜左武候大將軍。《北史》卷一一《隋文帝紀》雖載
伊婁謙任右武候大將軍，但"右"實爲"左"之誤，中華本《北
史》校勘記已指出。檢本書卷五四、《北史》卷七五《伊婁謙傳》：
高祖受禪，伊婁謙拜左武候大將軍，"數年，出爲澤州刺史"。若此
數年爲"二年"以上，則竇榮定不大可能在開皇二年四月任左武候
大將軍，因隋武候衛左、右各置一員。故此"左武候大將軍"恐爲
"右武候大將軍"之訛。

　　[2]韓僧壽：人名。本書卷五二、《北史》卷六八有附傳。
鷄頭山：一名笄頭山、崆峒山、牽屯山、簿洛山。在今寧夏隆德
縣東。

　　[3]李充：人名。傳見本書卷五三。　河北山：即今内蒙古狼
山與陰山的合稱。

　　五月戊申，以上柱國、開府長孫平爲度支尚書。[1]
己酉，旱，上親省囚徒。其日大雨。己未，高寶寧寇平
州，[2]突厥入長城。庚申，以豫州刺史皇甫績爲都官尚
書。[3]壬戌，太尉、任國公于翼薨。[4]甲子，改傳國璽曰

"受命璽"。

[1]開府：官名。即開府儀同三司。隋文帝因改後周之制形成
十一等散實官，以酬勤勞。開府是第六等，開府置府佐。正四品。
長孫平：人名。傳見本書卷四六，《北史》卷二二有附傳。

[2]高寶寧：人名。亦作"高保寧"。本北齊大將，鎮守營州。
北齊滅亡後，依附突厥，爲北周、隋初邊疆主要威脅之一。傳見
《北齊書》卷四一、《北史》卷五三。　平州：治所在今河北盧龍
縣北。

[3]豫州：治所在今河南汝南縣。　皇甫績：人名。傳見本書
卷三八、《北史》卷七四。

[4]壬戌，太尉、任國公于翼薨：關於于翼死的時間，《通鑑》
卷一七五《陳紀》太建十四年所記同此。但《北史》卷一一《隋
文帝紀》載於開皇三年五月癸卯。同書卷二三《于翼傳》也載其
死於開皇三年。《周書》卷三〇《于翼傳》記開皇"三年五月薨"。

六月壬午，以太府卿蘇孝慈爲兵部尚書，[1]雍州牧、
衛王爽爲原州總管。[2]甲申，使使弔於陳國。乙酉，上
柱國李充破突厥於馬邑。[3]戊子，以上柱國叱李長义爲
蘭州總管。[4]辛卯，以上開府尒朱敞爲徐州總管。[5]

[1]太府卿：官名。太府寺長官，掌庫儲出納。在大業三年
（此據本書《百官志下》和《通鑑》卷一八〇《隋紀》；《唐六典》
卷二二《少府監》、《通典》卷二七《少府監》則爲"大業五年"）
從太府寺分出少府監前，還兼管百工技巧、官府手工業。置一員。
大業四年前正三品，此年降爲從三品。按，據本書卷四六本傳云：
"高祖受禪……拜太府卿。……俄遷大司農，歲餘，拜兵部尚書。"
又《蘇孝慈墓誌》也說："開皇元年，詔授太府卿。其年，改封澤

州安平郡開國公，旋轉司農卿。”則蘇孝慈當由司農卿遷兵部尚書，非太府卿。　蘇孝慈：人名。傳見本書卷四六、《北史》卷七五。有墓誌出土（見王其褘、周曉薇《隋代墓誌銘彙考》二一八《蘇孝慈墓誌》）。

[2]原州：治所在今寧夏固原市。按，岑仲勉云：“‘原’，應作‘凉’。”並於同書牧守表一二二原州條詳考。（岑仲勉：《隋書求是》，第7、206頁）可參。

[3]馬邑：地名。在今山西朔州市。

[4]叱李長义：人名。亦稱“比列長义”“叱列長义”，北齊、隋初人。《北史》卷五三有附傳。按，底本、宋刻遞修本、汲古閣本、殿本、庫本皆爲“叱李長义”，中華本爲“叱李長叉”。岑仲勉云：“《北齊書》八天統五年二月，詔侍中叱列長文使於周，殆即其人，义字易訛也。”並於同書牧守表一〇〇信州條有詳考。（岑仲勉：《隋書求是》，第7、187頁）又，中華本《北齊書》卷八《後主紀》校勘記據《馮忱妻叱李綱子墓誌》載：“祖長叉，齊侍中、許昌王”，改“長文”爲“長叉”。是則作“叉”是。　蘭州：治所在今甘肅蘭州市。

[5]徐州：治所在今江蘇徐州市。按，岑仲勉云：“敞係自金州總管轉官。”（岑仲勉：《隋書求是》，第7頁）

丙申，詔曰：“朕祗奉上玄，君臨萬國，屬生人之敝，處前代之宮。常以爲作之者勞，居之者逸，改創之事，心未遑也。而王公大臣陳謀獻策，咸云羲、農以降，[1]至于姬、劉，[2]有當代而屢遷，無革命而不徙。曹、馬之後，[3]時見因循，乃末代之宴安，非往聖之宏義。此城從漢，彫殘日久，屢爲戰場，舊經喪亂。今之宮室，事近權宜，又非謀筮從龜，[4]瞻星揆日，不足建皇王之邑，合大衆所聚。論變通之數，具幽顯之情，同心固請，詞情深切。然則京師百官之府，四海歸向，非朕一人之所獨有。苟利於物，其可違乎！且殷之五遷，恐人盡死，[5]是則以吉凶之土，制長短之命。謀新去故，如農望秋，雖暫劬勞，其究安宅。今區宇寧一，陰陽順序，安安以遷，勿懷胥怨。龍首山川原秀麗，[6]卉物滋阜，卜食相土，宜建都邑，定鼎之基永固，無窮之業在斯。公私府宅，規模遠近，營構資費，隨事條奏。”仍詔左僕射高熲、將作大匠劉龍、鉅鹿郡公賀婁子幹、太府少卿高龍义等創造新都。[7]

[1]羲：古代傳說三皇之一伏羲氏的略稱。　農：指神農氏，傳說中的太古帝王名。始教民爲耒耜，務農業。又傳他曾嘗百草，發現藥材，教人治病。

[2]姬：此是周朝的代稱。周人爲姬姓，故以之相代。　劉：此是漢朝的代稱。漢朝爲劉姓，故以之相代。

[3]曹：此是三國曹魏的代稱。魏是曹姓所建，故以之相代。　馬：此是晉朝的代稱。晉是司馬氏所建，故將司馬簡略爲“馬”，並以之相代。

[4]謀筮從龜：問卜。

[5]恐人盡死：《北史》卷一一《隋文帝紀》爲“恐人盡怨”。

[6]龍首山：一名龍首原。在今陝西西安市舊城北。起於渭水南岸漢長安故址，止於樊川，長六十餘里。首高約二十丈，尾高五六丈。

[7]將作大匠：官名。隋初仿北齊設匠作寺，長官爲匠作大將。職掌國家土木工程修建之政令。置一員，從三品。　劉龍：人名。傳見本書卷六八，《北史》卷五三有附傳。　賀婁子幹：人名。傳見本書卷五三、《北史》卷七三。　太府少卿：官名。太府寺副長

官。太府少卿協助本司長官太府卿掌管倉儲出納及所轄各署事。隋初置一員，正四品上。煬帝增置二員，改從四品。 高龍义：人名。隋時官任判太府少卿、副將作大匠、檢校營造事，有墓誌出土（參見王其禕、周曉薇《隋代墓誌銘彙考》一八九《高虯墓誌》）。按，底本、宋刻遞修本、汲古閣本、殿本、庫本等卷一《高祖上》和底本、殿本卷四五《房陵王勇傳》，以及《通志》卷一八《文帝》、《升菴集》卷五〇《以佛書命名》皆作“高龍义”。又庫本本書卷四五、《北史》卷七一《楊勇傳》和《隋文紀》卷一《罪元旻等詔》皆作“高龍叉”，庫本《通鑑》卷一七九開皇二年十月條和《册府元龜》卷一三《帝王部·都邑》又作“高龍义”。中華本《北史》卷一一《隋文帝紀》、《北史》卷七一《楊勇傳》，中華本《通鑑》卷一七九開皇二十年十月條作“高龍叉”。“叉”“义”“义”“叉”，字形相近，然據出土《高虯墓誌》“諱虯，字龍叉”，則作“叉”是。

　　秋八月癸巳，以左武候大將軍竇榮定爲秦州總管。[1]

　　[1]秦州：治所在今甘肅天水市。

　　十月癸酉，皇太子勇屯兵咸陽，以備胡。[1]庚寅，上疾愈，享百寮於觀德殿。賜錢帛，皆任其自取，盡力而出。辛卯，以營新都副監賀婁子幹爲工部尚書。[2]

　　[1]皇太子勇屯兵咸陽，以備胡：《通鑑》卷一七五《陳紀》太建十四年十月條胡三省注云：“咸陽在長安西北，隔渭水耳。屯兵於此以備突厥，蓋其兵勢强盛，欲窺長安。”
　　[2]營新都副監：使銜名。《通鑑》卷一七五《陳紀》太建十

四年六月條胡三省注云："監者，監領營新都事。"

十一月丙午，高麗遣使獻方物。

十二月辛未，上講武於後園。甲戌，上柱國竇毅卒。丙子，名新都曰大興城。[1]乙酉，遣沁源公虞慶則屯弘化，[2]備胡。突厥寇周槃，[3]行軍總管達奚長儒擊之，[4]爲虜所敗。丙戌，賜國子生經明者束帛。[5]丁亥，親録囚徒。

[1]大興城：城名。在今陝西西安市。

[2]沁源公：《通鑑》卷一七五《陳紀》太建十四年十二月條同此。胡三省還注云沁源縣公。但《北史》卷一一《隋文帝紀》爲彭城公。檢本書卷四〇、《北史》卷七三《虞慶則傳》，知虞慶則在北周朝已襲爵沁源縣公。隋開皇元年晋封彭城郡公。故本書此和前引《通鑑》云沁源公皆誤，當爲彭城郡公。

[3]周槃（pán）：地名。確址待考。《通鑑》卷一七五《陳紀》太建十四年十二月條胡三省注云周槃亦當在弘化縣界。即今甘肅慶陽市界。

[4]行軍總管：官名。北周置。戰時臨時任命大臣爲之，統兵出征，事迄即罷。在重大軍事行動中，隸屬於行軍元帥。隋沿置。

達奚長儒：人名。傳見本書卷五三、《北史》卷七三。

[5]國子生：隋初立國子學，隸屬於國子寺，置博士、助教各五人；後隸國子監，置博士、助教各一人。學生無常員。此國子生即指國子學中的學生。

三年春正月庚子，將入新都，大赦天下。禁大刀長稍。癸亥，高麗遣使來朝。

二月己巳朔，日有蝕之。壬申，宴北道勳人。癸酉，陳遣兼散騎常侍賀徹、兼通直散騎常侍蕭褒來聘。[1] 突厥寇邊。甲戌，涇陽獲毛龜。[2] 癸未，以左衛大將軍李禮成爲右武衛大將軍。[3]

[1]賀徹：人名。南朝陳大臣。事見《陳書》卷三四《徐伯陽傳》，本書卷五七、《北史》卷三〇《盧昌衡傳》。 蕭褒：人名。南朝陳大臣。事另見《江西通志》卷四九《選舉》。

[2]涇陽：地名。在今陝西涇陽縣西北。 毛龜：南朝梁任昉《述異記》卷上：“龜，千年生毛。龜，壽五千年，謂之神龜，萬年曰靈龜。”後因以毛龜爲長壽的象徵。

[3]李禮成：人名。傳見本書卷五〇，《北史》卷一〇〇有附傳。

三月丁未，上柱國、鮮虞縣公謝慶恩卒。[1] 己酉，以上柱國達奚長儒爲蘭州總管。[2] 丙辰，雨，常服入新都。[3] 京師醴泉出。[4] 丁巳，詔購求遺書於天下。庚申，宴百寮，班賜各有差。癸亥，城榆關。[5]

[1]謝慶恩：人名。事見本書卷五四、《北史》卷六五《田仁恭傳》。

[2]蘭州：岑仲勉云：“蘭，疑作寧，說見牧守表二三一寧州。”（岑仲勉：《隋書求是》，第7、268頁）

[3]“丙辰”至“入新都”：本書《食貨志》載“開皇三年正月，帝入新宮”。時間與此有異。《通鑑》卷一七五《陳紀》至德元年三月條《考異》指出此，而從《帝紀》。

[4]京師醴泉出：古人據天人感應論，以爲這是祥瑞。《禮

記・禮運》：“故天降膏露，地出醴泉。”醴泉，甜美的泉水。

[5]榆關：關名。一稱榆林關。地北近榆林，即漢之榆溪塞，故得名。

　　夏四月己巳，上柱國、建平郡公于義卒。[1]庚午，吐谷渾寇臨洮，[2]洮州刺史皮子信死之。[3]辛未，高麗遣使來朝。壬申，以尚書右僕射趙煚兼内史令。[4]丁丑，以滕王瓚爲雍州牧。[5]己卯，衛王爽破突厥於白道。[6]庚辰，行軍總管陰壽破高寶寧於黃龍。[7]甲申，旱，上親祈雨師於國城之西南。[8]丙戌，詔天下勸學行禮。以濟北郡公梁遠爲汶州總管。[9]己丑，陳鄖州城主張子譏遣使請降，[10]上以和好，不納。辛卯，遣兼散騎常侍薛舒、兼通直散騎常侍王劭使於陳。[11]癸巳，上親雩。[12]甲午，突厥遣使來朝。

[1]于義：人名。傳見本書卷三九，《北史》卷二三有附傳。

[2]臨洮：地名。在今甘肅岷縣。

[3]洮州：治所在今甘肅臨潭縣。按，各本及《北史》卷一一《隋文帝紀》皆同底本爲“洮州”。但岑仲勉云：“洮，當作旭。”並有詳考。（岑仲勉：《隋書求是》，第8、157頁）另，中華本校勘記引《隋書求是》後也有考，認爲這裏的“洮州”也可能是宋人避諱改的。　皮子信：人名。北周、隋初人。事見《北齊書》卷四一、《北史》卷五三《皮景和傳》。

[4]趙煚（jiǒng）：各本及《北史・隋文帝紀》、《通鑑》卷一七五《陳紀》至德元年四月條皆同底本爲“趙煚”。但岑仲勉云：“煚，乃芬訛。”並有考。（岑仲勉：《隋書求是》，第8、273頁）此説是。可參馬俊民《補〈隋書・宰相表〉兼論隋政權核心構成

特徵演變及影響》（《中國社會歷史評論》第五卷，2007 年）。

　　[5]瓚：人名。即楊慧。

　　[6]白道：地名。在今内蒙古呼和浩特市西北。爲河套東北地區通往陰山以北的交通要道。

　　[7]陰壽：人名。傳見本書卷三九、《北史》卷七三。生平亦可見《陰壽墓誌》（參見王其禕、周曉薇《隋代墓誌銘彙考》○二七）。　黄龍：邊塞名。在今遼寧開原市西北。

　　[8]祈：汲古閣本、殿本、庫本同底本。但宋刻遞修本、中華本和《北史・隋文帝紀》爲“祀”。　雨師：古代傳説中司雨的神。

　　[9]梁遠：人名。隋初曾破吐谷渾，殺其名王。事另見本書卷八三《吐谷渾傳》。　汶州：治所在今四川茂縣西北。

　　[10]郢州：治所在今湖北武漢市武昌區。　城主：官名。南北朝時期城的主將，主管防衛等軍政事務。　張子譏：人名。南朝陳將領。事另見《通鑑》卷一七五《陳紀》太建十三年四月。

　　[11]散騎常侍：官名。隋屬門下省，掌值朝陪從。從三品。薛舒：人名。北周、隋初人。事略載於《北史》卷三六《薛憕傳》。其墓誌 2011 年初出土於西安南郊少陵原畔（參見王其禕、周曉薇《西安新出隋代聘陳使主〈薛舒墓誌〉考證》，《陝西歷史博物館館刊》第 20 輯，2013 年）。　通直散騎常侍：官名。隋屬門下省，掌值朝陪從。正四品。　王劭：人名。傳見本書卷六九，《北史》卷三五有附傳。

　　[12]雩（yú）：古代爲祈雨而舉行的祭祀。

　　五月癸卯，行軍總管李晃破突厥於摩那渡口。[1]甲辰，高麗遣使來朝。乙巳，梁太子蕭琮來賀遷都。[2]丁未，靺鞨貢方物。戊申，幽州總管陰壽卒。辛酉，有事於方澤。[3]壬戌，行軍元帥竇榮定破突厥及吐谷渾於涼州。[4]丙寅，赦黃龍死罪已下。

    [1]李晃：人名。隋開皇二年任渭州刺史。其墓誌見《全唐文補遺》（第3輯，三秦出版社1996年版，第318頁）。　摩那渡口：地名。於今何地不詳。

    [2]蕭琮（cóng）：人名。本書卷七九、《北史》卷九三、《周書》卷四八有附傳。

    [3]方澤：即方丘。古代夏至祭地祇的方壇。因爲壇設於澤中，故稱。《通鑑》卷一七五《陳紀》至德元年五月條胡三省云：“隋爲方丘於宫城之北十四里。”

    [4]涼州：治所在今甘肅武威市。

    六月庚午，以衛王爽子集爲遂安郡王。[1]戊寅，突厥遣使請和。庚辰，行軍總管梁遠破吐谷渾於爾汗山，[2]斬其名王。[3]壬申，[4]以晋州刺史燕榮爲青州總管。[5]己丑，以河間王弘爲寧州總管。乙未，幸安成長公主第。

    [1]集：人名。即楊集。本書卷四四、《北史》卷七一有附傳。

    [2]爾汗山：地名。於今何地不詳。

    [3]名王：少數部族諸王中名位尊貴者，以别諸小王。

    [4]壬申：岑仲勉指出“壬申誤”（岑仲勉：《隋書求是》，第8、186頁）。中華本校勘記云：“六月丁卯朔，壬申（初六）應在戊寅（十二日）前，紀文當有訛誤或顛倒。”

    [5]晋州：治所在今山西臨汾市。　燕榮：人名。傳見本書卷七四、《北史》卷八七。　青州：治所在今山東青州市。

    秋七月辛丑，以豫州刺史周摇爲幽州總管。[1]壬戌，詔曰：“行仁蹈義，名教所先，厲俗敦風，宜見褒獎。往者山東、河表，[2]經此妖亂，孤城遠守，多不自全。濟陰太守杜獻身陷賊徒，[3]命懸寇手。郡省事范臺玫傾產營護，[4]免其戮辱。眷言誠節，實有可嘉，宜超恒賞，用明沮勸。臺玫可大都督、假湘州刺史。”[5]丁卯，日有蝕之。[6]

[1]豫州刺史：《通鑑》卷一七五《陳紀》至德元年七月條同。但岑仲勉指出：“五五本傳作豫州總管。”並做考證以釋歧異之因。（岑仲勉：《隋書求是》，第8、298頁）可參。

[2]河表：地區的泛稱。中原以黃河以南爲河外，亦曰“河表”。河，此指黃河。表，外邊、外面。

[3]濟陰：郡名。治所在今山東曹縣西北。　杜獻：人名。事亦見本書卷一《高祖紀上》、《北史》卷一一《隋文帝紀》。

[4]郡省事：吏名。州郡長官屬吏。西晉司隸校尉有之，東晉罷。南朝及北齊復置爲州刺史、郡太守屬吏。隋朝也置，地位較前爲重，可超遷頗高職位。　范臺玫：人名。事亦見《册府元龜》卷一三八《帝王部·旌表二》。

[5]大都督：官名。隋文帝因改後周之制形成十一等散實官，以酬勤勞。大都督是第九等。正六品上。　假：即攝，暫時攝理其職事。另，未經上命真授，暫時攝理其事或承制板授，亦稱假。湘州：治所在今湖南長沙市。按，岑仲勉質疑云：“湘，相訛。”並考。（岑仲勉：《隋書求是》，第8、202頁）

[6]丁卯，日有蝕之：《通鑑》卷一七五《陳紀》至德元年八月條《考異》指出此“曆差”。中華本校勘記也云：“丁卯，日有蝕之。”按，此指開皇三年七月丁卯。《通鑑》卷一七五《陳紀》載陳後主至德元年八月丁卯朔有日蝕。陳至德元年即隋開皇三年。當時曆法記載，日蝕多在朔日。隋曆後陳曆一日，致以八月朔爲七

月晦。

八月丁丑，靺鞨貢方物。己卯，以右武衛大將軍李禮成爲襄州總管。[1] 壬午，遣尚書左僕射高熲出寧州道，[2] 内史監虞慶則出原州道，[3] 並爲行軍元帥，以擊胡。[4] 戊子，上有事於太社。[5]

[1] 襄州：治所在今湖北襄樊市襄陽區。

[2] 寧州道：特區名。即在寧州（治所在今甘肅寧縣）一帶設置的特區。隋朝在統一戰爭中，於地方置特區，範圍可包括若干州，稱“道”。

[3] 原州道：特區名。即在原州（治所在今寧夏固原市）一帶設置的特區。

[4] 胡：此指突厥。（參《通鑑》卷一七五《陳紀》至德元年八月條）

[5] 太社：古代天子爲群姓祈福、報功而設立的祭祀土神、穀神的場所。

九月壬子，幸城東，觀稼穀。癸丑，大赦天下。

冬十月甲戌，廢河南道行臺省，[1] 以秦王俊爲秦州總管。

[1] 行臺省：即行臺尚書省的簡稱。

十一月己酉，發使巡省風俗，因下詔曰：“朕君臨區宇，深思治術，欲使生人從化，以德代刑，求草萊之善，旌閭里之行。民間情僞，咸欲備聞。已詔使人，所在賑恤，揚鑣分路，將遍四海，必令爲朕耳目。如有文武才用，未爲時知，宜以禮發遣，朕將銓擢。其有志節高妙，越等超倫，亦仰使人就加旌異，令一行一善獎勸於人。遠近官司，遐邇風俗，巨細必紀，還日奏聞。庶使不出戶庭，坐知萬里。"庚辰，陳遣散騎常侍周墳、通直散騎常侍袁彦來聘。[1]陳主知上之貌異世人，使彦書像持去。甲午，罷天下諸郡。[2]

[1]周墳：人名。南朝陳後主時人。事亦見本書《天文志上》。袁彦：人名。南朝陳後主時人。事另亦見《南史》卷一〇《陳宣帝紀》。

[2]"庚辰"至"罷天下諸郡"：本書中華書局修訂本校勘記云："'庚辰'前疑脱'十二月'。按十一月丙申朔，無庚辰。十二月乙丑朔，庚辰爲十六日，其後之甲午爲三十日。《册府》卷一四二《帝王部·和好》正繫此事於十二月。"所考是。

閏十二月乙卯，遣兼散騎常侍曹令則、通直散騎常侍魏澹使於陳。[1]戊午，以上柱國竇榮定爲右武衛大將軍，刑部尚書蘇威爲民部尚書。[2]

[1]曹令則：人名。事亦見《通鑑》卷一七五《陳紀》至德元年十二月。按，底本原作"唐"，宋刻遞修本、汲古閣本、殿本、庫本、中華本及《通鑑》均作"曹"，據改。　魏澹：人名。傳見本書卷五八，《北史》卷五六有附傳。

[2]刑部尚書：官名。見前注"都官尚書"條。　民部尚書：官名。隋沿北魏、北齊置度支尚書，開皇三年改稱民部尚書，是尚書省下轄六部之一民部的長官。職掌全國土地、戶口、賦税、錢糧

之政令。置一員，正三品。

四年春正月甲子，日有蝕之。己巳，有事於太廟。
辛未，有事於南郊。[1]壬申，梁主蕭巋來朝。甲戌，大
射於北苑，十日而罷。壬午，齊州水。[2]辛卯，渝州獲
獸似麋，[3]一角同蹄。壬辰，班新曆。

[1]南郊：古代天子在京都南面的郊外築圜丘以祭天。古帝王
冬至祭天於南郊。
[2]齊州：治所在今山東濟南市。
[3]渝州：治所在今重慶市。

二月乙巳，上餞梁主於霸上。[1]丁未，靺鞨貢方物。
突厥蘇尼部男女萬餘人來降。庚戌，幸隴州。[2]突厥可
汗阿史那玷率其屬來降。[3]

[1]霸上：地名。又稱霸頭。在今陝西西安市東白鹿原北首。
[2]隴州：治所在今陝西隴縣。
[3]突厥可汗阿史那玷：諸本皆同。但《北史》卷一一《隋文
帝紀》記突厥可汗姓名作“阿史那玷厥”。檢《通鑑》卷一七六
《陳紀》至德二年二月條作“突厥達頭可汗請降於隋”。而《考異》
引“《隋書紀》云：‘突厥可汗阿史那玷厥帥其屬來降。’”由此可
知，胡三省所見版本的《隋書》記該可汗的姓名是“阿史那玷
厥”。另《通鑑》記此人即“達頭可汗”，再檢本書卷八四、《北
史》卷九四《突厥傳》和《通典》卷一九七《邊防·突厥》皆記
達頭可汗名“玷厥”。由此可知，“阿史那玷”脫“厥”字。阿史
那玷厥，人名。事見本書卷八四、《北史》卷九四《突厥傳》。

夏四月己亥，敕總管、刺史父母及子年十五已上，不得將之官。庚子，以吏部尚書虞慶則爲尚書右僕射，瀛州刺史楊尚希爲兵部尚書，[1]毛州刺史劉仁恩爲刑部尚書。[2]甲辰，以上柱國叱李長义爲信州總管。[3]丁未，宴突厥、高麗、吐谷渾使者於大興殿。丁巳，以上大將軍賀婁子幹爲榆關總管。[4]

[1]瀛州：治所在今河北河間市。

[2]毛州：治所在今河北館陶縣。　劉仁恩：人名。本書卷四六、《北史》卷七五有附傳。事又見《劉仁恩墓誌》（參見胡戟、榮新江《大唐西市博物館藏墓誌》一七，北京大學出版社 2012 年版，第 36 頁）。

[3]信州：治所在今重慶奉節縣東白帝城。

[4]上大將軍：官名。隋文帝因改後周之制形成十一等散實官，以酬勤勞。上大將軍是第三等，開府置府佐。從二品。

五月癸酉，契丹主莫賀弗遣使請降，[1]拜大將軍。丙子，以柱國馮昱爲汾州總管。[2]乙酉，以汴州刺史吕仲泉爲延州總管。[3]

[1]契丹：古部族名。語意爲鑌鐵或刀劍之意。其源出於東胡，爲鮮卑的一支。北朝時游牧於西拉木倫河、老哈河一帶。北朝末年逐漸强盛，分爲十部。　莫賀弗：人名。詳見本書卷八四和《北史》卷九四《契丹傳》。

[2]馮昱：人名。傳見本書卷五三、《北史》卷七三。　汾州：治所在今山西汾陽市。

[3]汴州：治所在今河南開封市西北。　吕仲泉：人名。其他

事迹不詳。　延州：治所在今陝西延安市東北。

六月庚子，降囚徒。[1]乙巳，以鴻臚卿乙弗寔爲翼州總管，[2]上柱國豆盧勣爲夏州總管。[3]壬子，開渠，自渭達河，[4]以通運漕。戊午，秦王俊來朝。

[1]降：降宥，減罪寬宥。

[2]鴻臚卿：官名。鴻臚寺長官，掌册封諸藩、接待外使及凶儀等事。開皇三年曾廢鴻臚寺，將其職能歸入太常寺；開皇十二年又恢復。卿置一員，隋初正三品，煬帝降爲從三品。　乙弗寔：人名。事亦見《周書》卷七《宣帝紀》。　翼州：治所在今四川茂縣北疊溪南。按，中華本同底本，汲古閣本、殿本、庫本爲“冀州”。岑仲勉指出冀州爲翼州之訛（岑仲勉：《隋書求是》，第8頁）。

[3]豆盧勣：人名。傳見本書卷三九，《北史》卷六八有附傳。夏州：治所在今陝西靖邊縣東北白城子。

[4]渭：指陝西渭水。　河：指黃河。

秋七月丙寅，陳遣兼散騎常侍謝泉、兼通直散騎常侍賀德基來聘。[1]

[1]謝泉：人名。南朝陳人，以才學見稱。事見本書卷四七《柳䛒傳》。　賀德基：人名。曾任南朝陳祠部郎，以儒學著名於世。傳見《陳書》卷三三、《南史》卷七一。

八月甲午，遣十使巡省天下。戊戌，衛王爽來朝。是日，以秦王俊納妃，宴百寮，班賜各有差。壬寅，上柱國、太傅、鄧國公竇熾薨。丁未，宴秦王官屬，賜物各有差。壬子，享陳使。乙卯，陳將夏侯苗請降，[1]上以通和，不納。

[1]夏侯苗：人名。南朝陳將。事另見《通鑑》卷一七六《陳紀》至德二年。

九月甲子，幸襄國公主第。[1]乙丑，幸霸水，[2]觀漕渠，賜督役者帛各有差。己巳，上親録囚徒。庚午，契丹内附。甲戌，駕幸洛陽，[3]關内飢也。[4]癸未，太白晝見。

[1]襄國公主：隋文帝之女，事略見本書卷五四《李衍傳》。
[2]霸水：河名。又作“灞水”。即今陝西渭河支流灞河。
[3]洛陽：城名。又作“雒陽”。故城有二：一在今河南洛陽市東白馬寺東二里洛河北岸。原爲周成王營建雒邑的成周城，戰國時因位於雒水之北改稱雒陽。三國魏自以爲土德，水得土而活，土得水而柔，去隹加水，改爲“洛”字，稱洛陽。先後爲東周、東漢、三國魏、西晋、北魏都城。另一爲隋煬帝大業初建，以爲東京。在前故城西十八里，即在今洛陽市。此指前者。
[4]關内飢：岑仲勉補史云：“飢之原因，以旱爲主，是歲天旱，見《續僧傳》二一《靈藏傳》。”（岑仲勉：《隋書求是》，第8頁）

冬十一月壬戌，遣兼散騎常侍薛道衡、通直散騎常侍豆盧寔使於陳。[1]癸亥，以榆關總管賀婁子幹爲雲州總管。[2]

[1]薛道衡：人名。傳見本書卷五七，《北史》卷三六有附傳。
豆盧寔：人名。傳見《北史》卷七七。按，岑仲勉補史云：芒洛

冢墓遺文續補有豆盧寔志，記載“與史合”。又，岑仲勉引《文館詞林》卷六六四載文帝安邊詔，認爲“開南中是三、四年事，此爲開闢西南重要故實之一，故補入之”（岑仲勉：《隋書求是》，第8、9頁）。

[2]雲州：治所在今内蒙古和林格爾縣西北土城子。按，本書《地理志上》載：“（榆林郡金河縣）開皇三年置……榆關總管。五年改置雲州總管。”《地理志中》亦載：“定襄郡，開皇五年置雲州總管府。”然此處記開皇四年十一月即以賀婁子幹爲雲州總管，比前兩條所記時間早一年。

　　五年春正月戊辰，詔行新禮。[1]

[1]新禮：據本書卷四九《牛弘傳》、《通鑑》卷一七六《陳紀》至德三年條，知此新禮是開皇三年命牛弘修的百卷五禮。

　　三月戊午，以尚書左僕射高熲爲左領軍大將軍，上柱國宇文忻爲右領軍大將軍。[1]

[1]左領軍大將軍：官名。正三品。按，本書《百官志下》、《通典》卷二八《職官十·左右領軍衛》載隋文帝朝，“左右領軍府，各掌十二軍籍帳、差科、辭訟之事。不置將軍。唯有長史、司馬”等。然據此和《通鑑》卷一七六《陳紀》至德三年三月條，可推知最遲開皇五年三月戊午左右領軍府已各置領軍大將軍。　宇文忻：人名。傳見本書卷四〇，《北史》卷六〇有附傳。　右領軍大將軍：官名。隋右領軍府長官。正三品。

　　夏四月甲午，契丹主多彌遣使貢方物。[1]壬寅，上柱國王誼謀反，伏誅。乙巳，詔徵山東馬榮伯等六儒。[2]戊申，車駕至自洛陽。

[1]多彌：人名。契丹族首領。事另見《册府元龜》卷九七○《外臣部·朝貢三》。

[2]馬榮伯：人名。即馬光。傳見本書卷七五、《北史》卷八二。

五月甲申，詔置義倉。[1]梁主蕭巋殂，其太子琮嗣立。遣上大將軍元契使于突厥阿波可汗。[2]

[1]義倉：古代置於民間的公共糧倉。因設於鄉社，故又名社倉。詳見本書卷四六《長孫平傳》。

[2]元契：人名。北周任開府儀同三司，入隋爲大將軍、行軍總管，隨宇文述擊陳吳州刺史蕭瓛。

秋七月庚申，陳遣兼散騎常侍王話、兼通直散騎常侍阮卓來聘。[1]丁丑，以上柱國宇文慶爲涼州總管。[2]壬午，突厥沙鉢略上表稱臣。

[1]王話：人名。南朝陳人。事另見《南史》卷七二《阮卓傳》。　阮卓：人名。南朝陳人。傳見《陳書》卷三四、《南史》卷七二。

[2]宇文慶：人名。傳見本書卷五〇，《北史》卷五七有附傳。

八月丙戌，沙鉢略可汗遣子庫合真特勤來朝。[1]甲辰，河南諸州水，[2]遣民部尚書邳國公蘇威賑給之。戊申，有流星數百，四散而下。[3]己酉，幸栗園。[4]

[1]庫合真：人名。事見本書卷八四《突厥傳》。按，《通鑑》卷一七六《陳紀》至德三年七月條《考異》指出：庫合真，"《隋書·突厥傳》作'窟含真'，今從《帝紀》"。 特勤：底本、宋刻遞修本、汲古閣本、殿本、庫本皆爲"特勒"。據《闕特勤碑》當爲"特勤"。參錢大昕《十駕齋養新録》卷六《特勤當從石刻》。特勤是突厥、回紇官名，以可汗子弟及宗室充任。後"特勒"徑改爲"特勤"，不再出注。

[2]河：此指黃河。

[3]有流星數百，四散而下：據本書《天文志下》載，這是"庶人流移之象"。預示平陳後江南士人遷移入京師的徵兆。

[4]栗園：地名。栗園有多處：一在今河南安陽市東北；一在今河北固安縣；一在今北京市廣寧門外。另，胡三省於《通鑑》卷一七七《隋紀》開皇十一年八月條注云："栗園在長安南。"考本書多處記載隋文帝來往於長安和栗園之間。如開皇十一年載文帝："八月壬申（二十三），幸栗園。""乙亥（二十六），至自栗園。"在當時交通工具條件下，能在短短四天兩次來往長安、栗園，可推斷栗園必距長安不遠。若此，此處栗園的地理方位，當是胡三省所注的，即在今西安市南。

九月丁巳，至自栗園。乙丑，改鮑陂曰杜陂，[1]霸水爲滋水。陳將湛文徹寇和州，[2]儀同三司費寶首獲之。[3]丙子，遣兼散騎常侍李若、兼通直散騎常侍崔君贍使於陳。[4]

[1]鮑陂（bēi）：池塘湖泊名。在今陝西西安市長安區東南。陂，池塘湖泊。

[2]湛文徹：人名。南朝陳人，具體事迹不詳。 和州：治所

在今安徽和縣。

〔3〕儀同三司：官名。隋文帝因改後周之制形成十一等散實官，以酬勤勞。儀同三司是第八等。正五品。　費寶首：人名。隋時人，具體事迹不詳。

〔4〕李若：人名。隋開皇中爲秦王府咨議參軍。《北史》卷四三有附傳。　崔君瞻：人名。隋時人，具體事迹不詳。

　　冬十月壬辰，以上柱國楊素爲信州總管，[1]朔州總管吐萬緒爲徐州總管。[2]

　　〔1〕楊素：人名。傳見本書卷四八，《北史》卷四一有附傳。
　　〔2〕朔州：治所在今山西朔州市。　吐萬緒：人名。傳見本書卷六五、《北史》卷七八。

　　十一月甲子，以上大將軍源雄爲朔州總管。[1]丁卯，晋王廣來朝。

　　〔1〕源雄：人名。傳見本書卷三九，《北史》卷二八有附傳。　朔州：岑仲勉認爲："朔州"爲"壽州"之訛，並考（岑仲勉：《隋書求是》，第9頁）。

　　十二月丁未，降囚徒。戊申，以上柱國達奚長儒爲夏州總管。[1]

　　〔1〕以上柱國達奚長儒爲夏州總管：岑仲勉認爲："此與三九《豆盧勣傳》頗有衝突。"（岑仲勉：《隋書求是》，第9頁）

六年春正月甲子，党項羌内附。[1]庚午，班曆於突
厥。[2]辛未，以柱國韋洸爲安州總管。[3]壬申，遣民部尚
書蘇威巡省山東。

[1]党項羌：古部族名。又名党項。爲羌的一支，三苗之後。
其活動範圍，東接臨洮（今甘肅岷縣）、西平（今青海西寧市），
西拒葉護（指西突厥），南至春桑、迷桑（今青海果洛境内），北
聯吐谷渾（在今青海及四川松潘縣），南北數千里，處山谷間。每
姓别爲部落，有戰則團聚。傳見本書卷八三、《北史》卷九六。
[2]班曆：亦作“班歷”。頒布曆書。
[3]韋洸：人名。本書卷四七、《北史》卷六四有附傳。

二月乙酉，山南荆、浙七州水，[1]遣前工部尚書長
孫毗賑恤之。丙戌，制刺史上佐每歲暮更入朝，[2]上考
課。[3]丁亥，發丁男十一萬修築長城，二旬而罷。乙未，
以上柱國崔弘度爲襄州總管。[4]庚子，大赦天下。

[1]荆：州名。指荆州。治所在今湖北江陵縣。　浙：州名。
治所在今河南西峽縣北。宋刻遞修本、汲古閣本、殿本、庫本同底
本，但中華本作“淅州”。岑仲勉指出：衲本、清補本均作淅州。
又“淅”應作“浙”，“蓋自六朝迄唐，從扌、從木之字，往往混
用，未得爲誤”（岑仲勉：《隋書求是》，第10、237頁）。後文
“浙”字不再出注説明。
[2]制：本意爲制度、法式、命令。秦始皇統一六國後定爲皇
帝命令文告之一種，又稱制書。漢朝及以後王朝因之。
[3]考課：按一定標準考核官吏優劣，分别等差，決定升降
賞罰。

[4]崔弘度：人名。傳見本書卷七四，《北史》卷三二有附傳。

三月己未，洛陽男子高德上書，[1]請上爲太上皇，傳位皇太子。上曰：“朕承天命，撫育蒼生，日旰孜孜，猶恐不逮。豈學近代帝王，事不師古，傳位於子，自求逸樂者哉！”癸亥，突厥沙鉢略遣使貢方物。

[1]高德：人名。事迹未詳。

夏四月己亥，陳遣兼散騎常侍周磻、兼通直散騎常侍江椿來聘。[1]

[1]周磻：人名。南朝陳曾任松陽令，事亦見《陳書》卷二九《毛喜傳》、《通鑑》卷一七六《陳紀》至德二年四月。 江椿：人名。南朝陳歷太子庶子、尚書左丞。事略見《陳書》卷三四《江德藻傳》。

秋七月辛亥，河南諸州水。乙丑，京師雨毛，如馬鬣尾，長者二尺餘，短者六七寸。

八月辛卯，關内七州旱，[1]免其賦税。遣散騎常侍裴豪、兼通直散騎常侍劉顗聘于陳。[2]戊申，上柱國、太師、申國公李穆薨。

[1]關内：地區名。秦至唐時稱函谷或潼關以西、隴坂以東、終南山以北爲關内。按，岑仲勉補史云：“是年旱，亦見《續僧傳》八《曇延傳》。”（岑仲勉：《隋書求是》，第9頁）

[2]裴豪：人名。隋時人，具體事迹不詳。按，《北史》卷一

一《隋文帝紀》作“裴世豪”。蓋避唐諱省“世”字。　劉顗：人名。隋時人，具體事迹不詳。按，《北齊書》卷四七《文苑序》載有“前司空功曹參軍劉顗”。

閏月己酉，以河州刺史段文振爲蘭州總管。[1]丁卯，皇太子鎮洛陽。辛未，晋王廣、秦王俊並來朝。丙子，上柱國、郕國公梁士彦，[2]上柱國、杞國公宇文忻，柱國、舒國公劉昉，以謀反伏誅。上柱國、許國公宇文善坐事除名。[3]

[1]河州：治所在今甘肅臨夏市西南。　段文振：人名。傳見本書卷六〇、《北史》卷七六。

[2]梁士彦：人名。傳見本書卷四〇、《周書》卷三一、《北史》卷七三。

[3]宇文善：人名。事見本書卷四〇《宇文忻傳》，《北史》卷六〇有附傳。

九月辛巳，上素服御射殿，詔百寮射，賜梁士彦三家資物。丙戌，上柱國、宋安郡公元景山卒。庚子，以上柱國李詢爲隰州總管。[1]辛丑，詔大象已來死事之家，咸令賑恤。

[1]李詢：人名。本書卷三七、《北史》卷五九有附傳。　隰（xí）州：治所在今山西隰縣。

冬十月己酉，以河北道行臺尚書令、并州總管、晋王廣爲雍州牧，餘官如故；兵部尚書楊尚希爲禮部尚書。癸丑，置山南道行臺尚書省於襄州，[1]以秦王俊爲尚書令。丙辰，以芳州刺史駱平難爲疊州刺史，[2]衡州總管周法尚爲黃州總管。[3]甲子，甘露降于華林園。

[1]山南道：特區名。在長安南山（今陝西終南山）以南設置的特區。

[2]芳州：治所在今四川九寨溝、松潘縣之間一帶。　駱平難：人名。隋時人，具體事迹不詳。　疊州：治所在今甘肅迭部縣境。

刺史：岑仲勉云："儻依《地理志》，則疊州此時應稱總管。"（岑仲勉：《隋書求是》，第9頁）

[3]衡州：治所在今湖北麻城市西南。按，岑仲勉認爲：此"衡州"是後改名"崇州"之衡州（岑仲勉：《隋書求是》，第9、297頁）。　周法尚：人名。傳見本書卷六五、《北史》卷七六。黃州：治所在今湖北武漢市新洲區。

七年春正月癸巳，有事于太廟。乙未，制諸州歲貢三人。[1]

[1]歲貢：貢士之法，即由諸侯國或地方州郡每年向朝廷選送人才。

二月丁巳，祀朝日于東郊。己巳，陳遣兼散騎常侍王亨、兼通直散騎常侍王睿來聘。[1]壬申，車駕幸醴泉宮。是月，發丁男十萬餘修築長城，二旬而罷。

[1]王亨：人名。南朝陳人，具體事迹不詳。　王睿（shèn）：人名。事見本書卷七六《王胄傳》，《北史》卷八三有附傳。

　　夏四月己酉，幸晋王第。庚戌，於揚州開山陽瀆，[1]以通運漕。突厥沙鉢略可汗卒，其子雍虞閭嗣立，[2]是爲都藍可汗。癸亥，頒青龍符於東方總管、刺史，[3]西方以騶虞，[4]南方以朱雀，[5]北方以玄武。[6]甲戌，遣兼散騎常侍楊同、兼通直散騎常侍崔儦使于陳。[7]以民部尚書蘇威爲吏部尚書。

　　[1]揚州：治所在今安徽壽縣。　山陽瀆：運河名。北起山陽縣（今江蘇淮安市），東南流經射陽湖，南至江都東，西經揚州南入長江。一説乃循邗溝故道而擴大之。

　　[2]其子雍虞閭嗣立：中華本校勘記指出：“本書《長孫晟傳》、又《突厥傳》，雍虞閭讓可汗位於其叔父處羅侯，處羅侯卒，雍虞閭纔嗣立。紀傳互異。”另，《北史》卷一一《隋文帝紀》在開皇七年四月條僅載沙鉢略可汗卒，不載雍虞閭嗣立事。《通鑑》卷一七六《陳紀》禎明元年（即開皇七年）四月條所記同本書《長孫晟傳》和《突厥傳》。雍虞閭，人名。事見本書卷八四、《北史》卷九九《突厥傳》。

　　[3]青龍符：隋、唐時頒發給東方諸州的一種飾有青龍圖形的傳信符。詳見《新唐書·車服志》。符，古代國君傳達命令和徵調兵將的憑證，用金、玉、銅、竹、木製成。分左右兩半，右半在朝廷，左半在外官或兵將之手。國君有事，使節持半符至，外官或兵將合符以驗真假。青龍，即蒼龍。四靈（蒼龍、白虎、朱雀、玄武）之一。古時以爲祥瑞之物。

　　[4]騶（qū）虞：傳説中的義獸名，四靈之一，即白虎，黑文，不食生物，有至信之德則應之。此文中的騶虞是“騶虞符”的省稱，騶虞符即一種飾有騶虞圖形的傳信符。按，中華本校勘記指出：“‘騶虞’應作‘白虎’。唐人諱‘虎’，此處用‘騶虞’代

'白虎'。"

[5]朱雀：古代傳說中的祥瑞動物，四靈之一。此文中的朱雀是"朱雀符"的省稱。朱雀符即一種飾有朱雀圖形的傳信符。

[6]玄武：古代傳說中的祥瑞動物，四靈之一。其形爲龜，或龜蛇合體。位在北方，故曰玄。身有鱗甲，故曰武。此文中的玄武是"玄武符"的省稱。玄武符即一種飾有玄武圖形的傳信符。

[7]楊同：人名。事亦見《通鑑》卷一七六《陳紀》至德二年四月。　崔儦（biāo）：人名。傳見本書卷七六，《北史》卷二四有附傳。

五月乙亥朔，日有蝕之。己卯，雨石于武安、滏陽間十餘里。[1]

[1]武安：縣名。治所在今河北武安市。　滏陽：縣名。治所在今河北磁縣。

秋七月己丑，衛王爽薨，上發喪於門下外省。[1]

[1]門下外省：官署名。北魏置，爲門下省設在宮外的衙署，被廢之帝、王多死於此。隋朝建立的禁省制度，即在禁中設立已經屬於外廷的中書、門下兩省的內省。於是，中書、門下都有了內省、外省之分，兩省官員具有了內外朝官的雙重身份。

八月丙午，以懷州刺史源雄爲朔州總管。[1]庚申，梁主蕭琮來朝。

[1]懷州：治所在今河南沁陽市。

九月乙酉，梁安平王蕭巖掠於其國以奔陳。辛卯，廢梁國，曲赦江陵。[1]以梁主蕭琮爲柱國，封莒國公。

[1]曲赦：猶特赦。不普赦天下，而獨赦江陵，故曰曲赦。

冬十月庚申，行幸同州，以先帝所居，降囚徒。癸亥，幸蒲州。[1]丙寅，宴父老，上極歡，曰：“此間人物，衣服鮮麗，容止閑雅，良由仕宦之鄉，陶染成俗也。”

[1]蒲州：治所在今山西永濟市西南蒲州鎮。

十一月甲午，幸馮翊，親祠故社。父老對詔失旨，上大怒，免其縣官而去。戊戌，至自馮翊。[1]

[1]至自馮翊：岑仲勉指出：“七年十一月戊戌至自馮翊。此下殆奪文。《文館詞林》六七〇有大赦詔文云：‘自開皇七年十二月一日已前，犯罪之徒，宜依前件。’”（岑仲勉：《隋書求是》，第9頁）

隋書　卷二

帝紀第二

高祖下

八年春正月乙亥，陳遣散騎常侍袁雅、兼通直散騎
常侍周止水來聘。[1]

[1]陳：即南朝陳（557—589），都於建康城（今江蘇南京
市）。　散騎常侍：官名。南朝陳集書省長官。掌侍從皇帝左右，
獻納得失；省諸奏聞文書，意異者，隨事爲駁；常侍高功者一人爲
祭酒，掌糾劾禁令。第三品。　袁雅：人名。南朝陳時人，出使事
亦見本書卷七五《元善傳》。　通直散騎常侍：官名。晋泰始十年
（274）武帝使員外散騎常侍二人與散騎常侍通員當值，故名。爲皇
帝親近顧問，清要顯職。南朝屬集書省，多用衰老人士，其官漸
低，常爲加官。南朝陳爲四品。　周止水：人名。南朝陳時人，具
體事迹不詳。

二月庚子，鎮星入東井。[1]辛酉，陳人寇硤州。[2]

　　[1]鎮星入東井：鎮星即土星。中國古代以爲土星每二十八年
運行一周天，好像每年坐鎮二十八宿中的一宿，故名。東井即井
宿，二十八宿之一。因在玉井之東，故稱。據本書《天文志下》
載，此天象"利以稱兵"，是大舉伐陳並克之的徵兆。

　　[2]硤州：一作"峽州"。治所在今湖北宜昌市西北。

　　三月辛未，上柱國、隴西郡公李詢卒。[1]壬申，以
成州刺史姜須達爲會州總管。[2]甲戌，遣兼散騎常侍程
尚賢、兼通直散騎常侍韋慏使于陳。[3]戊寅，詔曰：[4]

　　[1]上柱國：官名。隋文帝因改後周之制形成十一等散實官，
以酬勤勞。上柱國是第一等，開府置府佐。從一品。　郡公：爵
名。隋九等爵的第四等，從一品。　李詢：人名。本書卷三七、
《北史》卷五九有附傳。

　　[2]成州：治所在今甘肅西和縣西南。　姜須達：人名。隋任
成州刺史，其他事迹不詳。　會州：治所在今四川茂縣西北。　總
管：官名。北周置諸州總管，隋承繼，又有增置。總管全稱是總管
刺史加使持節。總管的統轄範圍，可達數州至十餘州，成一軍政管
轄區。隋文帝在并、益、荆、揚四州置大總管，其餘州置總管。總
管分上、中、下三等，品秩爲流内視從二品、正三品、從三品。

　　[3]程尚賢：人名。隋時人，其他事迹不詳。　韋慏：人名。
隋時人，其他事迹不詳。

　　[4]詔：初意爲上告於下的文書。秦始皇統一天下，始定天子
稱皇帝，其令爲詔。此後，即作爲皇帝專用於命令的文書之一。後
世皆因之。亦稱詔書、詔旨、詔命等。

　　昔有苗不賓，[1]唐堯薄伐，[2]孫皓僭虐，[3]晉武行
誅。[4]有陳竊據江表，[5]逆天暴物。朕初受命，陳頊尚

存，[6]思欲教之以道，不以襲行爲令，[7]往來修睦，望其遷善。時日無幾，釁惡已聞。厚納叛亡，侵犯城戍，勾吳、閩越，[8]肆厥殘忍。于時王師大舉，將一車書，陳頊反地收兵，深懷震懼，責躬請約，俄而致殞。矜其喪禍，仍詔班師。

[1]有苗：古部族名。亦稱三苗。堯、舜、禹時代中國南方較強大的部族，傳說舜時被遷到三危（古代西部邊疆山名）。

[2]唐堯：傳說中的古帝陶唐氏之號。詳見《史記》卷一《五帝本紀》。

[3]孫皓：人名。三國吳末代皇帝。傳見《三國志》卷四八。

[4]晋武：西晋武帝司馬炎的帝號。紀見《晋書》卷三。

[5]江表：江外。指長江以南的地區。

[6]陳頊：人名。即南朝陳宣帝。紀見《陳書》卷五、《南史》卷一〇。

[7]襲行：奉行，恭敬。

[8]勾吳：原意爲西周至春秋的勾吳國。此泛指今江蘇一帶。

閩越：地區名。泛指今福建一帶。古爲閩越族所居。

叔寶承風，[1]因求繼好，載佇克念，共敦行李。每見珪璋入朝，[2]輶軒出使，[3]何嘗不殷勤曉喻，戒以惟新。而狼子之心，出而彌野。威侮五行，怠棄三正，[4]誅翦骨肉，夷滅才良。據手掌之地，恣溪壑之險，劫奪閭閻，資産俱竭，驅蹙內外，勞役弗已。徵責女子，擅造宮室，日增月益，止足無期，帷薄嬪嬙，有逾萬數。寶衣玉食，窮奢極侈，淫聲樂飲，俾晝作夜。斬直言之客，滅無罪之家，剖人之肝，分人之血。欺天造惡，祭鬼求恩，歌儷衢路，酣醉宮闈。盛粉黛而執干戈，曳羅綺而呼警蹕，躍馬振策，從旦至昏，無所經營，馳走不息。負甲持仗，隨逐徒行，追而不及，即加罪譴。自古昏亂，罕或能比。介士武夫，飢寒力役，筋髓罄於土木，性命俟於溝渠。君子潛逃，小人得志，家家隱殺戮，各各任聚斂。天災地孽，物怪人妖，衣冠鉗口，道路以目。傾心翹足，誓告於我，日月以冀，文奏相尋。重以背德違言，搖蕩疆埸，巴峽之下，[5]海滋已西，[6]江北、江南，[7]爲鬼爲蜮。死隴窮發掘之酷，生居極攘奪之苦。抄掠人畜，斷截樵蘇，市井不立，農事廢寢。歷陽、廣陵，[8]窺覦相繼，或謀圖城邑，或劫剥吏人，晝伏夜游，鼠竊狗盜。彼則羸兵敝卒，來必就擒，此則重門設險，有勞藩捍。天之所覆，無非朕臣，每關聽覽，有懷傷惻。有梁之國，[9]我南藩也，其君入朝，潛相招誘，不顧朕恩。士女深迫脅之悲，城府致空虛之歎。非直朕居人上，懷此無忘，既而百辟屢以爲言，兆庶不堪其請，豈容對而不誅，忍而不救！

[1]叔寶：人名。即南朝陳後主陳叔寶。紀見《陳書》卷六、《南史》卷一〇。

[2]珪璪（zǎo）：珪，瑞玉。常作祭祀、朝聘之用。璪，古代王冠前下垂的裝飾，用彩色絲綫串玉而成，狀如水藻。

[3]輶（yóu）軒：古代使臣乘坐的一種輕車。

[4]威侮五行，怠棄三正：語出《尚書·甘誓》：“有扈氏威侮五行，怠棄三正。”孔穎達疏：“五行，水、火、金、木、土也。”中國古代稱構成各種物質的五種元素，古人常以此説明宇宙萬物的

起源和變化。三正，指夏正建寅，殷正建丑，周正建子，合稱三
正。一說指天、地、人之正道。

[5]巴峽：即今重慶奉節縣長江瞿塘峽和巫山縣長江巫峽。

[6]海澨（shì）：海濱。

[7]江北、江南：此"江"指長江。

[8]歷陽：郡名。治所在今安徽和縣。　廣陵：郡名。治所在
今江蘇揚州市西北蜀崗上。

[9]梁：即後梁（555—587），都江陵（今湖北江陵縣）。

　　近日秋始，謀欲弔人。益部樓船，[1]盡令東騖，便
有神龍數十，騰躍江流，引伐罪之師，向金陵之路，[2]
船住則龍止，船行則龍去，四日之內，三軍皆睹，豈非
蒼旻愛人，幽明展事，降神先路，協贊軍威！以上天之
靈，助戡定之力，便可出師授律，應機誅殄，在斯舉
也，永清吳、越。[3]其將士糧仗，水陸資須，期會進止，
一准別敕。[4]

[1]益部：此指益州。治所在今四川成都市。

[2]金陵：戰國楚築金陵城於今江蘇南京市清涼山上，後人用
金陵作爲今南京市的別稱。

[3]吳、越：此用春秋戰國時的吳、越之地指當時的陳國領土。

[4]敕：文書名。下行文書之一，始用於漢朝。凡官長告誡僚
屬，尊長告諭子孫均稱敕。南北朝以後，則成爲皇帝專用的命令文
書之一。

　　秋八月丁未，河北諸州飢，遣吏部尚書蘇威賑
恤之。[1]

[1]吏部尚書：官名。尚書省下轄六部之一吏部的長官。掌全國文職官員銓選、考課等政令。置一員，正三品。　蘇威：人名。傳見本書卷四一，《北史》卷六三有附傳。

九月丁丑，宴南征諸將，頒賜各有差。癸巳，嘉州言龍見。[1]

[1]嘉州：治所在今四川樂山市。

冬十月己亥，太白出西方。[1]己未，置淮南行臺省於壽春，[2]以晉王廣爲尚書令。[3]辛酉，陳遣兼散騎常侍王琬、兼通直散騎常侍許善心來聘，[4]拘留不遣。甲子，將伐陳，有事於太廟。[5]命晉王廣、秦王俊、清河公楊素並爲行軍元帥，[6]以伐陳。於是晉王廣出六合，[7]秦王俊出襄陽，[8]清河公楊素出信州，[9]荆州刺史劉仁恩出江陵，[10]宜陽公王世積出蘄春，[11]新義公韓擒虎出廬江，[12]襄邑公賀若弼出吳州，[13]落叢公燕榮出東海，[14]合總管九十，兵五十一萬八千，皆受晉王節度。東接滄海，[15]西拒巴、蜀，[16]旌旗舟楫，橫亙數千里。曲赦陳國。[17]有星孛于牽牛。[18]

[1]太白出西方：太白即金星，又名啓明、長庚。按，本書《天文志中》記載此天象云：“其出西方，失行，夷狄敗。”
[2]淮南：地區名。泛指淮河以南。　行臺省：官署名。全稱行臺尚書省，簡稱行省或行臺。始於魏晋。臺指臺閣，在地方代表朝廷行尚書省職權。本掌軍務，北齊以來兼掌民政。隋文帝初於諸道設置行臺尚書省，掌所轄區的地方軍政。　壽春：縣名。治所在

今安徽壽縣東南。

[3]廣：人名。即楊廣。紀見本書卷三、四，《北史》卷一二。

尚書令：官名。此指行臺尚書令。爲行臺尚書省長官，掌行臺所轄區的地方軍政。流內視正二品。

[4]王琬：人名。南朝陳人，其他事迹不詳。 許善心：人名。傳見本書卷五八、《北史》卷八三。

[5]太廟：帝王的祖廟。

[6]俊：人名。即楊俊。傳見本書卷四五、《北史》卷七一。

清河公：爵名。全稱清河郡公。爲隋九等爵的第四等。從一品。

楊素：人名。傳見本書卷四八，《北史》卷四一有附傳。 行軍元帥：出征軍的統帥名。根據需要臨時任命，事罷則廢。

[7]六合：郡名。治所在今江蘇南京市六合區。

[8]襄陽：郡名。治所在今湖北襄樊市。

[9]信州：治所在今重慶奉節縣東白帝城。按，《北史》卷一一《隋文帝紀》同。《通鑑》卷一七六《陳紀》禎明二年云"永安"。永安爲郡名，亦是縣名。治所和信州同。故三書所指地點不悖。

[10]荆州：治所在今湖北江陵縣。 劉仁恩：人名。本書卷四六、《北史》卷七五有附傳。又見《劉仁恩墓誌》（參見胡戟、榮新江《大唐西市博物館藏墓誌》一七，北京大學出版社 2012 年版，第 36 頁）。 江陵：縣名。治所在今湖北江陵縣。

[11]宜陽公：爵名。全稱宜陽郡公。 王世積：人名。傳見本書卷四〇，《北史》卷六八有附傳。 蘄春：郡名。治所在今湖北蘄春縣西南。

[12]新義公：爵名。全稱新義郡公。 韓擒虎：人名。傳見本書卷五二，《北史》卷六八有附傳。 廬江：據《通鑑》卷一七六《陳紀》禎明二年十月條胡三省注："廬州治廬江。"廬州乃隋開皇初改合州置，治所在今安徽合肥市。故知廬江是縣名，即治此地。

[13]襄邑公：爵名。全稱襄邑郡公。 賀若弼：人名。傳見本

書卷五二,《北史》卷六八有附傳。　吳州:治所在今江蘇揚州市西北。

　　[14]落叢公:爵名。全稱落叢郡公。　燕榮:人名。傳見本書卷七四、《北史》卷八七。　東海:郡名。治所在今江蘇鎮江市。

　　[15]滄海:中國古代對東海的別稱。

　　[16]巴、蜀:泛指今四川地區。

　　[17]曲赦:猶特赦。不普赦天下,而獨赦某一特定對象,故曰曲赦。

　　[18]有星孛于牽牛:據本書《天文志下》載,此事發生在十月甲子,故此處脫"甲子"日。牽牛,星宿名。又據《天文志》載,這是陳國滅亡的徵兆。

　　十一月丁卯,車駕餞師。詔購陳叔寶位上柱國、萬戶公。[1]乙亥,行幸定城,[2]陳師誓衆。丙子,幸河東。[3]

　　[1]萬户公:即食邑萬户的公爵。

　　[2]定城:城名。在今陝西華陰市東,去潼關三十里,夾道各一城。

　　[3]河東:地區名。因在黃河以東而得名。戰國、秦、漢指今山西省西南部,唐以後泛指今山西全省。

　　十二月庚子,至自河東。

　　九年春正月己巳,白虹夾日。[1]辛未,賀若弼拔陳京口,韓擒虎拔陳南豫州。[2]癸酉,以尚書右僕射虞慶則爲右衛大將軍。[3]丙子,賀若弼敗陳師於蔣山,獲其將蕭摩訶。[4]韓擒虎進師入建鄴,[5]獲其將任蠻奴,[6]獲陳主叔寶。陳國平，合州三十，^[7]郡一百，縣四百。癸巳，遣使持節巡撫之。^[8]

[1]白虹夾日：本書《天文志下》載此天象是"陳有背主""人主無德者亡"的徵兆。預示陳朝滅亡。白虹，日月周圍的白色暈圈。

[2]辛未，賀若弼拔陳京口，韓擒虎拔陳南豫州：據《陳書》卷六《後主紀》、《通鑑》卷一七七《隋紀》開皇九年、《南史》卷一〇《陳後主紀》載，賀若弼拔陳京口在庚午，辛未是韓擒虎拔陳南豫州日。本書此處把兩事均記在辛未，欠準確。京口，即京口城，在今江蘇鎮江市。南豫州，治所在今安徽當塗縣。

[3]尚書右僕射：官名。隋尚書省置左、右僕射各一人，地位僅次於尚書令。由於隋代尚書令不常置，僕射便成爲尚書省實際長官，是宰相之職。從二品。　虞慶則：人名。傳見本書卷四〇、《北史》卷七三。　右衛大將軍：官名。隋文帝設左、右衛，各置大將軍一人，掌宮掖禁禦，督攝仗衛。右衛大將軍爲右衛長官。正三品。

[4]丙子，賀若弼敗陳師於蔣山，獲其將蕭摩訶：本書此處記丙子（十二日），賀若弼敗陳師於蔣山，獲其將蕭摩訶，《北史》卷一一《隋文帝紀》同。但《陳書》卷六《後主紀》、《通鑑》卷一七七《隋紀》開皇九年均記爲甲申（二十日）。另，《南史·陳後主紀》載辛巳（十七日）賀若弼進軍鍾山（即蔣山），也在丙子後五日。蔣山，即今江蘇南京市中山門外鍾山。蕭摩訶，人名。南朝陳大將，輔佐陳後主登基有功，加爲侍中、驃騎大將軍、綏建郡公。後降隋。傳見《陳書》卷三一、《南史》卷六七。

[5]建鄴：縣名。治所在今江蘇南京市。

[6]任蠻奴：人名。南朝陳時任吳興内史。傳見《陳書》卷三一。按，中華本校勘記指出，任蠻奴即任忠。隋人諱"忠"，改稱

他的小字。

[7]州三十：《通鑑》卷一七七《隋紀》開皇九年條記載同。中華本校勘記云："州三十，應作'州四十'。《殿本考證》'《北史》作"州四十"。以《地理志》證之，《北史》是也。志言陳氏荊、揚之域，州四十二，郡一百九，縣四百三十八。紀言州四十，郡一百，縣四百，皆舉其大數耳。'"

[8]使：使職。即臨時差遣處理某項事務者，事後即罷。　節：符節。古代使臣所持以作憑證，多以羽、氂牛尾編製。

　　二月乙未，廢淮南行臺省。丙申，制五百家爲鄉，[1]正一人；[2]百家爲里，[3]長一人。[4]丁酉，以襄州總管韋世康爲安州總管。[5]

[1]制：本意爲制度、法式、命令。秦始皇統一六國後定爲皇帝命令文告的一種，又稱制書。後世因之。　鄉：基層行政區劃名。後指縣以下的基層行政單位。

[2]正：此指鄉正。鄉官名。隋初采蘇威建議設立，以理一鄉詞訟糾紛。開皇十年（590）罷。

[3]里：基層行政區劃名，爲鄉以下的基層行政單位。

[4]長：此指里長。鄉官名。理一里之事。

[5]襄州：治所在今湖北襄樊市襄陽區。　韋世康：人名。傳見本書卷四七，《北史》卷六四有附傳。　安州：治所在今廣西欽州市東北欽江西北岸。按，岑仲勉指出，本紀此文中襄州總管，"據四七本傳，襄州乃其前罷之官"，"非由襄州遷轉安州，本紀蓋追書其前官也"（岑仲勉：《隋書求是》，中華書局2004年版，第9、304頁）。

　　夏四月己亥，幸驪山，[1]親勞旋師。乙巳，三軍凱入，獻俘於太廟。拜晉王廣爲太尉。[2]庚戌，上御廣陽門，[3]宴將士，頒賜各有差。辛亥，大赦天下。[4]己未，以陳都官尚書孔範，[5]散騎常侍王瑳、王儀，[6]御史中丞沈瓘等，[7]邪佞於其主，以致亡滅，皆投之邊裔。辛酉，以信州總管楊素爲荆州總管，吏部侍郎宇文𢢫爲刑部尚書，[8]宗正少卿楊异爲工部尚書。[9]壬戌，詔曰：[10]

[1]驪山：在今陝西西安市臨潼區西南。

[2]太尉：官名。隋三公之一。隋初參議國家大事，置府僚，但不久就省除府及僚佐，成了榮譽性質的頭銜。正一品。

[3]廣陽門：大興宮城正南門。按，《通鑑》卷一七七《隋紀》開皇九年、《北史》卷一一《隋文帝紀》也爲廣陽門，但本書《食貨志》記“朱雀門”（大興皇城正南門）。

[4]大赦天下：岑仲勉指出《文館詞林》卷六六九載有大赦詔文。

[5]都官尚書：官名。南朝宋始置都官尚書，領有都官曹。職掌軍事、刑獄。斷理京師及畿外違法事，齊、梁、陳因之。　孔範：人名。南朝陳大臣，入隋爲隋文帝流之遠裔。傳見《南史》卷七七。

[6]王瑳：人名。南朝陳大臣，入隋爲隋文帝流之遠裔，事見《南史》卷七七。　王儀：人名。南朝陳大臣，入隋爲隋文帝流之遠裔。事見《南史·孔範傳》。

[7]御史中丞：官名。東漢時有御史中丞，爲御史臺主。蜀、吳、晉和南北朝沿置。東漢至南北朝，中丞威權日重，或專道或專席，糾察皇太子以下百官。南朝陳爲三品。　沈瓘：人名。南朝陳大臣，入隋爲隋文帝流之遠裔。事見《南史·孔範傳》。

[8]吏部侍郎：官名。隋文帝時於吏部四曹之一吏部曹置吏部侍郎一員，爲該曹長官。正六品。煬帝大業三年（607）諸曹侍郎

並改稱"郎",又始置侍郎,爲尚書省下轄六部之副長官。正四品。此後,吏部侍郎纔成爲吏部副長官,協助長官吏部尚書掌全國文職官員銓選等政令。　宇文弻(bì):人名。傳見本書卷五六、《北史》卷七五。　刑部尚書:官名。隋初沿置都官尚書,開皇三年改爲刑部尚書,是尚書省下轄六部之一刑部的長官。職掌刑法、徒隸、勾覆及關禁之政,總判刑部、都官、比部、司門四司之事。置一員,正三品。

[9]宗正少卿:官名。亦稱宗正寺少卿。爲宗正寺次官,協助長官宗正卿掌管皇室宗族屬籍,並通判本寺事。隋初正四品,煬帝降爲從四品。　楊異:人名。傳見本書卷四六,《北史》卷四一有附傳。其有墓誌出土(見王其禕、周曉薇《隋代墓誌銘彙考》二○三《楊異暨妻穆氏誌》,綫裝書局 2007 年版)。　工部尚書:官名。尚書省下轄六部之一工部的長官。掌全國百工、屯田、山澤之政令,統工部、屯田、虞部、水部四曹。隋文帝開皇二年始置。正三品。

[10]詔曰:岑仲勉云,《文館詞林》六六四載文帝安邊詔,觀其文義,亦平陳後不久所下,可補史之闕文(岑仲勉:《隋書求是》,第9頁)。

往以吳、越之野,群黎塗炭,干戈方用,積習未寧。今率土大同,含生遂性,太平之法,方可流行。凡我臣僚,澡身浴德,開通耳目,宜從兹始。喪亂已來,緬將十載,君無君德,臣失臣道,父有不慈,子有不孝,兄弟之情或薄,夫婦之義或違,長幼失序,尊卑錯亂。朕爲帝王,志存愛養,時有臻道,不敢寧息。內外職位,遐邇黎人,家家自修,人人克念,使不軌不法,蕩然俱盡。兵可立威,不可不戢,刑可助化,不可專行。禁衛九重之餘，鎮守四方之外，戎旅軍器，皆宜停罷。伐路既夷，[1]群方無事，武力之子，俱可學文，人間甲仗，悉皆除毀。有功之臣，降情文藝，家門子姪，各守一經，[2]令海內翕然，高山仰止。京邑庠序，[3]爰及州縣，生徒受業，升進於朝，未有灼然明經高第。[4]此則教訓不篤，考課未精，明勒所由，隆茲儒訓。官府從宦，丘園素士，心迹相表，寬弘爲念，勿爲跼促，乖我皇猷。

[1]伐路既夷：底本、汲古閣本、殿本、庫本皆作“伐路既夷”。但宋刻遞修本、中華本作“代路既夷”，《通鑑》卷一七七《隋紀》開皇九年四月條作“世路既夷”。考世路猶世道，指社會狀況。伐路、代路無解。疑唐人諱李世民之“世”字而改“代”，又因字形相近而訛成“伐”。總之，《通鑑》“世路既夷”確。另，夷爲太平、平靜意。

[2]經：此指儒家的經典。

[3]庠（xiáng）序：古代的地方學校。後亦泛稱學校。

[4]明經：古代選舉科目之一。明經，即通曉經學。漢代始以明經取士。魏晉以來，行九品中正之法，明經含義則指德行高遠，明於經國之道。隋爲選士科舉科目之一。

朕君臨區宇，於茲九載，開直言之路，披不諱之心，形於顏色，勞於興寢。自頃逞藝論功，昌言乃衆，推誠切諫，其事甚疏。公卿士庶，非所望也，各啓至誠，匡茲不逮。見善必進，有才必舉，無或噤默，退有後言。頒告天下，咸悉此意。

閏月甲子，以安州總管韋世康爲信州總管。丁丑，

頒木魚符於總管、刺史，[1] 雌一雄一。[2] 己卯，以吏部尚
書蘇威爲尚書右僕射。

[1] 木魚符：即木質魚形符節。符，古代國君傳達命令和徵調
兵將的憑證，用金、玉、銅、竹、木製成。上刻文字，分左右兩
半，右半在朝廷，左半在外官或兵將之手。國君有事，使節持半符
至，外官或兵將合符以驗真假。

[2] 雌一雄一：《太平御覽》卷五九八《符》，《册府元龜》卷
六〇《帝王部·立制度》，《通志》卷一八《文帝》、卷五六《職官
略·郡太守》皆爲"雌一雄一"。然《北史》卷一一《文帝》、中
華本《通典》卷三三《職官十五·郡太守》均爲"雌一雄三"。中
華本《通典》校勘記云："'三'原訛作'二'，據《北史·隋木紀
上》，北宋本（《通典》）改。按：《隋書·高祖紀下》作'一'，
恐非。"

六月乙丑，以荆州總管楊素爲納言。[1] 丁丑，[2] 以吏
部侍郎盧愷爲禮部尚書。[3]

[1] 納言：官名。門下省長官，職掌封駁制敕，並參與軍國大
政決策等，居宰相之職。置二員，正三品。

[2] 丁丑：《北史》卷一一《隋文帝紀》爲"丁卯"。

[3] 盧愷：人名。傳見本書卷五六，《北史》卷三〇有附傳。
禮部尚書：官名。尚書省下轄六部之一禮部的長官。掌禮儀、祭
祀、宴享等政令，總判禮部、祠部、主客、膳部四曹。置一員，正
三品。

時朝野物議，咸願登封。[1] 秋七月丙午，詔曰："豈

可命一將軍，除一小國，遝邐注意，便謂太平。以薄德而封名山，用虛言而干上帝，非朕攸聞。而今以後，言及封禪，宜即禁絕。"

[1]登封：登山封禪。指古帝王登泰山祭天祭地。

八月壬戌，以廣平王雄爲司空。[1]

[1]廣平王：爵名。全稱爲廣平郡王。郡王是隋九等爵的第二等。從一品。 雄：人名。即楊雄。本名惠，隋文帝楊堅之侄。傳見本書卷四三，《北史》卷六八有附傳。 司空：官名。隋三公之一。隋初參議國家大事，置府僚，但不久就省除府及僚佐，成了榮譽性質的頭銜。正一品。

冬十一月壬辰，考使定州刺史豆盧通等上表，[1]請封禪，上不許。庚子，以右衛大將軍虞慶則爲右武候大將軍，[2]右領軍將軍李安爲右領軍大將軍。[3]甲寅，降囚徒。

[1]考使：當是考課官吏的使職。考，是依據一定標準對文武百官功過、善惡的考察。使爲使職，即臨時差遣處理某項事務者爲使，事後即罷。 定州：治所在今河北定州市。 豆盧通：人名。本書卷三九、《北史》卷六八有附傳。
[2]右武候大將軍：官名。隋初置左右武候府，掌皇帝出宮巡狩時的先驅後殿、晝夜警備等軍務。右武候大將軍，是右武候府的長官。置一員，正三品。
[3]右領軍將軍李安爲右領軍大將軍：右領軍大將軍爲右領軍

府長官，右領軍將軍爲其屬下。前者爲正三品，後者爲從三品。按，本書《百官志下》、《通典》卷二八《職官十·左右領軍衛》載隋文帝朝，“左右領軍府，各掌十二軍籍帳、差科、辭訟之事。不置將軍。唯有長史、司馬”等。然據本書卷一、《通鑑》卷一七六《陳紀》至德三年三月條，可推知最遲開皇三年三月戊午左右領軍府已各置領軍大將軍。　李安：人名。傳見本書卷五〇、《北史》卷七五。

十二月甲子，詔曰：“朕祇承天命，清蕩萬方。百王衰敝之後，兆庶澆浮之日，聖人遺訓，掃地俱盡，制禮作樂，今也其時。朕情存古樂，深思雅道。鄭、衛淫聲，[1]魚龍雜戲，[2]樂府之內，[3]盡以除之。今欲更調律呂，[4]改張琴瑟。[5]且妙術精微，非因教習，工人代掌，止傳糟粕，不足達神明之德，論天地之和。區域之間，奇才異議，天知神授，何代無哉！蓋晦迹於非時，俟昌言於所好，宜可搜訪，速以奏聞，庶睹一藝之能，共就九成之業。”仍詔太常牛弘、通直散騎常侍許善心、秘書丞姚察、通直郎虞世基等議定作樂。[6]己巳，以黃州總管周法尚爲永州總管。[7]

　[1]鄭、衛淫聲：指春秋戰國時的鄭國與衛國的詩歌、音樂。古人認爲鄭、衛之俗輕靡淫逸，因稱鄭、衛兩國的詩歌、音樂爲鄭、衛淫聲。

　[2]魚龍雜戲：亦作“魚龍百戲”，或省作“魚龍戲”。古代百戲雜耍節目。

　[3]樂府：初指古代主管音樂的樂府官署所采製的詩歌，後將魏晉至唐可以入樂的詩歌，以及仿樂府古題的作品統稱樂府。

[4]律吕：古代校正樂律的器具。用竹管或金屬管製成，共十二管，管徑相等，以管的長短來確定音的不同高度。從低音管算起，成奇數的六個管叫做律，成偶數的六個管叫做吕，合稱律吕。後亦用以指樂律或音律。

[5]琴瑟：指琴瑟之聲，古人以之爲雅樂正聲。

[6]太常牛弘：《北史》卷一一《隋文帝紀》爲“太常卿牛弘”。又據本書卷四九《牛弘傳》，知太常牛弘乃太常卿牛弘之脱文。太常卿，官名。爲太常寺長官。掌宗廟郊社禮樂等，總判所屬各署事。正三品。牛弘，人名。傳見本書卷四九、《北史》卷七二。　秘書丞：官名。爲職掌國家圖書館兼檔案館之秘書省屬官，掌秘書省日常事務。正五品。　　姚察：人名。南朝陳時官至吏部尚書，入隋歷官秘書丞、太子内舍人，博學多聞，於當時禮樂制度多有議定。傳見《陳書》卷二七、《南史》卷六九。　　通直郎：《北史·隋文帝紀》、《通鑑》卷一七七《隋紀》開皇九年十二月條同。但《通鑑》該條胡三省指出：“按煬帝始置通直郎，從六品，屬謁者臺。《虞世基傳》云，以通直郎直内史省，其通直散騎侍郎歟？”煬帝所置謁者臺屬官通直郎，職掌出使。通直散騎侍郎，隋初屬門下省，掌部從朝直。從五品。煬帝大業三年罷。　　虞世基：人名。傳見本書卷六七、《北史》卷八三。

[7]黄州：治所在今湖北武漢市新洲區。　　周法尚：人名。傳見本書卷六五、《北史》卷七六。　　永州：治所在今湖南永州市。按，岑仲勉指出：“據六五本傳，法尚係自黄州先轉鄂州刺史，乃改永州。”（岑仲勉：《隋書求是》，第10頁）

十年春正月乙未，以皇孫昭爲河南王，[1]楷爲華陽王。[2]

[1]昭：人名。即隋煬帝長子楊昭。傳見本書卷五九、《北史》

卷七一。　河南王：全稱爲河南郡王。

[2]楷：人名。即楊楷。　華陽王：全稱爲華陽郡王。

二月庚申，幸并州。[1]

[1]并州：治所在今山西太原市西南古城營。

夏四月辛酉，至自并州。

五月乙未，詔曰："魏末喪亂，[1]宇縣瓜分，役車歲動，[2]未遑休息。兵士軍人，權置坊府，[3]南征北伐，居處無定。家無完堵，地罕包桑，[4]恒爲流寓之人，竟無鄉里之號。朕甚愍之。凡是軍人，可悉屬州縣，墾田籍帳，[5]一與民同。[6]軍府統領，[7]宜依舊式。[8]罷山東河南及北方緣邊之地新置軍府。"[9]

[1]魏：即後魏，又稱北魏（386—557）。初都平城（今山西大同市東北），公元494年遷都洛陽（今河南洛陽市東北白馬寺東）。公元534年分裂爲東魏和西魏兩個政權。東魏（534—550）都於鄴（今河北臨漳縣西南鄴鎮東），西魏（535—557）都於長安（今陝西西安市西北郊）。

[2]役車：供役之車。

[3]坊府：兵制。北魏末年，六軍宿衞禁旅分爲六坊，稱"六坊"。北齊因之，亦稱"六府"，或合稱"坊府"。

[4]包桑：叢生的桑根，指久居民户。《通鑑》卷一七七《隋紀》開皇十年五月條胡三省注："包桑多根，植桑至於根多，民安其居之驗。"

[5]籍帳：登記户口、田地、賦税等的簿册。

[6]一與民同：《北史》卷一一《隋文帝紀》載爲"一同編戶"。

[7]軍府：地方長官帶將軍號統兵、開府置屬官之謂。魏晉以來，由於戰事頻繁，各地設有軍府，總理軍務。初，軍府與州郡並立，實行軍、民分治。東晉、南北朝時，軍府逐漸取代州郡成爲地方政權。此軍府，具體指隋之驃騎府。西魏、北周實行府兵制，全國置二十四軍，各置開府府。隋初改爲驃騎府，爲府兵一級統領機構，分設各地，統領府兵。

[8]式：古代法律形式之一。東漢創制朝議，廣陳刑政，朝廷多遵用之，以爲故事。但這是一種成例，屬習慣法。魏晉時將前代事例編纂成文，作爲百官有司行事準則，具有行政法規性質。南朝稱"簿狀"，北朝稱爲"式"。

[9]山東：地區名。戰國、秦、漢時代，通稱華山或崤山以東爲山東。　河南：地區名。指黃河以南。

六月辛酉，制人年五十，免役收庸。[1]癸亥，以靈州總管王世積爲荆州總管，[2]浙州刺史元冑爲靈州總管。[3]

[1]役：力役，役作之事。　庸：用實物折力役之法。隋、唐時賦役法規定，成丁者每年服役二十日，若不服役則每日須納絹數尺，謂之"庸"。

[2]靈州：治所在今寧夏靈武市西南。按，岑仲勉指出，"據四〇本傳，'靈'似'蘄'之訛"（岑仲勉：《隋書求是》，第10、313頁）。蘄州，治所在今湖北蘄春縣北。

[3]元冑：人名。傳見本書卷四〇、《北史》卷七三。

秋七月癸卯，以納言楊素爲内史令。[1]庚戌，上親

録囚徒。辛亥，高麗遼東郡公高陽卒。[2]壬子，吐谷渾
遣使來朝。[3]

[1]内史令：官名。内史省長官，掌皇帝詔令出納宣行，居宰
相之職。正三品。

[2]高麗：古國名。此時亦稱高句麗。故地在今朝鮮半島北部。
傳見本書卷八一、《北史》卷九四、《舊唐書》卷一九九、《新唐
書》卷二二〇。　高陽：人名。按，諸本和《北史》卷一一《隋
文帝紀》皆同。但《北史》卷一一中華本校勘記指出："按本書卷
九四、《隋書》卷八一、《周書》卷四九《高麗傳》都作'高湯'，
作'陽'疑誤。"

[3]吐谷（yù）渾：古族名。本遼東鮮卑之種，姓慕容氏。其
先居於徒河之青山（今遼寧義縣境内），西晉時其一部長吐谷渾率
部衆西遷，附陰山而居。永嘉末又西行，建國於群羌之故城（今青
海北部和新疆東南部）。逐水草而居，風俗頗同突厥。傳見本書卷
八三、《北史》卷九六、《舊唐書》卷一九八、《新唐書》卷二
二一。

八月壬申，遣柱國、襄陽郡公韋洸，[1]上開府、東
萊郡公王景，[2]並持節巡撫嶺南，[3]百越皆服。[4]

[1]柱國：官名。隋文帝因改後周之制形成十一等散實官，以
酬勤勞。柱國是第二等，開府置府佐。正二品。　韋洸：人名。本
書卷四七、《北史》卷六四有附傳。

[2]上開府：官名。全稱爲上開府儀同三司。位散實官第五等。
從三品。　王景：人名。按，岑仲勉考證：此上開府、東萊郡公王
景和同書開皇十八年十二月條所載任城郡公王景，二者應爲兩人
（岑仲勉：《隋書求是》，第210頁）。

[3]嶺南：地區名。一作嶺外、嶺表。泛指五嶺以南地區，相當於今廣東、廣西兩省及越南北部一帶。

[4]百越：中國古代南方越人的總稱。分布在今浙、閩、粵、桂等地，因部落衆多，故總稱百越。按，岑仲勉於此月補李德林所撰的"爲太祖武元皇帝行幸四處立寺建碑詔"（岑仲勉：《隋書求是》，第10—11頁）。

冬十月甲子，頒木魚符於京師官五品已上。戊辰，以永州總管周法尚爲桂州總管。[1]

[1]永州：岑仲勉指出："此爲零陵之永州（治所在今湖南永州市），非九年廢入純州之永州（治所在今河南信陽市北長臺關西）。"（岑仲勉：《隋書求是》，第11、146頁） 桂州：治所在今廣西桂林市。按，岑仲勉於此月補李德林所撰的"解免石孝義、常明、馬仲任等官爵敕"（岑仲勉：《隋書求是》，第11頁）。

十一月辛卯，幸國學，[1]頒賜各有差。丙午，契丹遣使朝貢。[2]辛丑，[3]有事於南郊。[4]是月，婺州人汪文進、會稽人高智慧、蘇州人沈玄憺皆舉兵反，[5]自稱天子，署置百官。樂安蔡道人、蔣山李稜、饒州吳代華、永嘉沈孝澈、泉州王國慶、餘杭楊寶英、交趾李春等皆自稱大都督，[6]攻陷州縣。詔上柱國、内史令、越國公楊素討平之。[7]

[1]國學：泛指京師官學。隋有國子學、太學、四門學等。

[2]契丹：古部族名。語意爲鑌鐵或刀劍之意。其族源出於東胡，爲鮮卑之一支。北朝時游牧於西拉木倫河、老哈河一帶。北朝

末年逐漸强盛，分爲十部。傳見本書卷八四、《北史》卷九四。

朝貢：古時謂藩屬國或外國使臣入朝，貢獻本地産物。

〔3〕辛丑：中華本校勘記云：“此月乙酉朔，辛丑（十七日）應在丙午（二十二日）前。紀文當有訛誤或顛倒。”

〔4〕有事於南郊：《通鑑》卷一七七《隋紀》開皇十年十一月條胡三省注：“隋南郊爲壇於國之南，太陽門外道西一里，去宮十里。壇高七尺，廣四丈。孟春上辛，祠所感帝赤熛怒於其上，以太祖武元皇帝配。”

〔5〕婺州：治所在今浙江金華市。　汪文進：人名。隋時婺州人，開皇十年聚衆叛亂，占據東陽，自稱天子，署置百官，楊素率軍討平之。事見本書卷四八《楊素傳》、卷六四《來護兒傳》。會稽：縣名。治所在今浙江紹興市。　高智慧：人名。越州會稽人，開皇十年十一月舉兵反，後被鎮壓遭誅。事略見本書卷三《煬帝紀上》、卷六四《劉昉傳》、《通鑑》卷一七七《隋紀》開皇十年十一月條。　蘇州：治所在今江蘇蘇州市。　沈玄憎（wèi）：人名。隋時蘇州吳縣人，開皇十年聚衆叛亂，以兵圍攻蘇州，楊素率軍擊破之。事見本書《楊素傳》、卷六四《魚俱羅傳》。

〔6〕樂安：據《通鑑》卷一七七《隋紀》開皇十年十一月條胡三省注：此樂安“蓋台州之樂安”。若此，樂安乃縣名，治所在今浙江仙居縣。　蔡道人：人名。隋時臨海縣人，開皇十年聚衆叛亂，後歸附汪文進，楊素率軍討平之。事亦見《北史》卷一一《隋文帝紀》及卷四一《楊素傳》。　蔣山：即今江蘇南京市中山門外鍾山。　李稜：人名。隋時江南蔣山人，開皇十年聚衆叛亂，楊素率軍討平之。事亦見本書卷六四《麥鐵杖傳》及《北史》卷四一《楊素傳》、卷七八《麥鐵杖傳》。按，宋刻遞修本、汲古閣本、殿本、庫本、中華本同底本。《通鑑》作“李棱”。　饒州：治所在今江西鄱陽縣。　吳代華：人名。隋時人，其他事迹不詳。按，諸本皆同。《北史》卷一一《隋文帝紀》、《通鑑》卷一七七《隋紀》開皇十年十一月條均爲“吳世華”。似唐人諱李世民之

"世"字而改爲"代"。 永嘉：縣名。治所在今浙江温州市。
沈孝澈：人名。隋時人，其他事迹不詳。按，"澈"，中華本同底
本。但宋刻遞修本、汲古閣本、殿本、庫本皆爲"徹"；《北史·
隋文帝紀》、《通鑑》卷一七七《隋紀》開皇十年十一月條也均如
此。 泉州：治所在今福建福州市。 王國慶：人名。隋泉州人，
南安豪族。事見本書《楊素傳》。 餘杭：據《通鑑》卷一七七
《隋紀》開皇十年十一月條胡三省注："餘杭郡，平陳置杭州。"杭
州治所初在今浙江杭州市餘杭區西南餘杭鎮，後移至今杭州市。
楊寶英：人名。隋餘杭人，其他事迹不詳。 交趾：據《通鑑》卷
一七七《隋紀》開皇十年十一月條胡三省注："交趾郡，舊曰交
州。"東漢治所在今越南河北省仙游縣東。隋初廢，大業初復置，
治所移至今越南河内市。 李春：人名。隋交趾人，其他事迹不
詳。 大都督：此大都督是借前朝官用作反隋各支力量的領袖名，
難明其具體職掌。

[7]國公：爵名。隋九等爵的第三等。從一品。

十一年春正月丁酉，以平陳所得古器多爲妖變，[1]
悉命毁之。辛丑，高麗遣使朝貢。丙午，皇太子妃元氏
薨，[2]上舉哀於文思殿。

[1]妖變：指反常、怪異的現象或事物。
[2]元氏：事見本書卷四五《房陵王勇傳》、卷五〇《元孝矩
傳》。

二月戊午，吐谷渾遣使貢方物。以大將軍蘇孝慈爲
工部尚書。[1]丙子，以臨潁令劉曠治術尤異，[2]擢爲莒州
刺史。[3]己卯，突厥遣使獻七寶碗。[4]辛巳晦，日有
蝕之。

　　[1]大將軍：官名。隋文帝因改北周十一等勳官之制形成十一等散實官，用以酬勤勞，無實際職掌。大將軍爲十一等散實官的第四等，司開府置僚佐。正三品。　蘇孝慈：人名。傳見本書卷四六、《北史》卷七五。有墓誌出土（見王其禕、周曉薇《隋代墓誌銘彙考》二一八《蘇孝慈墓誌》）。按，岑仲勉指出："按孝慈碑云：'十二年，授工部尚書，其年授大將軍。'與紀後先差一年。"（岑仲勉：《隋書求是》，第 12 頁）

　　[2]臨穎："穎"，殿本、庫本、中華本均爲"穎"；《北史》卷一一《隋文帝紀》、《通鑑》卷一七七《隋紀》開皇十一年二月條亦爲"穎"。似"穎"爲"潁"形近而訛。臨潁，縣名。治所在今河南臨潁縣西北。　劉曠：人名。事略見《通鑑》卷一七七《隋紀》開皇十一年二月條。

　　[3]莒州：治所在今山東沂水縣。

　　[4]突厥：古族名、國名。廣義包括突厥、鐵勒諸部落，狹義專指突厥。公元六世紀時游牧於金山（今阿爾泰山）以南，因金山形似兜鍪，俗稱"突厥"，遂以名部落。西魏廢帝元年（552），土門自號伊利可汗，建立突厥汗國，後分裂爲西突厥、東突厥兩個汗國。傳見本書卷八四、《北史》卷九九、《舊唐書》卷一九四、《新唐書》卷二一五。

　　三月壬午，遣通事舍人若干洽使于吐谷渾。[1]癸未，以幽州總管周搖爲壽州總管，[2]朔州總管吐萬緒爲夏州總管。[3]

　　[1]通事舍人：官名。隋初置爲内史省屬官，職掌承旨傳宣之事。從六品。煬帝大業三年改名通事謁者，隸謁者臺。從六品。若干洽：人名。隋時人，其他事迹不詳。

　　［2］幽州：治所在今天津市薊縣。　　周搖：人名。傳見本書卷
五五、《北史》卷七三。　　壽州：治所在今安徽壽縣。

　　［3］朔州：治所在今山西朔州市。　　吐萬緒：人名。傳見本書
卷六五、《北史》卷七八。　　夏州：治所在今陝西靖邊縣東北白城
子。按，岑仲勉云："朔應作徐，夏州字亦有疑問。"（岑仲勉：《隋
書求是》，第12頁）

　　夏四月戊午，突厥雍虞閭可汗遣其特勤來朝。[1]

　　［1］雍虞閭：人名。事見本書卷八四、《北史》卷九九《突厥
傳》。　　可汗：又作"可寒"。古代鮮卑、柔然、突厥、回紇、蒙古
等民族中最高統治者的稱號。　　特勤：諸本皆爲特勒。據《闕特勤
碑》當爲"特勤"。參錢大昕《十駕齋養新録》卷六《特勤當從石
刻》。特勤是突厥、回紇官名，以可汗子弟及宗室充任。

　　五月甲子，[1]高麗遣使貢方物。癸卯，詔百官悉詣
朝堂上封事。[2]乙巳，以右衛將軍元旻爲左衛大將軍。[3]

　　［1］五月甲子：中華本校勘記云："此月壬午朔，無甲子。日干
有誤。"

　　［2］封事：密封的奏章。古時臣下上書奏事，防有泄漏，用皂
囊封緘，故稱。

　　［3］右衛將軍：官名。隋文帝設左、右衛，掌宮掖禁禦，督攝
仗衛。右衛將軍爲右衛屬官。從三品。　　元旻（mín）：人名。事
見本書卷四五《房陵王勇傳》、《通鑑》卷一七九《隋紀》開皇二
十年。　　左衛大將軍：官名。隋文帝設左右衛，各置大將軍一人，
掌宮掖禁禦，督攝仗衛。左衛大將軍爲左衛長官。正三品。

秋七月己丑，以柱國杜彦爲洪州總管。[1]

[1]杜彦：人名。傳見本書卷五五、《北史》卷七三。　洪州：治所在今江西南昌市。

八月壬申，幸栗園。滕王瓚薨。[1]乙亥，至自栗園。上柱國、沛國公鄭譯卒。[2]

[1]瓚（zàn）：人名。又名楊慧。傳見本書卷四四、《北史》卷七一。

[2]鄭譯：人名。傳見本書卷三八，《周書》卷三五、《北史》卷三五有附傳。

十二月丙辰，靺鞨遣使貢方物。[1]

[1]靺鞨：古族名。西漢以前稱肅慎，東漢稱挹婁，南北朝以來稱勿吉，隋唐稱靺鞨。所處東至日本海，西接突厥，南界高麗，北臨室韋。大體以今吉林松花江流域爲中心，分布在東至俄羅斯濱海邊疆區，北至黑龍江、烏蘇里江的廣大地區。分數十部，互不統一，社會發展不平衡。傳見本書卷八一、《北史》卷九四、《舊唐書》卷一九九、《新唐書》卷二一九。

十二年春正月壬子，以蘇州刺史皇甫績爲信州總管，[1]宣州刺史席代雅爲廣州總管。[2]

[1]皇甫績：人名。傳見本書卷三八、《北史》卷七四。按，岑仲勉云：“績殆授官未行。”（岑仲勉：《隋書求是》，第12頁）

　　[2]宣州：治所在今安徽宣城市。　　席代雅：人名。按，岑仲勉云："代雅即世雅（《周書》四四），亦單作雅（《北史》六六）。"（岑仲勉：《隋書求是》，第12頁）這是《隋書》避李世民之諱而改"世"爲"代"。　　廣州：治所原在今廣東廣州市，開皇十二年移至今廣東韶關市，開皇末又移回今廣州市。

　　二月己巳，[1]以蜀王秀爲内史令，[2]兼右領軍大將軍，漢王諒爲雍州牧、右衛大將軍。[3]

　　[1]中華書局新修訂本校勘記云："是月丁丑朔，無己巳。疑繫日有誤。"
　　[2]秀：人名。即楊秀。傳見本書卷四五、《北史》卷七一。
　　[3]諒：人名。即楊諒。傳見本書卷四五、《北史》卷七一。雍州：都城長安所在地。治所在今陝西西安市西北郊。　　牧：官名。所在州的長官。從二品。

　　夏四月辛卯，以壽州總管周搖爲襄州總管。
　　五月辛亥，廣州總管席代雅卒。
　　秋七月乙巳，尚書右僕射、邳國公蘇威，禮部尚書、容城縣侯盧愷，[1]並坐事除名。壬戌，幸昆明池，[2]其日還宮。己巳，有事於太廟。壬申晦，日有蝕之。

　　[1]容城縣侯：爵名。隋九等爵的第六等。正二品。
　　[2]昆明池：漢武帝元狩三年（前120）於長安西南郊所鑿，以習水戰。池周圍四十里，廣三百三十二頃。

　　八月甲戌，制天下死罪，諸州不得便決，皆令大理覆治。[1]乙亥，幸龍首池。[2]癸巳，制宿衛者不得輒離所守。丁酉，上柱國、夏州總管、楚國公豆盧勣卒。[3]戊戌，上親録囚徒。

[1]大理：官署名。全稱爲大理寺。北齊始置，爲國家最高審判機構。掌決正刑獄，定刑名，並審覈諸州刑獄。

[2]龍首池：湖名。在今陝西西安市城東北。

[3]豆盧勣卒：岑仲勉云："勣卒之年分，與三九本傳不符。"（岑仲勉：《隋書求是》，第13頁）認爲傳中有舛誤。按，傳云勣卒於開皇十年。豆盧勣，人名。傳見本書卷三九，《北史》卷六八有附傳。

九月丁未，以工部尚書楊异爲吳州總管。

冬十月丁丑，以遂安王集爲衛王。[1]壬午，有事于太廟。至太祖神主前，[2]上流涕嗚咽，悲不自勝。

[1]遂安王：爵名。全稱爲遂安郡王。　集：人名。即楊集。傳見本書卷四四，《北史》卷七一有附傳。

[2]太祖：此是隋文帝楊堅父楊忠的廟號。帝王死後，在太廟立室奉祀，並追尊某祖某宗的名號，稱廟號。楊忠傳見《周書》卷一九，另參見《北史》卷一一《隋文帝紀》。

十一月辛亥，有事於南郊。壬子，宴百寮，頒賜各有差。己未，上柱國、新義郡公韓擒虎卒。庚申，以豫州刺史權武爲潭州總管。[1]甲子，百寮大射於武德殿。[2]

[1]豫州：治所在今河南汝南縣。　權武：人名。傳見本書卷

六五、《北史》卷七八。　潭州：治所在今湖南長沙市。

　　[2]大射：爲祭祀擇士而舉行的射禮。　武德殿：宮殿名。是長安大興宮城内諸殿之一。位於大興宮東側，與東宮相鄰。在今陝西西安市城區北部。

　　十二月癸酉，突厥遣使來朝。乙酉，以上柱國、内史令楊素爲尚書右僕射。己酉，吐谷渾、靺鞨並遣使貢方物。

　　十三年春正月乙巳，上柱國、郇國公韓達業卒。[1]丙午，契丹、奚、霫、室韋並遣使貢方物。[2]壬子，親祀感帝。[3]己未，以信州總管韋世康爲吏部尚書。壬戌，行幸岐州。[4]

　　[1]韓達業：宋刻遞修本、汲古閣本、殿本同底本。但庫本爲韓逮業，《北史》卷一一一《隋文帝紀》爲韓建業。岑仲勉考證後指出："達"爲"建"之訛（岑仲勉：《隋書求是》，第13頁）。本書中華本校勘記也指出此點。另，"逮"亦屬因字形相近而訛。韓建業，人名。傳見《北史》卷五三。

　　[2]奚：古部族名。南北朝時稱庫莫奚，隋時簡稱奚。源於東胡。東臨契丹，西接突厥，南至白狼河（今遼寧大凌河），北臨霫，活動於饒樂水（今内蒙古西拉木倫河）流域。逐水草畜牧生活。傳見本書卷八四、《北史》卷九四、《舊唐書》卷一九九下、《新唐書》卷二一九。　霫（xí）：古部族名。隋時居潢水（今西拉木倫河）以北，烏羅渾南，相當於今大興安嶺中段山區。以射獵爲生，風俗與契丹略同。傳見《舊唐書》卷一九九下。　室韋：古部族名。或作失韋。與契丹同類，屬東胡族系統。隋時分爲五部，互不統屬，主要分布於今嫩江流域及黑龍江沿岸地區。北部多以狩獵爲生，南部開始農耕生活。傳見本書卷八四、《北史》卷九四、《舊

唐書》卷一九九下、《新唐書》卷二一九。

[3]感帝：亦作"感生帝""感生"。古代認爲王者之先祖皆感太微五帝之精以生。因稱其祖所感生之帝爲感生帝。

[4]岐州：治所在今陝西鳳翔縣。按，宋刻遞修本、汲古閣本、殿本同底本作"歧州"。但庫本、中華本爲"岐州"。檢《北史·隋文帝紀》、《通鑑》卷一七八《隋紀》開皇十三年正月條皆爲岐州。考隋有岐州而無歧州，"歧"是因字形相近而訛。又，後凡屬此徑改，不再出注。

二月丙子，詔營仁壽宮。[1]丁亥，[2]至自岐州。戊子，宴考使於嘉則殿。[3]己卯，立皇孫暕爲豫章王。[4]戊子，晉州刺史、南陽郡公賈悉達，[5]隰州總管、撫寧郡公韓延等，[6]以賄伏誅。己丑，制坐事去官者，配流一年。[7]丁酉，制私家不得隱藏緯候圖讖。[8]

[1]仁壽宮：宮殿名。在今陝西麟游縣西天臺山上，冠山構殿，絕壑爲池。因其涼爽宜人，故爲消夏離宮。

[2]丁亥：《北史》卷一一《隋文帝紀》、《通鑑》卷一七八《隋紀》開皇十三年二月條皆爲"丁亥"日。但中華本校勘記云："此月辛未朔，丁亥（十七日）、戊子（十八日）不應在己卯（九日）前，紀文當有訛誤或顛倒。"岑仲勉認爲，丁亥、戊子"殆丁丑、戊寅之訛"（岑仲勉：《隋書求是》，第13頁）。

[3]戊子，宴考使於嘉則殿：此條記事中"戊子"日可疑處除前注[2]指出的外，另，記二月戊子日事，此處記一條，己卯日後又記戊子日事，有違《本紀》記事章法。再者，檢《北史·隋文帝紀》、《通鑑》卷一七八《隋紀》開皇十三年二月皆未載此。嘉則殿，宮殿名。位於大興宮，爲隋代藏書之所。

[4]暕（jiǎn）：人名。即楊暕。傳見本書卷五九、《北史》卷

七一。　豫章王：爵名。全稱爲豫章郡王。

　　[5]晋州：治所在今山西臨汾市。　賈悉達：人名。隋時人，其他事迹不詳。

　　[6]隰（xí）州：治所在今山西隰縣。　韓延：人名。事略見本書卷三九《元景山傳》。

　　[7]配流：刑罰名。隋律五刑之二。即流放遠處並服勞役的刑罰。輕重分三等。按，《北史·隋文帝紀》作“配防”。考本書《刑法志》與《通典》卷一六四《刑制中》：開皇十三年“改徒及流並爲配防”。故此“配防”當更準確。

　　[8]緯候：緯書與《尚書中候》的合稱。亦爲緯書的通稱。圖讖：古代方士或儒生編造的關於帝王受命徵驗一類的書，多爲隱語、預言。

　　夏四月癸未，制戰亡之家，給復一年。

　　五月癸亥，詔人間有撰集國史、臧否人物者，皆令禁絕。

　　秋七月戊申，靺鞨遣使貢方物。壬子，左衛大將軍、雲州總管、鉅鹿郡公賀婁子幹卒。[1]丁巳，幸昆明池。戊辰晦，日有蝕之。

　　[1]雲州：治所在今内蒙古和林格爾縣西北土城子。　賀婁子幹：人名。傳見本書卷五三、《北史》卷七三。

　　九月丙辰，降囚徒。庚申，以邵國公楊綸爲滕王。[1]乙丑，以柱國杜彦爲雲州總管。

　　[1]楊綸：人名。隋文帝楊堅同母弟滕穆王楊瓚之子。本書卷

四四、《北史》卷七一有附傳。

冬十月乙卯,[1]上柱國、華陽郡公梁彦先卒。[2]

[1]冬十月乙卯:中華本校勘記云:"此月戊辰朔,無乙卯。日干有誤。"岑仲勉認爲"乙卯"是"己卯"之訛(岑仲勉:《隋書求是》,第13頁)。檢《北史》卷一一一《隋文帝紀》載此事時間爲冬十一月乙卯。本月丁酉朔,乙卯爲十九日。或本書冬十月乙卯乃冬十一月乙卯之訛。

[2]梁彦先:諸本皆同。岑仲勉指出"彦先應正作彦光",並考(岑仲勉:《隋書求是》,第13、203頁)。中華本校勘記也指出此點。梁彦光,人名。傳見本書卷七三、《北史》卷八六。生平亦可見《梁彦光墓誌》(劉文:《陝西新見隋朝墓誌》一四,三秦出版社2018年版)。

十四年夏四月乙丑,詔曰:"在昔聖人,作樂崇德,移風易俗,於斯爲大。自晉氏播遷,兵戈不息,雅樂流散,[1]年代已多,四方未一,無由辨正。賴上天鑒臨,明神降福,拯兹塗炭,安息蒼生,天下大同,歸於治理,遺文舊物,皆爲國有。比命所司,總令研究,正樂雅聲,[2]詳考已訖,宜即施用,見行者停。人間音樂,流僻日久,棄其舊體,競造繁聲,浮宕不歸,遂以成俗。宜加禁約,務存其本。"

[1]雅樂:古代帝王祭祀天地、祖先及朝賀、宴饗時所用的舞樂。周代用爲宗廟之樂的六舞,儒家認爲其音樂中正和平,歌詞典雅純正,奉之爲雅樂的典範。歷代帝王都循例製作雅樂,以歌頌本

朝功德。

　　[2]正樂雅聲：正樂、雅聲，皆指雅正的音樂，亦即雅樂。

　　五月辛酉，京師地震。關內諸州旱。[1]

　　[1]關內：地區名。秦至唐時稱函谷關或潼關以西、隴坂以東、終南山以北爲關內。

　　六月丁卯，詔省府州縣，皆給公廨田，[1]不得治生，與人争利。

　　[1]公廨田：國家分給各級官府的官田，借民佃種，收租以供官府公用。

　　秋七月乙未，以邳國公蘇威爲納言。
　　八月辛未，關中大旱，[1]人飢。上率户口就食於洛陽。[2]

　　[1]關中：地區名。此與前“關内”意同。
　　[2]洛陽：城名。在今河南洛陽市。

　　九月己未，[1]以齊州刺史樊子蓋爲循州總管。[2]丁巳，以基州刺史崔仲方爲會州總管。[3]

　　[1]九月己未：中華本校勘記云：“此月壬辰朔，己未（二十八日）應在丁巳（二十六日）後，紀文當有訛誤或顛倒。”岑仲勉認爲“己未”是“乙未”之訛（岑仲勉：《隋書求是》，第13頁）。

〔2〕齊州：治所在今山東濟南市。　樊子蓋：人名。傳見本書卷六三、《北史》卷七六。　循州：治所在今廣東惠州市惠陽區東北。

〔3〕基州：治所在今湖北鍾祥市南。　會州：治所在今四川茂縣西北。

冬閏十月甲寅，詔曰：“齊、梁、陳往皆創業一方，[1]綿歷年代。既宗祀廢絕，[2]祭奠無主，興言矜念，良以愴然。莒國公蕭琮及高仁英、陳叔寶等，[3]宜令以時修其祭祀。所須器物，有司給之。”乙卯，制外官九品已上，[4]父母及子年十五已上，不得將之官。

〔1〕齊：即南朝齊（479—502），都建康（今江蘇南京市）。梁：即南朝梁（502—557），都建康（今江蘇南京市）。

〔2〕宗祀：對祖宗的祭祀。

〔3〕蕭琮（cóng）：人名。後梁末帝。本書卷七九、《周書》卷四八、《北史》卷九三有附傳。　高仁英：人名。北齊後主。傳見《北齊書》卷一二、《北史》卷五二。

〔4〕外官：此指地方官。與京官相對。

十一月壬戌，制州縣佐吏，[1]三年一代，不得重任。癸未，有星孛于角亢。[2]

〔1〕佐吏：指古代地方長官的僚屬。

〔2〕有星孛于角亢：據本書《天文志》載，此天象是虞慶則伏法、高潁除名的徵兆。角亢，角宿與亢宿的並稱。即二十八宿中東方蒼龍七宿中的第一、第二宿，舊傳均爲壽星。按，《北史》卷一

一《隋文帝紀》同。但本書《天文志下》載"有彗星孛于虛危及
奎婁",即有"角亢"與"虛危"之異。

十二月乙未,東巡狩。

十五年春正月壬戌,車駕次齊州,親問疾苦。丙
寅,旅王符山。[1]庚午,上以歲旱,祠太山,[2]以謝愆
咎。大赦天下。[3]

[1]王符山:據《魏書‧地形志中》載:泰山郡所屬奉高縣境
有王符山,當在今山東境内。

[2]太山:即今山東泰山。

[3]大赦天下:岑仲勉指出:"《文館詞林》六六六目録載文帝拜
東岳大赦詔一首,但其文已逸。"(岑仲勉:《隋書求是》,第14頁)

二月丙辰,收天下兵器,敢有私造者,坐之。關
中、緣邊,不在其例。丁巳,上柱國、蔣國公梁
睿卒。[1]

[1]梁睿:人名。傳見本書卷三七,《北史》卷五九有附傳。

三月己未,至自東巡狩。[1]望祭五岳海瀆。[2]丁亥,
幸仁壽宫。營州總管韋藝卒。[3]

[1]巡狩:亦作巡守。天子出行,視察邦國州郡。

[2]望祭:遥望而祭。也特稱祭山川。 五岳:中國五大名山
的總稱。 海瀆:泛稱江海。

[3]營州:治所在今遼寧朝陽市。 韋藝:人名。本書卷四七、

《北史》卷六四有附傳。

夏四月己丑朔，大赦天下。甲辰，以趙州刺史楊達爲工部尚書。[1] 丁未，以開府儀同三司韋冲爲營州總管。[2]

[1] 趙州：治所在今河北隆堯縣東。　楊達：人名。本書卷四三、《北史》卷六八有附傳。

[2] 開府儀同三司：官名。隋文帝因改後周之制形成十一等散實官，以酬勤勞。開府是第六等，開府置府佐。正四品。　韋冲：人名。本書卷四七、《北史》卷六四有附傳。

五月癸酉，吐谷渾遣使朝貢。丁亥，制京官五品已上，佩銅魚符。[1]

[1] 銅魚符：即銅質魚形符節。古代官員用以證明身份和徵調兵將的憑證。

六月戊子，詔鑿底柱。[1] 庚寅，相州刺史豆盧通貢綾文布，[2] 命焚之於朝堂。乙未，林邑遣使來貢方物。[3] 辛丑，詔名山大川未在祀典者，悉祠之。

[1] 底柱：山名。即底柱山、砥柱山，又名三門山。在今河南三門峽市東北黃河中。

[2] 相州：治所在今河南安陽市。　綾文布：即今花隄布，隋文帝視爲奢侈之物。

[3] 林邑：古國名。故地在今越南中部。傳見本書卷八二、

《北史》卷九五。

秋七月乙丑，晋王廣獻毛龜。[1]甲戌，遣邳國公蘇威巡省江南。[2]戊寅，至自仁壽宫。辛巳，制九品已上官，以理去職者，聽並執笏。[3]

[1]晋王廣：底本作"晋王諱"，殿本和中華本皆作"晋王廣"，汲古閣本作"□"，注云"廣，宋本諱"。岑仲勉指出：本書某些行文著"諱"字以避諱楊廣名，"殆抄録舊文而未盡削者歟"（岑仲勉：《隋書求是》，第14頁）。此後，凡再同此者徑改，不再出注。　毛龜：南朝梁任昉《述異記》卷上："龜，千年生毛。龜，壽五千年，謂之神龜，萬年曰靈龜。"後因以毛龜爲長壽的象徵。

[2]江南：此"江"指長江。

[3]笏：古代臣朝見君時所執的狹長板子。用玉、象牙、竹木製成。也叫手板。後世唯品官執之。

冬十月戊子，以吏部尚書韋世康爲荆州總管。

十一月辛酉，幸温湯。[1]乙丑，至自温湯。

[1]温湯：即今陝西西安市臨潼區東南驪山北麓華清池。

十二月戊子，敕盜邊糧一升已上皆斬，並籍没其家。[1]己丑，詔文武官以四考交代。[2]

[1]籍没：没收財物入官。

[2]考：古代每年依據一定標準對文武百官功過、善惡的考察，以作爲獎懲的根據。

　　十六年春正月丁亥，[1]以皇孫裕爲平原王，[2]筠爲安成王，[3]嶷爲安平王，[4]恪爲襄城王，[5]該爲高陽王，[6]韶爲建安王，[7]煚爲潁川王。[8]

　　[1]正月丁亥：《通鑑》卷一七八《隋紀》開皇十六年條同。中華本校勘記云："此月甲寅朔，無丁亥。按：《北史·隋本紀》上作'二月丁亥'。二月甲申朔，丁亥爲四日，日序合。"

　　[2]裕：人名。即楊裕。事見本書卷四五、《北史》卷七一《房陵王勇傳》。　平原王：爵名。全稱爲平原郡王。

　　[3]筠：人名。即楊筠。事見本書及《北史》之《房陵王勇傳》。　安成王：爵名。全稱爲安成郡王。

　　[4]嶷：人名。即楊嶷。事見本書及《北史》之《房陵王勇傳》。　安平王：爵名。全稱爲安平郡王。

　　[5]恪：人名。即楊恪。事見本書及《北史》之《房陵王勇傳》。　襄城王：爵名。全稱爲襄城郡王。

　　[6]該：人名。即楊該。事見本書及《北史》之《房陵王勇傳》。　高陽王：爵名。全稱爲高陽郡王。

　　[7]韶：人名。即楊韶。事見本書及《北史》之《房陵王勇傳》。　建安王：爵名。全稱爲建安郡王。

　　[8]煚（jiǒng）：人名。即楊煚。事見本書及《北史》之《房陵王勇傳》。　潁川王：爵名。全稱爲潁川郡王。

　　夏五月丁巳，以懷州刺史龐晃爲夏州總管，[1]蔡陽縣公姚辯爲靈州總管。[2]

　　[1]夏五月丁巳，以懷州刺史龐晃爲夏州總管：岑仲勉指出："此事紀、傳多所衝突。"（岑仲勉：《隋書求是》，第14頁）懷州，治所在今河南沁陽市。龐晃，人名。傳見本書卷五〇、《北史》卷

七五。

[2]蔡陽縣公：爵名。隋時爲九等爵的第五等。從一品。按，據《姚辯墓誌》：姚辯北周以功授安養縣開國子，開皇元年進爵爲公，大業二年進爵蔡陽郡開國公，則此開皇十六年，其爵應爲安養縣開國公，非蔡陽縣公（參見王其禕、周曉薇《隋代墓誌銘彙考》三四○）。 姚辯：人名。隋大業七年官至左屯衛將軍。按，岑仲勉指出，本書此人，有的記爲姚辯，有的記爲姚辨，“辯、辨字通也”（岑仲勉：《隋書求是》，第14頁）。墓誌見《隋墓誌銘彙考》三四○《姚辯墓誌》。

六月甲午，制工商不得進仕。并州大蝗。辛丑，詔九品已上妻、五品已上妾，夫亡不得改嫁。

秋八月丙戌，詔決死罪者，三奏而後行刑。[1]

[1]詔決死罪者，三奏而後行刑：《通鑑》卷一七八《隋紀》開皇十六年八月條《考異》云：“《刑法志》在十五年，今從《帝紀》。”三奏，死罪報皇帝批准的法律程序，即須經過三次報皇帝批准纔算最後決定。此示慎刑。

冬十月己丑，幸長春宮。[1]

[1]長春宮：宮殿名。在今陝西大荔縣東南朝邑鎮西北。

十一月壬子，至自長春宮。

十七年春二月癸未，太平公史萬歲擊西寧羌，[1]平之。庚寅，幸仁壽宮。庚子，上柱國王世積討桂州賊李光仕，[2]平之。壬寅，河東王昭納妃，[3]宴群臣，頒賜各有差。

[1]太平公：爵名。據本書卷五三《史萬歲傳》當是太平縣公。 史萬歲：人名。傳見本書卷五三、《北史》卷七三。 西寧羌：諸本皆同，《通鑑》卷一七八《隋紀》開皇十七年二月條爲"南寧羌"。《北史》卷一一《隋文帝紀》爲"伐西寧"。《北史》中華本該條校勘記指出此歧異後説："胡注云：'南寧之地，漢屬牂柯，蜀漢屬南中，晋屬寧州，梁爲南寧州。其後爲爨氏所據。西爨，蠻也，非羌也。《通鑑》因《隋紀》成文。'按本書卷七三、《隋書》卷五三《史萬歲傳》但云萬歲擊南寧夷爨翫，不云擊西寧羌。"故此或爲"南寧羌"。

[2]上柱國：《北史》卷一一《隋文帝紀》、卷七六《周法尚傳》及《通鑑》卷一七八《隋紀》開皇十七年二月條記載均同。然考本書卷四〇及《北史》卷六八《王世積傳》皆云，王世積討李光仕時官柱國，因討平之功進位上柱國。 李光仕：人名。桂州俚帥，開皇十七年聚衆反。事見本書卷六五《周法尚傳》、《通鑑》卷一七八《隋紀》開皇十七年二月條。

[3]河東王：岑仲勉指出："河東王"乃"河南王"之訛，並考（岑仲勉：《隋書求是》，第14頁）。

三月丙辰，詔曰："分職設官，共理時務，班位高下，[1]各有等差。若所在官人不相敬憚，多自寬縱，事難克舉。諸有殿失，雖備科條，[2]或據律乃輕，論情則重，不即決罪，無以懲肅。其諸司論屬官，若有愆犯，聽於律外斟酌決杖。"辛酉，上親錄囚徒。癸亥，上柱國、彭國公劉昶以罪伏誅。[3]庚午，遣治書侍御史柳彧、皇甫誕巡省河南、河北。[4]

[1]班位：職官爵位，朝班位次。

[2]科條：法律、法令條文。

[3]劉昶：人名。北周時尚周文帝女西河長公主，大象中位柱國。《北史》卷六五有附傳。

[4]治書侍御史：官名。或説西漢宣帝時令侍御史二人治書（管理圖籍文書），遂有其名。東漢爲御史臺屬官。隋朝以御史大夫爲御史臺長官，治書侍御史爲次官，實主臺務，佐御史大夫監察彈劾百官。從五品下。　柳彧：人名。傳見本書卷六二、《北史》卷七七。　皇甫誕：人名。傳見本書卷七一，《北史》卷七〇有附傳。生平亦可見《皇甫誕墓碑》〔北京圖書館金石組編：《北京圖書館藏中國歷代石刻拓本匯編》（11），中州古籍出版社 1989 年版，第117 頁〕。

　　夏四月戊寅，頒新曆。[1]壬午，詔曰："周曆告終，[2]群凶作亂，釁起蕃服，毒被生人。朕受命上玄，廓清區宇，聖靈垂祐，文武同心。申明公穆、郇襄公孝寬、廣平王雄、蔣國公睿、楚國公勍、齊國公頴、越國公素、魯國公慶則、新寧公長义、宜陽公世積、趙國公羅雲、隴西公詢、廣業公景、真昌公振、沛國公譯、項城公子相、鉅鹿公子幹等，[3]登庸納揆之時，[4]草昧經綸之日，[5]丹誠大節，心盡帝圖，茂績殊勳，力宣王府。宜弘其門緒，與國同休。其世子世孫未經州任者，宜量才升用，庶享榮位，世禄無窮。"

　　[1]新曆：此新曆爲張冑玄改定（參見本書卷七八《張冑玄傳》、《通鑑》卷一七八《隋紀》開皇十七年）。

　　[2]周曆：周，指北周。曆，曆運。指帝業。

　　[3]穆：人名。即李穆。傳見本書卷三七、《周書》卷三〇，《北史》卷五九有附傳。　孝寬：人名。即韋孝寬。西魏、北周名將。西魏時指揮玉璧之戰粉粹了東魏高歡進攻，西魏實力得以壯大，北周時又數獻平齊之策，多被采納，因功官至大司空、上柱國，封鄖國公。傳見《周書》卷三一、《北史》卷六四。　雄：人名。即楊雄。本名惠，隋文帝楊堅之侄。傳見本書卷四三，《北史》卷六八有附傳。　睿：人名。即梁睿。傳見本書卷三七，《周書》卷一七、《北史》卷五九有附傳。　勣：人名。即豆盧勣。傳見本書卷三九，《北史》卷六八有附傳。　熲：人名。即高熲。傳見本書卷四一、《北史》卷七二。　素：人名。即楊素。傳見本書卷四八，《北史》卷四一有附傳。　慶則：人名。即虞慶則。傳見本書卷四〇、《北史》卷七三。　長义：人名。即叱李長叉。事見《北齊書》卷二〇《叱列平傳》、《北史》卷五三有附傳。按，底本、宋刻遞修本、汲古閣本、殿本、庫本皆爲“長义”，中華本爲“長叉”。岑仲勉云：“《北齊書》八天統五年二月，詔侍中叱列長文使於周，殆即其人，叉字易訛也。”並於同書《牧守表》一〇〇信州條有考。（岑仲勉：《隋書求是》，第7、187頁）中華本《北齊書》卷八《後主紀》校勘記據《馮忱妻叱李綱子墓誌》載：“祖長叉，齊侍中、許昌王”，改“長文”爲“長叉”。是則作“叉”是。又，“叱李”又作“叱列”，拓拔氏複姓，此異是因漢譯不同。　世積：人名。即王世積。　羅雲：人名。即陰壽，字羅雲。傳見本書卷三九、《北史》卷七三。生平亦可見《陰壽墓誌》（參見王其禕、周曉薇《隋代墓誌銘彙考》〇二七）。　詢：人名。即李詢。　景：人名。所指不詳。　振：人名。所指不詳。　譯：人名。指鄭譯。

　　子相：人名。指王韶，字子相。傳見本書卷六二、《北史》卷七五。　子幹：人名。指賀婁子幹。

　　[4]登庸：指登帝位。　納揆：任用百官。

　　[5]草昧：創始，草創。　經綸：整理絲縷、理出絲緒和編絲成繩，統稱經綸。引申爲籌劃治理國家大事。

五月，[1]宴百僚於玉女泉，[2]頒賜各有差。己巳，蜀王秀來朝。高麗遣使貢方物。甲戌，以左衛將軍獨孤羅雲爲涼州總管。[3]

[1]五月：中華書局新修訂本校勘記云：“‘五月’下疑脱紀日。《北史》卷一一《隋本紀上》、《册府》卷七九《帝王部‧慶賜》、卷一〇九《帝王部‧宴享》繫此事於庚申（十四日）。”當從。

[2]玉女泉：泉名。一在今山東泰山頂，又名聖母池；一在今湖北應城市西南，又名玉女湯；一在今四川綿陽市西郊；一在今陝西麟游縣南。此玉女泉應在麟游縣境。

[3]左衛將軍：官名。隋文帝設左、右衛，掌宮掖禁禦，督攝仗衛。左衛將軍爲左衛屬官。從三品。獨孤羅雲：人名。按，殿本、庫本同底本。中華本校勘記云：“獨孤羅字羅仁。此處舉名當稱獨孤羅，舉字當稱獨孤羅仁。紀作獨孤羅雲，乃因上文‘趙國公羅雲’（陰壽字羅雲）而衍一‘雲’字，或誤改‘仁’爲‘雲’（獨孤羅也曾封趙國公）。”檢本書卷七九、《北史》卷六一《獨孤羅傳》，知獨孤羅不僅曾封趙國公，也官任左衛將軍和涼州總管；再檢本書卷三九和《北史》卷七三《陰壽傳》，知陰壽雖曾封趙國公但未任過左衛將軍和涼州總管。故判此“獨孤羅雲”當是“獨孤羅”之訛。獨孤羅開皇時官至使持節、總管涼甘瓜三州諸軍事、涼州刺史。生平亦可見《獨孤羅墓誌》（參見王其禕、周曉薇《隋代墓誌銘彙考》一七六）。

閏月己卯，群鹿入殿門，馴擾侍衛之内。

秋七月丁丑，桂州人李代賢反，[1]遣右武候大將軍虞慶則討平之。丁亥，上柱國、并州總管秦王俊坐事免，以王就第。戊戌，突厥遣使貢方物。

　　[1]李代賢：人名。《北史》卷一一《隋文帝紀》、《通鑑》卷
一七八《隋紀》開皇十七年皆爲李世賢。岑仲勉指出：李代賢
"即六五《權武傳》之李世賢，四〇《虞慶則傳》之李賢"（岑仲
勉：《隋書求是》，第 15 頁）。中華本校勘記也云："應作'李世
賢'，唐人諱改。書中或省稱'李賢'。"事見本書卷六五《權武
傳》、卷四〇《虞慶則傳》。

　　八月丁卯，荆州總管、上庸郡公韋世康卒。
　　九月甲申，至自仁壽宮。庚寅，上謂侍臣曰："禮
主於敬，皆當盡心。黍稷非馨，貴在祇肅。廟庭設樂，
本以迎神，齋祭之日，觸目多感。當此之際，何可爲
心！在路奏樂，禮未爲允。群公卿士，宜更詳之。"
　　冬十月丁未，頒銅獸符於驃騎、車騎府。[1]戊申，
道王靜薨。[2]庚午，詔曰："五帝異樂，三王殊禮，皆隨
事而有損益，因情而立節文。仰惟祭享宗廟，瞻敬如
在，罔極之感，情深兹日。而禮畢升路，鼓吹發音，[3]
還入宮門，金石振響。斯則哀樂同日，心事相違，情所
不安，理實未允。宜改兹往式，用弘禮教。自今已後，
享廟日不須備鼓吹，殿庭勿設樂懸。"[4]辛未，京師
大索。

　　[1]銅獸符：中華本校勘記云："應作'銅虎符'。"唐人避李
虎諱改。銅虎符是發兵所用的銅製虎形兵符。分兩半，右半留中，
左半授與統兵將帥。調兵時由使臣持符驗合，方可發兵。　驃騎：
官署名。此指驃騎府。西魏、北周實行府兵制，全國置二十四軍，
各置開府府。隋初改爲驃騎府，爲一級府兵指揮機構，分設各地，

統領府兵。　車騎府：官署名。西魏、北周實行府兵制，二十四軍各置開府府，其下設儀同府。隋初改儀同府爲車騎府，爲一級府兵指揮機構，分設各地，統領府兵。

　　[2]靜：人名。即楊靜。傳見本書卷四四。

　　[3]鼓吹：即鼓吹樂。古代的一種器樂合奏曲。

　　[4]樂懸：鐘磬之樂。

　　十一月丁亥，突厥遣使來朝。

　　十二月壬子，上柱國、右武候大將軍、魯國公虞慶則以罪伏誅。

　　十八年春正月辛丑，詔曰："吳、越之人，往承弊俗，所在之處，私造大船，因相聚結，致有侵害。其江南諸州，人間有船長三丈已上，悉括入官。"

　　二月甲辰，幸仁壽宮。乙巳，以漢王諒爲行軍元帥，水陸三十萬伐高麗。

　　三月乙亥，以柱國杜彦爲朔州總管。

　　夏四月癸卯，以蔣州刺史郭衍爲洪州總管。[1]

　　[1]蔣州：治石頭城（今江蘇南京市清凉山）。　郭衍：人名。傳見本書卷六一、《北史》卷七四。

　　五月辛亥，[1]詔畜貓鬼、蠱毒、厭魅、野道之家，[2]投於四裔。[3]

　　[1]五月辛亥：諸本及《北史》卷一一《隋文帝紀》亦同。中華本校勘記云："此月辛未朔，無辛亥。日干有誤。"檢《通鑑》卷一七八《隋紀》開皇十八年條爲夏四月辛亥。考四月辛丑朔，有辛

亥日。似《通鑑》所記時間確。又，中華書局新修訂本校勘記據本書《地理志下・揚州》條載江南有五月五日聚百種蟲以畜蠱之俗，而是年五月五日爲乙亥，推測"辛亥"或爲"乙亥"之誤。亦可備一説。

[2]猫鬼：古代行巫術者畜養的猫。謂有鬼物附着其身，可以咒語驅使害人，因稱。　蠱毒、厭魅："蟲""厭"，宋刻遞修本、汲古閣本同，然殿本、庫本、中華本，以及《北史・隋文帝紀》、《通鑑》卷　七八《隋紀》開皇十八年條皆爲"蠱""厭"。作"蠱""厭"是。蠱毒，蠱蟲之毒。江南諸郡往往畜蠱，"其法以五月五日聚百種蟲，大者至蛇，小者至虱，合置器中，令自相啖，餘一種存者留之，蛇則曰蛇蠱，虱則曰虱蠱，行以殺人。因食入人腹之内，食其五藏，死則其産移入蠱主之家"（參見本書《地理志下》揚州條）。厭魅，亦作厭媚。用迷信方法祈禱鬼神以迷惑或傷害別人。　野道：邪道。

[3]四裔：語出《尚書・舜典》，指幽州、崇山、三危、羽山四個邊遠地區。本文泛指四方邊遠之地。按，此詔因獨孤陁所發。詳見本書卷七九《獨孤陁傳》、《通鑑》卷一七八《隋紀》開皇十八年。

六月丙寅，下詔黜高麗王高元官爵。[1]

[1]高元：人名。事詳見本書卷八一、《北史》卷九四《高麗傳》。

秋七月壬申，詔以河南八州水，[1]免其課役。丙子，詔京官五品已上，總管、刺史，以志行修謹、清平幹濟二科舉人。

[1]河：指黄河。

　九月己丑，漢王諒師遇疾疫而旋，死者十八九。[1]庚寅，敕舍客無公驗者，[2]坐及刺史、縣令。辛卯，至自仁壽宮。

　[1]死者十八九：《通鑑》卷一七八《隋紀》開皇十八年條同，但《北史》卷一一《隋文帝紀》云“死者十二三”。
　[2]公驗：官府開具的證件。

　冬十一月甲戌，上親錄囚徒。癸未，有事於南郊。
　十二月庚子，上柱國、夏州總管、任城郡公王景以罪伏誅。[1]是月，[2]自京師至仁壽宮，置行宮十有二所。[3]

　[1]王景：人名。《北史》卷六五有附傳。
　[2]是月：《北史》卷一一《隋文帝紀》云“是歲”。
　[3]置行宮十有二所：《通鑑》卷一七八《隋紀》開皇十八年條同，《北史·隋文帝紀》云“置行宮十所”。

　十九年春正月癸酉，大赦天下。[1]戊寅，大射武德殿，宴賜百官。

　[1]大赦天下：《文館詞林》卷六七〇載此大赦詔文。

　二月己亥，晋王廣來朝。辛丑，以并州總管長史宇文㢸爲朔州總管。[1]甲寅，幸仁壽宮。

[1]總管長史：官名。總管府僚屬之首。北周置總管府，爲地方最高軍政機構。隋初因之。

夏四月丁酉，突厥利可汗内附。[1]達頭可汗犯塞，[2]遣行軍總管史萬歲擊破之。[3]

[1]利可汗：據本書卷八四和《北史》卷九九《突厥傳》，以及《通鑑》卷一七八《隋紀》開皇十九年，這裏“利”上脱“突”字。錢大昕《廿二史考異》卷三三云：“‘利可汗’當作‘突利可汗’，史脱‘突’字。”突利可汗是東突厥染干之號。詳見本書卷八四、《北史》卷九九《突厥傳》。

[2]達頭可汗：西突厥可汗，名玷厥。詳見本書卷八四、《北史》卷九九、《新唐書》卷二一五。

[3]行軍總管：官名。北周置。戰時臨時任命大臣爲之，統兵出征，事迄即罷。隋初沿置。但以後漸漸過渡爲地方軍政長官。

六月丁酉，以豫章王暕爲内史令。

秋八月癸卯，上柱國、尚書左僕射、齊國公高熲坐事免。[1]辛亥，上柱國、皖城郡公張威卒。[2]甲寅，上柱國、城陽郡公李徹卒。[3]

[1]尚書左僕射：官名。隋尚書省置左右僕射各一人，地位僅次於尚書令。由於隋代尚書令不常置，僕射成爲尚書省實際長官，是宰相之職。從二品。

[2]張威：人名。傳見本書卷五五、《北史》卷七三。

[3]李徹：人名。傳見本書卷五四，《北史》卷六六有附傳。

九月乙丑，以太常卿牛弘爲吏部尚書。

冬十月甲午，以突厥利可汗爲啓人可汗，[1]築大利城處其部落。[2]庚子，以朔州總管宇文㢸爲代州總管。[3]

[1]利可汗：即突利可汗。　啓人可汗：中華本校勘記云：“應作‘啓民可汗’，唐人諱改。”

[2]大利城：城名。《通鑑》卷一七八《隋紀》開皇十九年十月條胡三省注：“大利城，在雲內縣東北。”雲內縣治所在今山西大同市。

[3]代州：治所在今山西代縣。

十二月乙未，突厥都藍可汗爲部下所殺。[1]丁丑，[2]星隕於勃海。[3]

[1]都藍可汗：東突厥可汗雍虞閭之號。詳見本書卷八四、《北史》卷九九《突厥傳》。

[2]丁丑：據陳垣《二十史朔閏表》，本月“壬辰朔”，乙未是四日，無丁丑日。又據本書《天文志下》載：“十九年十二月乙未，星隕於渤海。”《北史》卷一一《隋文帝紀》有乙未日無丁丑日。故“丁丑”似是衍文。

[3]星隕於勃海：據本書《天文志下》載，此天象是“陽失其位，灾害之萌也”，或“大人憂”的徵兆。勃海，即今渤海。

二十年春正月辛酉朔，上在仁壽宮。突厥、高麗、契丹並遣使貢方物。癸亥，以代州總管宇文㢸爲吳州總管。

二月己巳，以上柱國崔弘度爲原州總管。[1]丁丑，無雲而雷。

[1]崔弘度：人名。傳見本書卷七四，《北史》卷三二有附傳。
原州：治所在今寧夏固原市。

三月辛卯，[1]熙州人李英林反，[2]遣行軍總管張衡討
平之。[3]

[1]三月辛卯：《北史》卷一一《隋文帝紀》記載同。《通鑑》
卷一七八《隋紀》開皇二十年則將李英林反記於二月，三月辛卯爲
討平日。
[2]熙州：治所在今安徽潛山縣。　李英林：人名。事見本書
卷五六《張衡傳》。
[3]張衡：人名。傳見本書卷五六、《北史》卷七四。

夏四月壬戌，突厥犯塞，以晉王廣爲行軍元帥，擊
破之。[1]乙亥，天有聲如瀉水，自南而北。

[1]擊破之：《北史》卷一一《隋文帝紀》同。但本書卷三和
《北史》卷一二《隋煬帝紀》皆載“無虜而還”。《通鑑》卷一七八
《隋紀》開皇二十年四月條《考異》對此歧異有考釋，可參。

六月丁丑，秦王俊薨。
秋八月，老人星見。[1]

[1]老人星：亦省稱“老人”。南部天空一顆光度較亮的二等
星。古人認爲它象徵長壽，故又名“壽星”。《史記·天官書》云：

"老人見，治安；不見，兵起。"

九月丁未，至自仁壽宮。癸丑，吳州總管楊异卒。

冬十月己未，太白晝見。[1]乙丑，皇太子勇及諸子並廢爲庶人。[2]殺柱國、太平縣公史萬歲。己巳，殺左衛大將軍、五原郡公元旻。

[1]太白晝見：太白指太白星。按，據本書《天文志下》載，此天象是"大臣强，爲革政，爲易王"的徵象。預示楊素蠱惑文帝和獨孤后廢皇太子勇。

[2]勇：人名。即楊勇。傳見本書卷四五、《北史》卷七一。

十一月戊子，天下地震，京師大風雪。以晋王廣爲皇太子。

十二月戊午，詔東宫官屬不得稱臣於皇太子。[1]辛巳，詔曰："佛法深妙，道教虛融，咸降大慈，濟度群品，凡在含識，皆蒙覆護。所以雕鑄靈相，圖寫真形，率土瞻仰，用申誠敬。其五岳四鎮，節宣雲雨，江、河、淮、海，浸潤區域，並生養萬物，利益兆人，故建廟立祀，以時恭敬。敢有毀壞偷盗佛及天尊像，岳、鎮、海、瀆神形者，[2]以不道論。[3]沙門壞佛像，道士壞天尊者，以惡逆論。"[4]

[1]東宫官屬：輔翼、訓諭、侍從皇太子及擔任太子宫内各項職務官員的統稱。

[2]佛及天尊像，岳、鎮、海、瀆：詮釋詳見《通鑑》卷一七八《隋紀》開皇二十年十二月條胡三省注。

〔3〕不道：隋律"十惡"罪中五曰不道。

〔4〕惡逆：隋律"十惡"罪中四曰惡逆。

仁壽元年春正月乙酉朔，[1]大赦，[2]改元。以尚書右
僕射楊素爲尚書左僕射，納言蘇威爲尚書右僕射。丁
酉，徙河南王昭爲晋王。突厥寇恒安，[3]遣柱國韓洪擊
之，[4]官軍敗績。以晋王昭爲内史令。辛丑，詔曰："君
子立身，雖云百行，唯誠與孝最爲其首。故投主殉節，
自古稱難，殞身王事，禮加二等。而代俗之徒，[5]不達
大義，至於致命戎旅，不入兆域，虧孝子之意，傷人臣
之心。興言念此，每深愍歎！且入廟祭祀，並不廢闕，
何止墳塋，獨在其外？自今已後，戰亡之徒，宜入
墓域。"

〔1〕仁壽：隋文帝楊堅年號（601—604）。

〔2〕大赦：岑仲勉指出"《文館詞林》六六八目録載文帝改元
大赦詔一首，但其文已佚"（岑仲勉：《隋書求是》，第15頁）。

〔3〕恒安：地名。即恒安鎮。在今山西大同市。

〔4〕韓洪：人名。本書卷五二、《北史》卷六八有附傳。

〔5〕代俗：《北史》卷一一一《隋文帝紀》作"世俗"，知"代"
乃避唐諱改。

二月乙卯朔，日有蝕之。辛巳，以上柱國獨孤楷爲
原州總管。[1]

〔1〕獨孤楷：人名。傳見本書卷五五、《北史》卷七三。

三月壬辰，以豫章王暕爲揚州總管。[1]

[1]揚州：治所在今江蘇揚州市。

夏四月，以浙州刺史蘇孝慈爲洪州總管。

五月己丑，突厥男女九萬口來降。壬辰，驟雨震雷，大風拔木，宜君漱水，[1]移於始平。[2]

[1]宜君：縣名。治所在今陝西宜君縣西南玉華村。
[2]始平：縣名。治所在今陝西興平市東南南佐村。

六月癸丑，洪州總管蘇孝慈卒。乙卯，遣十六使巡省風俗。乙丑，詔曰："儒學之道，訓教生人，識父子君臣之義，知尊卑長幼之序，升之於朝，任之以職，故能贊理時務，弘益風範。朕撫臨天下，思弘德教，延集學徒，崇建庠序，開進仕之路，佇賢雋之人。而國學冑子，垂將千數，州縣諸生，咸亦不少。徒有名錄，空度歲時，未有德爲代範，才任國用。良由設學之理，多而未精。今宜簡省，明加獎勵。"於是國子學唯留學生七十人，[1]太學、四門及州縣學並廢。[2]其日，頒舍利於諸州。[3]

[1]國子學：爲隋國家中央最高學府。置博士、助教各五人，學生一百四十人。隋初隸國子寺。後有變化。
[2]太學：爲隋國家中央僅次於國子學的學府。置博士、助教各五人，學生三百六十人。隋初隸國子寺，後有變化。 四門：爲

隋國家中央第三級學府。置博士、助教，學生數及隷屬皆同太學。

　州縣學：即隋官府在州、縣所辦的地方學校。

　　[3]頒舍利於諸州：《廣弘明集》卷一九載六月乙丑日"立舍利塔詔"。

　　秋七月戊戌，改國子爲太學。

　　九月癸未，以柱國杜彦爲雲州總管。

　　十一月己丑，有事於南郊。壬辰，以資州刺史衛玄爲遂州總管。[1]

　　[1]資州：治所在今四川資中縣北。　衛玄：人名。傳見本書卷六三、《北史》卷七六。　遂州：治所在今四川遂寧市。

　　二年春二月辛亥，以荆州刺史侯莫陳穎爲桂州總管，[1]宗正楊祀爲荆州總管。[2]

　　[1]荆州：殿本同底本，但宋刻遞修本、汲古閣本、庫本、中華本作"刑州"。岑仲勉認爲"荆乃刑訛"，並考（岑仲勉：《隋書求是》，第16、204頁）。刑州確。刑州，治所在今河北邢臺市。侯莫陳穎：人名。傳見本書卷五五，《北史》卷六〇有附傳。按，穎亦作潁，宋刻遞修本、中華本作潁。

　　[2]宗正：據本書卷四八《楊文紀傳》當爲宗正卿。宗正卿，官名。是宗正寺長官。掌皇族外戚屬籍及公主邑司名帳。隋初正三品，煬帝改從三品。　楊祀：岑仲勉指出："祀爲紀訛，其全名曰文紀。"並考。（岑仲勉：《隋書求是》，第16頁、229頁）楊文紀，人名。本書卷四八、《北史》卷四一有附傳。

三月己亥，幸仁壽宮。壬寅，以齊州刺史張喬爲潭州總管。[1]

　　[1]張喬：岑仲勉指出：張喬乃張齋訛（岑仲勉：《隋書求是》，第16頁）。張齋，人名。傳見本書卷六四、《北史》卷七八。

夏四月庚戌，岐、雍二州地震。

秋七月丙戌，詔内外官各舉所知。戊子，以原州總管獨孤楷爲益州總管。[1]

　　[1]益州：治所在今四川成都市。

八月己巳，皇后獨孤氏崩。[1]

　　[1]皇后獨孤氏：即隋文帝文獻皇后獨孤伽羅。傳見本書卷三六、《北史》卷一四。

九月丙戌，至自仁壽宮。壬辰，河南、北諸州大水，遣工部尚書楊達賑恤之。乙未，上柱國、襄州總管、金水郡公周搖卒。[1]隴西地震。[2]

　　[1]金水郡公：岑仲勉指出："據本傳搖初封金水郡公，後徙封濟北郡公，紀稱金水，書法不合。"（岑仲勉：《隋書求是》，第304頁）
　　[2]隴西：地區名。泛指隴山以西，約相當於今甘肅隴山以西、黃河以東地帶。

冬十月壬子，曲赦益州管内。癸丑，以工部尚書楊達爲納言。

閏月甲申，詔尚書左僕射楊素與諸術者刊定陰陽舛謬。[1]己丑，詔曰：“禮之爲用，時義大矣。黃琮蒼璧，[2]降天地之神，粢盛牲食，[3]展宗廟之敬，正父子君臣之序，明婚姻喪紀之節。故道德仁義，非禮不成，安上治人，莫善於禮。自區宇亂離，綿歷年代，王道衰而變風作，[4]微言絶而大義乖，[5]與代推移，其弊日甚。至於四時郊祀之節文，[6]五服麻葛之隆殺，[7]是非異説，蹖駁殊塗，致使聖教凋訛，輕重無准。朕祗承天命，撫臨生人，當洗滌之時，屬干戈之代，克定禍亂，先運武功，删正彝典，日不暇給。今四海乂安，五戎勿用，理宜弘風訓俗，導德齊禮，綴往聖之舊章，興先王之茂則。尚書左僕射、越國公楊素，尚書右僕射、邳國公蘇威，吏部尚書、奇章公牛弘，内史侍郎薛道衡，[8]秘書丞許善心，内史舍人虞世基，[9]著作郎王劭，[10]或任居端揆，博達古今，或器推令望，學綜經史，委以裁緝，實允僉議。可並修定五禮。”[11]壬寅，葬獻皇后於太陵。[12]

[1]術者：此指儒生中講陰陽灾異的一派人。

[2]黃琮：瑞玉。方柱形，中有圓孔。用爲禮器、贄品、符節等。《周禮·春官·大宗伯》：“以玉作六器，以禮天地四方。……以黃琮禮地。”　蒼璧：玉器名。扁平、圓形、中心有孔。邊闊大於孔徑。古代貴族用作朝聘、祭祀、喪葬時的禮器，也作佩帶的裝飾。《周禮·春官·大宗伯》載：“以玉作六器，以禮天地四方。……以蒼璧禮天。”

[3]粢盛：古代盛在祭器內以供祭祀的穀物。　牲食：古代祭祀時用家畜所做的飯食。

[4]王道衰而變風作：語出《詩大序》："至于王道衰，禮儀廢，政教失，國異政，家殊俗，而變風變雅作矣。"唐孔穎達疏："王道衰，諸侯有變風；王道盛，諸侯有正風。"王道，儒家提出的一種以仁義治天下的政治主張。與霸道相對。變風，指《詩經》"國風"中邶至豳等十三國的作品。正風，指《詩經》國風中的《周南》《召南》。

[5]微言絕而大義乖：語出漢劉歆《移書讓太常博士》："及夫子沒而微言絕，七十子卒而大義乖。"微言，精深微妙的言辭；大義，正道、大道理。

[6]郊祀：古代於郊外祭祀天地，南郊祭天，北郊祭地。

[7]五服：古代以親疏爲差等的五種喪服。即斬衰、齊衰、大功、小功、緦麻。

[8]內史侍郎：官名。內史省副長官。隋文帝時內史省置四員，正四品。煬帝大業三年定令，減爲二員。　薛道衡：人名。傳見本書卷五七，《北史》卷三六有附傳。

[9]內史舍人：官名。內史省屬官。隋初正六品，開皇三年加爲從五品。

[10]著作郎：官名。爲秘書省著作曹長官。隋初從五品，大業三年升正五品，後又降爲從五品。　王劭：人名。傳見本書卷六九，《北史》卷三五有附傳。

[11]修定五禮：本書載修定五禮一事在己丑日，《北史》卷一一《隋文帝紀》同。但《通鑑》卷一七九《隋紀》仁壽二年閏十月條將此事記在甲申日，也未載"甲申，詔尚書左僕射楊素與諸術者刊定陰陽舛謬"。陳寅恪頗疑《通鑑》所記有脫誤（陳寅恪：《隋唐制度淵源略論稿》，中華書局1963年版，第15頁）。五禮，古代的五種禮制。即吉禮、凶禮、軍禮、賓禮、嘉禮。

[12]獻皇后：即文帝獨孤皇后的謚號。按，獻皇后，《北史·

隋文帝紀》同。但本書卷三六和《北史》卷一四《文獻獨孤皇后傳》及《通鑑》卷一七九《隋紀》仁壽二年條皆作"文獻皇后"。

太陵：亦作泰陵。爲隋文帝獨孤后的陵寢。在今陝西咸陽城西三時原上。

十二月癸巳，上柱國、益州總管蜀王秀廢爲庶人。交州人李佛子舉兵反，[1]遣行軍總管劉方討平之。[2]

[1]交州：據《通鑑》卷一七九《隋紀》仁壽二年十二月條胡三省注："交趾郡，交州。"故知此交州治所在今越南河北省仙游縣東。 李佛子：人名。隋時交州俚族酋帥。事略見本書卷五三、《北史》卷七三《劉方傳》，及《通鑑》卷一七九《隋紀》仁壽二年十二月條。

[2]劉方：人名。傳見本書卷五三、《北史》卷七三。

三年春二月己卯，原州總管、比陽縣公龐晃卒。戊子，以大將軍、蔡陽郡公姚辯爲左武候大將軍。[1]

[1]左武候大將軍：官名。左武候府的長官。置一員，正三品。隋初置左右武候府，掌皇帝出宮巡狩時的先驅後殿、晝夜警備等軍務。按，據《姚辯墓誌》，姚辯授左武候大將軍在大業二年（參見王其褘、周曉薇《隋代墓誌銘彙考》三四〇）。

夏五月癸卯，詔曰："哀哀父母，生我劬勞，欲報之德，昊天罔極。但風樹不靜，嚴敬莫追，霜露既降，感思空切。六月十三日，是朕生日，宜令海內爲武元皇帝、元明皇后斷屠。"[1]

[1]武元皇帝：楊堅追尊其父楊忠的帝號。楊忠傳見《周書》卷一九。　元明皇后：楊堅追尊其母呂苦桃的后號。呂苦桃事迹略見本書卷七九《高祖外家呂氏傳》。

六月甲午，詔曰：

《禮》云："至親以期斷。"[1]蓋以四時之變易，萬物之更始，故聖人象之。其有三年，加隆爾也。[2]但家無二尊，母爲厭降，[3]是以父存喪母，還服于期者，[4]服之正也，豈容期内而更小祥！[5]然三年之喪而有小祥者，《禮》云："期祭，禮也。期而除喪，道也。"[6]以是之故，雖未再期，[7]而天地一變，不可不祭，不可不除。故有練焉，[8]以存喪祭之本。然期喪有練，於理未安。雖云十一月而練，[9]乃無所法象，非期非時，豈可除祭。而儒者徒擬三年之喪，立練禫之節，[10]可謂苟存其變，而失其本，欲漸於奪，乃薄於喪。致使子則冠練去経，[11]黃裏縓緣；[12]経則布葛在躬，粗服未改。豈非経哀尚存，子情已奪，親疏失倫，輕重顛倒！[13]乃不順人情，豈聖人之意也！故知先聖之禮廢於人邪，[14]三年之喪尚有不行之者，至於祥練之節，[15]安能不墜者乎？

[1]至親以期（jī）斷：語出《禮記·三年間》。此句意父母死子要按周年守喪禮。至親，最親近的親戚，此句中是指父母。期，時間周而復始，此指一周年。斷，時限，限度。

[2]其有三年，加隆爾也：語出《禮記·三年間》。鄭玄注："言於父母加隆其恩，使倍期也。"

[3]厭降：古喪禮，母亡，子服三年喪；父在母亡，則減一年，稱厭降。

[4]服：喪服。亦謂服喪服。

[5]小祥：古時父母喪後周年的祭名。祭後可稍改善生活及解除喪服。

[6]期祭，禮也。期而除喪，道也：語出《禮記·喪服小祭》。舊時父母之喪爲三年，但到第二個忌日即除去喪服，故稱。

[7]再期：指服喪兩年。

[8]練：古祭名。古代父、母喪後周年之祭稱小祥，此時孝子可以穿練過的布帛（一般指白絹），故小祥之祭也稱“練”。

[9]十一月而練：語出《禮記·雜記》：“期之喪，十一月而練。”指父母喪後第十一月，改素服爲練服之祭。

[10]練禫（dàn）：練與禫，均古祭禮名。練爲小祥之祭，禫爲除服之祭。古禮禫祭之月有二説：漢鄭玄以二十五月爲大祥，二十七月而禫，二十八月而作樂。三國魏王肅以二十五月爲大祥，其月爲禫，二十六月而作樂。

[11]冠練去絰：冠練，似意同練冠。即厚繒或粗布之冠。古禮親喪一周年祭禮時着練冠。絰（dié），古代喪服所用的麻帶。扎在頭上的稱首絰，纏在腰間的稱腰絰。

[12]黄裏縓（quán）緣：語出《禮記·檀弓上》：“練衣黄裏縓緣。”練衣，用經過煮練加工的布所製之衣。古禮，親喪小祥可着練布衣冠。鄭玄注：“小祥，練冠、練中衣，以黄爲内，縓爲飾。”孔穎達疏：“練衣者，練爲中衣，黄裏者，黄爲中衣裏也。”縓緣，淺紅色的邊。可知黄裏縓緣，意親喪一周年小祥祭禮時所着練衣爲黄色的裏、淺紅色的衣邊。

[13]絰則布葛在躬，粗服未改。豈非經哀尚存，子情已奪：諸本皆同。《北史》卷一一《隋文帝紀》也同。但張元濟、張森楷《南北史校勘記》云：“二‘經’字皆‘姪’之誤，上‘經’（姪）字對‘子則冠練去絰’之‘子’字。下‘經’（姪）對‘子情已奪’之‘子’字。下文‘親疏失倫’，親指子，疏指姪。”此考證是。

[14]知：諸本同。《北史·隋文帝紀》則"知"作"非"。

[15]祥練：指喪期或喪服。

《禮》云："父母之喪，無貴賤一也。"[1]而大夫士之喪父母，乃貴賤異服。然則禮壞樂崩，由來漸矣。所以晏平仲之斬粗縗，[2]其老謂之非禮，滕文公之服三年，其臣咸所不欲。[3]蓋由王道既衰，諸侯異政，將逾越於法度，惡禮制之害己，乃滅去篇籍，自制其宜。遂至骨肉之恩，輕重從俗，無易之道，隆殺任情。況孔子没而微言隱，秦滅學而經籍焚者乎！有漢之興，雖求儒雅，人皆異説，義非一貫。又近代亂離，唯務兵革，其於典禮，時所未遑。夫禮不從天降，不從地出，乃人心而已者，謂情緣於恩也。故恩厚者其禮隆，情輕者其禮殺。聖人以是稱情立文，別親疏貴賤之節。自臣子道消，上下失序，莫大之恩，逐情而薄，莫重之禮，與時而殺。此乃服不稱喪，容不稱服，非所謂聖人緣恩表情，制禮之義也。

[1]父母之喪，無貴賤一也：語出《禮記·中庸》。

[2]晏平仲：人名。即晏子。傳見《史記》卷六二《管晏列傳》。 斬粗縗（cuī）：舊時五種喪服中最重的一種。用粗麻布製成，左右和下邊不縫。服制三年。子及未嫁女爲父母，媳爲公婆，承重孫爲祖父母，妻妾爲夫，均服此。先秦諸侯爲天子、臣爲君亦服此。

[3]滕文公之服三年，其臣咸所不欲：典出《毛詩李黃集解》卷一六。滕文公，人名。爲戰國時滕國之君。事略見《春秋左傳注疏》《孟子·滕文公章句》。

然喪與易也，寧在於戚，則禮之本也。禮有其餘，未若於哀，則情之實也。今十一月而練者，非禮之本，非情之實。由是言之，父存喪母，不宜有練。但依禮十三月而祥，中月而禫。[1]庶以合聖人之意，達孝子之心。

[1]依禮十三月而祥，中月而禫：《禮記·雜記》：“期之喪，十一月而練，十三月而祥，十五月而禫。”

秋七月丁卯，詔曰：

日往月來，唯天所以運序；山鎮川流，唯地所以宣氣。運序則寒暑無差，宣氣則雲雨有作，故能成天地之大德，育萬物而爲功。況一人君于四海，睹物欲運，獨見致治，不藉群才，未之有也。是以唐堯欽明，命羲、和以居岳，[1]虞舜叡德，[2]升元、凱而作相。[3]伊尹鼎俎之媵，[4]爲殷之阿衡，[5]呂望漁釣之夫，[6]爲周之尚父。[7]此則鳴鶴在陰，其子必和，風雲之從龍虎，賢哲之應聖明。君德不回，臣道以正，故能通天地之和，順陰陽之序，豈不由元首而有股肱乎？

[1]羲、和：“羲氏”和“和氏”的並稱。傳說堯曾命羲仲、羲叔、和仲、和叔兩對兄弟分駐四方，以觀天象，並制曆法。

[2]虞舜：傳說中的古帝名。詳見《史記》卷一《五帝本紀》。

[3]元、凱：亦作“元、愷”。“八元八凱”的省稱。傳說高辛氏有才子八人，稱爲八元；高陽氏有才子八人，稱爲八凱。此十六人之後裔，世濟其美，不隕其名。

[4]伊尹鼎俎（zǔ）之媵（yìng）：典出《史記》卷三《殷本

紀》，（伊尹）"欲奸湯而無由，乃爲有莘氏媵臣，負鼎俎，以滋味說湯，致于王道"。鼎，古代炊器，又爲盛熟牲之器。盛行於商周。多用爲宗廟的禮器和墓葬的明器。俎，古代祭祀、燕饗時陳置牲體或其他食物的禮器。媵，此爲媵臣的省稱，即古代隨嫁的臣僕。

〔5〕阿衡：官名。商代師保之官。

〔6〕呂望：人名。即姜子牙，亦稱姜尚。詳見《史記》卷三二《齊太公世家》。

〔7〕尚父：意爲可尊敬的父輩。

　　自王道衰，人風薄，居上莫能公道以御物，爲下必踵私法以希時。上下相蒙，君臣義失，義失則政乖，政乖則人困。蓋同德之風難嗣，離德之軌易追，則任者不休，休者不任，則衆口鑠金，[1]戮辱之禍不測。是以行歌避代，[2]辭位灌園，[3]卷而可懷，黜而無慍，放逐江湖之上，沈赴河海之流，所以自潔而不悔者也。至於閭閻秀異之士，鄉曲博雅之儒，言足以佐時，行足以勵俗，遺棄於草野，埋滅而無聞，豈勝道哉！所以覽古而歎息者也。

　　〔1〕衆口鑠金：典出《楚辭·九章》："故衆口其鑠金兮，初若是而逢殆。"王逸注："言衆口所論，萬人所言，金性堅剛，尚爲銷鑠，以喻讒言多，使君亂惑也。"

　　〔2〕行歌避代：當是"行歌避世"。"代"乃避唐諱改。行歌，邊行走邊歌唱。借以抒發自己的感情，表達自己的意向、意願等。避世，逃避塵世，逃避亂世。

　　〔3〕辭位灌園：後謂退隱家居。典出《史記》卷八三《魯仲連鄒陽列傳》："於陵子仲辭三公爲人灌園。"灌園，從事田園勞動。

　　方今區宇一家，煙火萬里，百姓乂安，四夷賓服，豈是人功，實乃天意。朕惟夙夜祇懼，將所以上嗣明靈，是以小心勵己，日慎一日。以黎元在念，憂兆庶未康，以庶政爲懷，慮一物失所。雖求傅巖，[1]莫見幽人，[2]徒想崆峒，[3]未聞至道。[4]唯恐商歌於長夜，[5]抱關於夷門，[6]遠迹犬羊之間，屈身僮僕之伍。其令州縣搜揚賢哲，皆取明知今古，通識治亂，究政教之本，達禮樂之源。不限多少，不得不舉。限以三旬，咸令進路。徵召將送，必須以禮。

　　[1]傅巖：地名。在今山西平陸縣東北，又名傅險。傳說傅說板築於此。殷王武丁訪得，舉以爲相，出現殷中興的局面。

　　[2]幽人：幽居之士。

　　[3]崆峒：山名。在今甘肅平凉市西。相傳是黃帝問道於廣成子之所。也稱空同、空桐。《莊子·在宥》：“黃帝立爲天子，十九年，令行天下，聞廣成子在於空同之上，故往見之。”

　　[4]至道：指最好的學説、道德或政治制度。

　　[5]商歌：悲凉的歌。商聲淒凉悲切，故稱。典出《淮南子·道應訓》：“甯越飯牛車下，望見桓公而悲，擊牛角而疾商歌。桓公聞之，撫其僕之手曰：‘異哉，歌者非常人也。’命後車載之。”後以商歌比喻自薦求官。

　　[6]抱關於夷門：典出《史記》卷七七《魏公子列傳》：“魏有隱士曰侯嬴，年七十，家貧。”“嬴乃夷門抱關者也。”抱關，監門。借指小吏的職務。亦借指職位卑微。夷門，戰國魏都城的東門。故址在今河南開封市内東北隅。因在夷山之上，故名。

　　八月壬申，上柱國、檢校幽州總管、落叢郡公燕榮以罪伏誅。

九月壬戌，置常平官。[1]甲子，以營州總管韋冲爲民部尚書。[2]

[1]常平官：官名。古代調節市場物價的一類官員。《通鑑》卷一七九《隋紀》仁壽三年九月壬戌條胡三省注：“開皇初，置義倉，今置常平官掌之。”

[2]民部尚書：官名。隋沿北魏、北齊置度支尚書，開皇三年改稱民部尚書，是尚書省下轄六部之一民部的長官。職掌全國土地、户口、賦税、錢糧之政令。置一員，正三品。

十二月癸酉，河南諸州水，遣納言楊達賑恤之。

四年春正月丙辰，大赦。甲子，幸仁壽宮。乙丑，詔賞罰支度，事無巨細，並付皇太子。

夏四月乙卯，[1]上不豫。

[1]四月乙卯：諸本同，《北史》卷一一《隋文帝紀》、《通鑑》卷一七九《隋紀》仁壽四年條亦同。但《二十史朔閏表》仁壽四年四月“丙寅朔”。若此，本月無乙卯日。中華本校勘記指出日干有誤。

六月庚申，[1]大赦天下。有星入月中，[2]數日而退。長人見於雁門。[3]

[1]六月庚申：《通鑑》卷一七九《隋紀》仁壽四年條同，但《北史》卷一一《隋文帝紀》載“六月庚午”。岑仲勉指出“六月乙丑朔月内無庚申”，又據本書《天文志下》載“六月庚午”，斷

"申"爲"午"之訛（岑仲勉：《隋書求是》，第 16 頁）。中華本校勘也指出此點。

[2]有星入月中：據本書《天文志下》載，此天象是"有大喪、有大兵、有亡國、有破軍殺將"的徵兆。

[3]雁門：縣名。煬帝大業三年改代州置，治所在今山西代縣西北。

秋七月乙未，日青無光，[1]八日乃復。己亥，以大將軍段文振爲雲州總管。[2]甲辰，上以疾甚，臥於仁壽宮，與百僚辭訣，並握手歔欷。丁未，崩於大寶殿，[3]時年六十四。遺詔曰：

[1]口青無光：據本書《天文志下》載，此天象是"主勢奪""有死王"的徵兆，預示文帝死，楊諒反及被平定。

[2]段文振：人名。傳見本書卷六〇、《北史》卷七六。　雲州：岑仲勉認爲"雲州"是"靈州"之訛，並考（岑仲勉：《隋書求是》，第 17、320 頁）。

[3]大寶殿：宮殿名。在今陝西麟游縣西仁壽宮内。

嗟乎！自昔晉室播遷，天下喪亂，四海不一，以至周、齊，[1]戰爭相尋，年將三百。故割疆土者非一所，稱帝王者非一人，書軌不同，生人塗炭。上天降鑒，爰命於朕，用登大位，豈關人力！故得撥亂反正，偃武修文，天下大同，聲教遠被，此又是天意欲寧區夏。所以昧旦臨朝，不敢逸豫，一日萬機，留心親覽，晦明寒暑，不憚劬勞，匪曰朕日，[2]蓋爲百姓故也。王公卿士，每日闕庭，刺史以下，三時朝集，[3]何嘗不罄竭心府，

誠敕殷勤。義乃君臣，情兼父子。庶藉百僚智力，萬國
歡心，欲令率土之人，永得安樂，不謂遘疾彌留，至於
大漸。此乃人生常分，何足言及！但四海百姓，衣食不
豐，教化政刑，猶未盡善，興言念此，唯以留恨。朕今
年逾六十，不復稱夭，但筋力精神，一時勞竭。如此之
事，本非爲身，止欲安養百姓，所以致此。

[1]周：即北周（557—581），都於長安（今陝西西安市西北
郊）。 齊：即北齊（550—577），都於鄴（今河北臨漳縣西南鄴
鎮東）。

[2]匪曰朕曰：宋刻遞修本、汲古閣本、殿本、庫本、中華本
皆爲“匪曰朕躬”，《北史》卷一一《隋文帝紀》亦如此。

[3]三時朝集：諸本皆同底本，但《北史·隋文帝紀》爲“歲
時朝集”。朝集，地方官長官或上佐入朝彙報政績、民情，屬官考
課，並聆聽敕命的制度。

人生子孫，誰不愛念，既爲天下，事須割情。勇及
秀等，並懷悖惡，既知無臣子之心，所以廢黜。古人有
言：“知臣莫若於君，知子莫若於父。”[1]若令勇、秀得
志，共治家國，必當戮辱遍於公卿，酷毒流於人庶。今
惡子孫已爲百姓黜屏，好子孫足堪負荷大業。此雖朕家
事，理不容隱，前對文武侍衛，具已論述。皇太子廣，
地居上嗣，仁孝著聞，以其行業，堪成朕志。但令內外
群官，同心戮力，以此共治天下，朕雖瞑目，何所
復恨。

　　[1]知臣莫若於君，知子莫若於父：語出《管子》卷七《大匡·内言》。

　　但國家事大，不可限以常禮。既葬公除，[1]行之自昔，今宜遵用，不勞改定。凶禮所須，纔令周事。務從節儉，不得勞人。諸州總管、刺史已下，宜各率其職，不須奔赴。自古哲王，因人作法，前帝後帝，沿革隨時。律、令、格、式，[2]或有不便於事者，宜依前敕修改，務當政要。嗚呼，敬之哉！無墜朕命！

　　[1]公除：指帝王或高官以爲身負國家重任，因公權宜禮制，守喪未滿而除喪服。
　　[2]律、令、格、式：法典名稱。律爲刑法典；令是對國家典章制度的規定；格是政府以詔敕形式頒布的各種禁令；式即政府機構的辦事章程。律、令、格、式前代已先後出現，至隋並行，構成法典體系。

　　乙卯，發喪。河間楊柳四株無故黄落，[1]既而花葉復生。

　　[1]河間：地區名。約在今河北獻縣、河間市、青縣、泊頭市一帶。

　　八月丁卯，梓宫至自仁壽宫。丙子，殯於大興前殿。[1]

　　[1]大興前殿：即大興殿的前殿。隋文帝名新建的都城曰大興

城，宮曰大興宮，正殿曰大興殿。

　　冬十月己卯，合葬於太陵，同墳而異穴。

　　上性嚴重，有威容，外質木而內明敏，有大略。
初，得政之始，群情不附，諸子幼弱，內有六王之
謀，[1]外致三方之亂。[2]握強兵、居重鎮者，皆周之舊
臣。上推以赤心，各展其用，不逾期月，克定二邊，[3]
未及十年，平一四海。薄賦斂，輕刑罰，內修制度，外
撫戎夷。每旦聽朝，日昃忘倦，居處服玩，務存節儉，
令行禁止，上下化之。開皇、仁壽之間，[4]丈夫不衣綾
綺，而無金玉之飾，常服率多布帛，裝帶不過以銅鐵骨
角而已。雖嗇於財，至於賞賜有功，亦無所愛吝。乘輿
四出，路逢上表者，則駐馬親自臨問。或潛遣行人採聽
風俗，吏治得失，人間疾苦，無不留意。嘗遇關中饑，
遣左右視百姓所食。有得豆屑雜糠而奏之者，上流涕以
示群臣，深自咎責，爲之徹膳，不御酒肉者殆將一期。
及東拜太山，關中戶口就食洛陽者，道路相屬。上敕斥
候，[5]不得輒有驅逼。男女參廁於仗衛之間，[6]逢扶老攜
幼者，輒引馬避之，慰勉而去。至艱險之處，見負擔
者，遽令左右扶助之。其有將士戰沒，必加優賞，仍令
使者就家勞問。自強不息，朝夕孜孜，人庶殷繁，帑藏
充實。雖未能臻於至治，亦足稱近代之良主。然天性沈
猜，素無學術，好爲小數，[7]不達大體，[8]故忠臣義士，
莫得盡心竭辭。其草創元勳及有功諸將，誅夷罪退，罕
有存者。又不悅詩書，廢除學校，唯婦言是用，廢黜諸
子。逮于暮年，持法尤峻，喜怒不常，過於殺戮。嘗令

左右送西域朝貢使出玉門關，[9]其人所經之處，或受牧宰小物，饋遺鸚鵡、麖皮、馬鞭之屬，[10]上聞而大怒。又詣武庫，見署中蕪穢不治，於是執武庫令及諸受遺者，[11]出開遠門外，[12]親自臨決，死者數十人。又往往潛令人賂遺令史、府史，[13]有受者必死，無所寬貸。議者以此少之。

　　[1]六王：指畢王賢、趙王招、陳王純、越王盛、代王達、滕王逌。傳皆見《周書》卷一三、《北史》卷五八。

　　[2]三方之亂：指尉遲迥、王謙、司馬消難起兵反楊堅。

　　[3]克定二邊：宋刻遞修本、汲古閣本、殿本、庫本同底本。中華本校勘記云："《北史·隋本紀上》、《册府》一八作'克定三邊'，指尉遲迥、司馬消難、王謙'三方之亂'。"校勘記所考確，"二"當是"三"之訛。

　　[4]開皇：隋文帝楊堅年號（581—600）。

　　[5]斥候：指偵察、候望的人。

　　[6]仗衛：手持兵仗的侍衛。

　　[7]小數：小權術、小手段。

　　[8]大體：重要的義理，有關大局的道理。

　　[9]朝貢使：古時稱藩屬國或外國入朝貢獻本地產物的使者。
玉門關：關名。西漢武帝置。故址在今甘肅敦煌市西北小方盤城；一說本在今甘肅玉門市西北赤金堡一帶，後始遷至小方盤城。六朝時關址東移今甘肅安西縣東雙塔堡附近。

　　[10]麖（jīng）：鹿的一種。水鹿。又名馬鹿、黑鹿。

　　[11]武庫令：官名。爲衛尉寺下轄武庫署長官。掌兵器及吉凶儀仗。正八品。大業三年增爲正六品。

　　[12]開遠門：城門名。即隋大興城（今陝西西安市）西面北門。

[13]令史、府史：隋、唐吏職名。尚書省六部諸司、諸臺省、東宮詹事府、左右春坊及其下各局署皆置令史。九寺、諸監、衛所置的則稱府史。這些吏職掌文書案牘，亦常差充他職。

　　史臣曰：高祖龍德在田，[1]奇表見異，晦明藏用，故知我者希。始以外戚之尊，受託孤之任，與能之議，未爲當時所許，是以周室舊臣，咸懷憤惋。既而王謙固三蜀之阻，[2]不逾期月，尉迥舉全齊之衆，[3]一戰而亡，斯乃非止人謀，抑亦天之所贊也。乘茲機運，遂遷周鼎。[4]于時蠻夷猾夏，荊、楊未一，[5]劬勞日昃，經營四方。樓船南邁則金陵失險，[6]驃騎北指則單于款塞，[7]《職方》所載，[8]並入疆理，《禹貢》所圖，[9]咸受正朔。[10]雖晉武之克平吳、會，[11]漢宣之推亡固存，[12]比義論功，不能尚也。七德既敷，[13]九歌已洽，[14]要荒咸暨，[15]斥候無警。[16]於是躬節儉，平徭賦，倉廩實，法令行，君子咸樂其生，小人各安其業，強無陵弱，衆不暴寡，人物殷阜，朝野歡娛。二十年間，天下無事，區宇之内晏如也。考之前王，是以參蹤盛烈。[17]但素無術學，[18]不能盡下，無寬仁之度，有刻薄之資，暨乎暮年，此風逾扇。又雅好符瑞，[19]暗於大道，[20]建彼維城，[21]權侔京室，皆同帝制，靡所適從。聽哲婦之言，[22]惑邪臣之説，[23]溺寵廢嫡，[24]託付失所。滅父子之道，開昆弟之隙，[25]縱其尋斧，翦伐本枝。墳土未乾，子孫繼踵屠戮，松檟纔列，天下已非隋有。惜哉！迹其衰怠之源，稽其亂亡之兆，起自高祖，成於煬帝，所由來遠矣，非一朝一夕。其不祀忽諸，未爲不幸也。

　　[1]高祖：此是隋文帝楊堅的廟號。帝王死後，在太廟立室奉祀，並追尊某祖某宗的名號，稱廟號。　　龍德在田：語出《易·乾卦》："'見龍在田'，德施普也。"後因以"龍德在田"謂恩德廣被。

　　[2]三蜀：漢初分蜀郡置廣漢郡，武帝時又分置犍爲郡，合稱三蜀。其地相當於今四川中部、貴州北部赤水河流域及雲南金沙江下游以東、會澤縣以北地區。

　　[3]尉迥：人名。即尉遲迥，北周太祖宇文泰之甥，周宣帝時任大前疑、相州總管。傳見《周書》卷二一、《北史》卷六二。齊：古地名。今山東省泰山以北黄河流域和膠東半島地區，爲戰國時齊地，漢以後仍沿稱爲齊。

　　[4]周鼎：周代傳國的九鼎。春秋時楚莊王覬覦王位，因伐戎之便而至周境，遂問周定王使臣周鼎之大小、輕重。後因以周鼎借指國家政權。

　　[5]荆：指荆州。　　楊：殿本、庫本、中華本以及《北史》卷一一《隋文帝紀》皆作"揚"。隋有揚州無楊州。"楊"當是"揚"因字形相似而訛。

　　[6]樓船：有樓的大船。古代多用作戰船。亦代指水軍。

　　[7]單于：漢時匈奴君長的稱號。此代指突厥等少數民族。

　　[8]職方：《周禮》官名。掌天下地圖及四方職責。

　　[9]《禹貢》：《尚書·夏書》篇名。大約成書於周、秦之際。篇中把當時中國劃分爲九州，記述各區域的山川分布、交通、物産狀況以及貢賦等級等，保存了中國古代重要的地理資料。

　　[10]受正朔：古代某獨立政權若改爲尊奉另一王朝的"正朔"，便表示降服，並成爲所尊正朔王朝的一部分。正朔，此謂帝王新頒的曆法。古代帝王易姓受命，必改正（年始）朔（月初）；故夏、殷、周、秦及漢初的正朔各不相同。自漢武帝後，直至現今

的農曆，都用夏制，即以建寅之月爲歲首。

[11]晋武：即西晋武帝。紀見《晋書》卷三。　吳、會：東漢吳、會稽的合稱。兩郡轄地相當於今太湖流域和錢塘江以東以至福建地區。

[12]漢宣：即西漢宣帝劉詢。紀見《漢書》卷八。　推亡固存：語出《尚書·商書》。意爲："有亡道則推而亡之，有存道則輔而固之，王者如此國乃昌。"

[13]七德：指文治的七種德行。《國語·周語中》云："尊貴、明賢、庸勳、長老、愛親、禮新、親舊。"

[14]九歌：古代樂曲。相傳爲禹時樂歌。一説天帝樂名。

[15]要荒：古稱王畿外極遠之地。亦泛指遠方之國。要，要服；荒，荒服。

[16]尉候：古代守邊的都尉與伺敵的斥候。借指邊境。

[17]是以參蹤盛烈：殿本、庫本、中華本和《北史·隋文帝紀》、《太平御覽》卷一〇六《隋高祖》皆作"足以參蹤盛烈"。是以，連詞。因此，所以。故從版本校勘和前後文意推斷"足"字確，底本的"是"字因字形相似而訛。

[18]術學：治國的學識。

[19]符瑞：吉祥的徵兆。多指帝王受命的徵兆。

[20]大道：正道，常理。指最高的治世原則。古代西漢獨尊儒術後主要指倫理綱常等。

[21]維城：連城以衛國。借指皇子或皇室宗族。本文指太子楊廣。

[22]哲婦：多謀慮的婦人。本文指獨孤皇后。

[23]邪臣：奸詐的官吏。本文指楊素等。

[24]溺寵廢嫡：溺寵，指溺愛楊廣；廢嫡，指廢去楊勇太子位。

[25]昆弟：兄弟。此指楊廣和其兄楊勇、弟楊諒等。

隋書　卷三

帝紀第三

煬帝上

　　煬皇帝諱廣，[1]一名英，小字阿㦰，[2]高祖第二子也。[3]母曰文獻獨孤皇后。[4]上美姿儀，少敏慧，高祖及后於諸子中特所鍾愛。在周，[5]以高祖勳，封雁門郡公。[6]

　　[1]煬皇帝：楊廣的謚號。上古有號無謚，周初始制謚法，秦始皇廢而不用，自漢初恢復。即帝王、貴族、大臣死後，據其生前事迹依謚法給予的稱號。隋煬帝楊廣，紀另見本書卷四、《北史》卷一二。　諱：指對君主、尊長輩的名字避開不直稱，或於人死後書其名，名前稱諱，以示尊敬。此指後者。

　　[2]小字：乳名。　㦰：音 mó。

　　[3]高祖：此是隋文帝楊堅的廟號。帝王死後，在太廟立室奉祀，並追尊某祖某宗的名號，稱廟號。紀見本書卷一、二，《北史》卷一一。

　　[4]文獻獨孤皇后：即隋文帝楊堅的皇后獨孤氏。文獻是她的

諡號。"文獻"是復諡，因單字諡號不足以盡其意，故將兩個叠加進一步彰顯。傳見本書卷三六、《北史》卷一四。

[5]周：即北周（557—581），都於長安（今陝西西安市西北郊）。

[6]雁門郡公：爵名。北周十一等爵的第五等。正九命（參見王仲犖《北周六典》卷八《封爵第十九》，中華書局1979年版，第542頁）。

開皇元年，[1]立爲晉王，拜柱國、并州總管，[2]時年十三。尋授武衛大將軍，[3]進位上柱國、河北道行臺尚書令，[4]大將軍如故。[5]高祖令項城公韶、安道公李徹輔導之。[6]上好學，善屬文，沉深嚴重，朝野屬望。高祖密令善相者來和遍視諸子，[7]和曰："晋王眉上雙骨隆起，貴不可言。"既而高祖幸上所居第，見樂器弦多斷絶，又有塵埃，若不用者，以爲不好聲妓，善之。上尤自矯飾，當時稱爲仁孝。嘗觀獵遇雨，左右進油衣，[8]上曰："士卒皆霑濕，我獨衣此乎！"乃令持去。

[1]開皇：隋文帝楊堅年號（581—600）。

[2]柱國：官名。隋文帝因改後周之制形成十一等散實官，以酬勤勞。柱國是第二等，開府置府佐。正二品。　并州：治所在今山西太原市西南古城營。　總管：官名。北周置諸州總管，隋承繼，又有增置。總管全稱是總管刺史加使持節。總管的統轄範圍，可達數州至十餘州，成一軍政管轄區。隋文帝在并、益、荊、揚四州置大總管，其餘州置總管。總管分上、中、下三等，品秩爲流内視從二品、正三品、從三品。

[3]武衛大將軍：官名。隋文帝設左右武衛，各置大將軍一人。

掌領外軍宿衛宮禁。正三品。按，據本書卷一《高祖紀上》，開皇二年授楊廣左武衛大將軍，故知武衛大將軍前脫"左"字。

[4]上柱國：官名。隋文帝因改後周之制形成十一等散實官，以酬勤勞。上柱國是第一等，開府置府佐。從一品。　河北道：特區名。即在黄河中下游以北設置的特區。隋朝在統一戰爭中，於地方置特區，範圍可包括若干州，稱"道"。　行臺尚書令：官名。行臺名始於魏晋。臺指臺閣，在地方代表朝廷行尚書省職權。本掌軍務，北齊以來兼掌民政。隋文帝初於諸道設置行臺尚書省，掌地方軍政。長官爲行臺尚書令，視正二品。

[5]大將軍如故：此句不確。據本書《高祖紀上》，開皇二年正月"辛酉，置河北道行臺尚書省於并州，以晋王廣爲尚書令"。《通鑑》卷一七五《陳紀》太建十四年條記載同。同年二月"庚寅，以晋王廣爲左武衛大將軍"，餘官並如故。故知楊廣任左武衛大將軍是在任河北道行臺尚書令之後。因此，史文記楊廣官職升遷的時間前後顛倒。全句應表述爲："二年，進位上柱國、河北道行臺尚書令，尋授左武衛大將軍，餘官並如故。"

[6]項城公：爵名。爲項城郡公簡稱。隋九等爵的第四等，從一品。　詔：中華本校勘記云："'詔'原作'歆'，據《太平御覽》一〇六改。'詔'即王詔。"王詔時任河北道行臺尚書右僕射。傳見本書卷六二、《北史》卷七五。　安道公：爵名。爲安道郡公簡稱。　李徹：中華本校勘記云："'李徹'上原衍'才'字，今删。"李徹時任總管晋王府軍事。傳見本書卷五四，《北史》卷六六有附傳。

[7]來和：人名。傳見本書卷七八、《北史》卷八九。

[8]油衣：防雨衣。

　　六年，[1]轉淮南道行臺尚書令。[2]其年，[3]徵拜雍州牧、内史令。[4]

[1]六年：據本書卷二《高祖紀下》知開皇八年十月己未，始置淮南道行臺於壽春，以晉王廣爲尚書令。《通鑑》卷一七六《陳紀》禎明二年條記載同。另，本書卷一《高祖紀上》載：開皇六年"十月己酉，以河北道行臺尚書令、并州總管、晉王廣爲雍州牧，餘官如故"。證開皇六年楊廣仍在河北道任行臺尚書令。由上可斷，此處將楊廣轉淮南道行臺尚書令繫於開皇六年誤，當是開皇八年。故此楊廣轉淮南道行臺尚書令也應放到開皇八年條中。

[2]轉：官制用語。官員調動稱"轉"。此處是指同品秩的調動。　淮南道：特區名。即在淮河以南設置的軍政特區。

[3]其年：從前引文可知，楊廣拜雍州牧是在開皇六年十月己酉任河北道行臺尚書令時，而非轉任淮南道行臺尚書令之後。

[4]雍州：隋都城長安所在地之州，治所在今陝西西安市。牧：官名。都城所在州的長官。從二品。　內史令：官名。內史省長官，掌皇帝詔令出納宣行，居宰相之職。隋初內史省置監、令各一人，尋廢監，置令二人。正三品。

八年冬，大舉伐陳，[1]以上爲行軍元帥。[2]及陳平，[3]執陳湘州刺史施文慶、散騎常侍沈客卿、市令陽慧朗、刑法監徐析、尚書都令史暨慧，[4]以其邪佞，有害於民，斬之右闕下，[5]以謝三吳。[6]於是封府庫，資財無所取，天下稱賢。進位太尉，[7]賜輅車、乘馬，[8]袞冕之服，玄珪、白璧各一。[9]復拜并州總管。[10]俄而江南高智慧等相聚作亂，[11]徙上爲揚州總管，[12]鎮江都，[13]每歲一朝。高祖之祠太山也，[14]領武候大將軍。[15]明年，歸藩。

[1]陳：即南朝陳（557—589），都建康（今江蘇南京市）。

　　[2]行軍元帥：出征軍的統帥名。根據需要臨時任命，事罷
則廢。

　　[3]及陳平：據本書卷二《高祖紀下》，陳國平是在開皇九年
正月。本段記事時間籠統，爲防誤讀，對重要史實發生時間，加以
補注。

　　[4]湘州：治所在今湖南長沙市。　施文慶：人名。施文慶被
任命爲湘州刺史，並未赴任，與沈客卿同爲中書舍人掌機要。傳見
《南史》卷七七。　散騎常侍：官名。南朝陳集書省長官。掌侍從
皇帝左右，獻納得失；省諸奏聞文書，意異者，隨事爲駁；常侍高
功者一人爲祭酒，掌糾劾禁令。第三品。　沈客卿：人名。陳後主
時任中書舍人。傳見《南史》卷七七。　市令：官名。又稱太市
令。陳朝屬太府寺，掌集市貿易。梁朝爲一班，陳朝品位不詳。
陽慧朗：人名。諸本皆同，《通鑑》卷一七七《隋紀》開皇九年正
月條記載也同。唯《南史·沈客卿傳》作“陽惠朗”。另，中華本
《北史》卷一二《隋煬帝紀》作“湯慧朗”。校勘記考證後指出：
“疑‘湯’誤。”總之，此人當名陽慧朗。　刑法監：官名。南朝
陳品級、執掌不見史籍詳載。　徐析：人名。諸本皆同。另《北
史·隋煬帝紀》和《通鑑》卷一七七《隋紀》開皇九年正月條皆
作“徐析”。唯《南史·沈客卿傳》作“徐哲”。似“徐析”確。
事迹參見《南史·沈客卿傳》。　尚書都令史：官名。又稱都事，
屬尚書省。協助尚書左、右丞管理都省事務，監督諸曹尚書、尚書
郎等。梁朝爲二班，陳朝品級不詳。按，《南史·沈客卿傳》作
“尚書金、倉都令史”。　暨慧：人名。按，《南史·沈客卿傳》爲
“暨慧景”；《通鑑》卷一七七《隋紀》開皇九年正月條雖也作“暨
慧”，但胡三省注云“‘暨慧’之下逸‘景’字”。事迹參見《南
史·沈客卿傳》。

　　[5]右闕：諸本皆同。但《北史·隋煬帝紀》、《南史·沈客卿
傳》、《通鑑》卷一七七《隋紀》開皇九年正月條皆作“石闕”。

　　[6]三吳：地區名。東晉南朝時所指説法不一：一説指吳郡

（治所在今江蘇蘇州市）、吴興（治所在今浙江湖州市南）、會稽（治所在今浙江紹興市）三郡；一説指吴郡、吴興、丹陽（治所在今江蘇南京市）三郡；一説指吴郡、吴興、義興（治所在今江蘇宜興市）三郡。

[7]太尉：官名。三公之一，隋初参議國家大事，置府僚，但不久就省除府及僚佐，成了榮譽性質的頭銜。正一品。

[8]輅（lù）車：一種特殊規格的車。古代爲區别身份貴賤高低而制定輿輦制，即不同等級的人乘不同規格的車。具體制度隨時而變，代有不同。隋代的輿輦制詳見本書《禮儀志五》。

[9]袞冕：戴冕加穿袞衣曰袞冕，天子、上公皆有之。袞即袞衣，又稱袞服，爲古代帝王及上公繡龍的禮服。冕，古代帝王、諸侯、卿大夫所戴的禮帽。　玄珪：同“玄圭”。黑玉，古代禮器。
白璧：白色平圓形中間有孔的玉器。古以白璧爲重寶。

[10]復拜并州總管：據《通鑑》卷一七七《隋紀》載，楊廣復拜并州總管是在開皇九年四月。

[11]高智慧：人名。越州會稽人，開皇十年十一月舉兵反，後被鎮壓遭誅。事略見本書《高祖紀下》、卷三八《劉昉傳》，《通鑑》卷一七七《隋紀》開皇十年十一月條。

[12]徙上爲揚州總管：據《通鑑》卷一七七《隋紀》載，楊廣徙任揚州總管是在開皇十年十一月。

[13]江都：揚州總管府所在地，治所在今江蘇揚州市。

[14]太山：即今山東泰山。

[15]武候大將軍：官名。隋初置左右武候府，掌皇帝出宫巡狩時的先驅後殿、晝夜警備等軍務。長官爲左右武候大將軍，各一員，正三品。

後數載，突厥寇邊，[1]復爲行軍元帥，出靈武，[2]無虜而還。[3]及太子勇廢，[4]立上爲皇太子。是月，當受

册。[5]高祖曰：“吾以大興公成帝業。”[6]令上出舍大興
縣。[7]其夜，烈風大雪，地震山崩，民舍多壞，壓死者
百餘口。

[1]突厥：古族名、國名。廣義包括突厥、鐵勒諸部落，狹義
專指突厥。公元六世紀時游牧於金山（今阿爾泰山）以南，因金山
形似兜鍪，俗稱“突厥”，遂以名部落。西魏廢帝元年（552），土
門自號伊利可汗，建立突厥汗國，后分裂爲西突厥、東突厥兩個汗
國。傳見本書卷八四、《北史》卷九九、《舊唐書》卷一九四、《新
唐書》卷二一五。按，據本書卷二《高祖紀下》、《通鑑》卷一七
九《隋紀》，此事發生在開皇二十年四月，“突厥”是指西突厥達
頭可汗。

[2]靈武：據《通鑑》卷一七九《隋紀》開皇二十年四月條作
“靈武道”，胡三省注“即靈州道”。靈州治所在今寧夏靈武市
西南。

[3]無虜而還：本書《高祖紀下》則云“擊破之”。兩者有異。
關於此事的詳細經過，可見《通鑑》卷一七九《隋紀》開皇二十
年四月壬戌條及《考異》。

[4]勇：人名。即隋文帝楊堅長子楊勇。傳見本書卷四五、
《北史》卷七一。

[5]受册：指接受皇太子的册封。

[6]大興公：爵名。北周十一等爵的第四等。正九命。北周明
帝時，封楊堅爲大興公。

[7]大興縣：治所在今陝西西安市。

仁壽初，[1]奉詔巡撫東南。是後高祖每避暑仁壽
宮，[2]恒令上監國。[3]

[1]仁壽：隋文帝楊堅年號（601—604）。

[2]仁壽宮：宮室名。在今陝西麟游縣境内。

[3]監國：古代君王外出，以太子或諸王代行處理國政。

四年七月，高祖崩，上即皇帝位於仁壽宮。

八月，奉梓宮還京師。[1]并州總管漢王諒舉兵反，[2]詔尚書左僕射楊素討平之。[3]

[1]梓宮：指隋文帝的靈柩。

[2]漢王諒：即隋文帝楊堅第五子楊諒，開皇元年封漢王。傳見本書卷四五、《北史》卷七一。

[3]尚書左僕射：官名。隋尚書省置左右僕射各一人，地位僅次於尚書令。由於隋代尚書令不常置，僕射成爲尚書省實際長官，是宰相之職。從二品。　楊素：人名。傳見本書卷四八，《北史》卷四一有附傳。

九月乙巳，以備身將軍崔彭爲左領軍大將軍。[1]

[1]備身將軍：官名。按，據本書《百官志下》和《通典》卷二八《職官十·左右驍衛》載：開皇十八年始置備身府，備身將軍當是備身府之軍官。　崔彭：人名。傳見本書卷五四，《北史》卷三二有附傳。　左領軍大將軍：官名。按，《北史》卷一二《隋煬帝紀》和本書卷五四、《北史》卷三二《崔彭傳》記載同。本書《百官志下》、《通典》卷二八《職官十·左右領軍衛》載隋文帝朝，"左右領軍府，各掌十二軍籍帳、差科、辭訟之事。不置將軍。唯有長史、司馬"等。然據此可推知最遲仁壽末年左右領軍府已各置領軍大將軍了。

十一月乙未，幸洛陽。[1]丙申，發丁男數十萬掘塹，自龍門東接長平、汲郡，[2]抵臨清關，[3]度河，[4]至浚儀、襄城，[5]達於上洛，[6]以置關防。[7]

[1]洛陽：城名。又作"雒陽"。故城有二：一在今河南洛陽市東白馬寺東二里洛河北岸。原爲周成王營建雒邑的成周城，戰國時因位於雒水之北改稱雒陽。三國魏自以爲土德，水得土而活，土得水而柔，去隹加水，改爲"洛"字，稱洛陽。先後爲東周、東漢、三國魏、西晉、北魏都城。另一爲隋煬帝大業初建，以爲東京。在前故城西十八里，即在今洛陽市。按，雖新城尚未建成，但煬帝意選新址，故此洛陽當指後者所在地。

[2]龍門：縣名。治所在今山西河津市西。　長平：郡名。治所在今山西晉城市東北高都鎮。　汲郡：治所在今河南浚縣西南。

[3]臨清關：關名。在今河南新鄉市東北，古黃河北岸。

[4]河：指黃河。

[5]浚儀：縣名。治所在今河南開封市。　襄城：郡名。治所在今河南汝州市。

[6]上洛：郡名。治所在今陝西商洛市商州區。

[7]關防：此指設兵防守、稽查行人的據點。

癸丑，詔曰：

乾道變化，陰陽所以消息，[1]沿創不同，生靈所以順叙。若使天意不變，施化何以成四時，人事不易，爲政何以鳌萬姓！[2]《易》不云乎："通其變，使民不倦"；[3]"變則通，通則久"。[4]"有德則可久，有功則可大"。[5]朕又聞之，"安安而能遷"，[6]民用丕變。是故姬邑兩周，[7]如武王之意；[8]殷人五徙，[9]成湯后之業。^[10]若不因人順天，^[11]功業見乎變，愛人治國者可不謂歟！

[1]消息：一消一長，互爲更替。

[2]釐：《北史》卷一二《隋煬帝紀》作"利"。

[3]通其變，使民不倦：語出《易·繫辭下》。

[4]變則通，通則久：語出《易·繫辭下》。

[5]有德則可久，有功則可大：語出《易·繫辭上》。

[6]安安而能遷：語出《禮記·曲禮上》。此句意是：目前雖安居了，但這種安居若對以後有害，則必須早遷徙。安安，安然舒緩的樣子。

[7]姬邑兩周：姬，周王室姓。兩周，指宗周、成周，即西都鎬京、東都雒邑。

[8]武王：即周武王姬發。詳見《史記》卷四《周本紀》。

[9]殷人五徙：指商湯至盤庚的五次遷都。

[10]湯后：即湯王。詳見《史記》卷三《殷本紀》。湯，即商王朝的建立者；后，古代天子和列國諸侯皆稱后。

[11]人：《北史·隋煬帝紀》作"民"，確。"人"爲避李世民諱改。

　　然雒邑自古之都，^[1]王畿之內，天地之所合，陰陽之所和。控以三河，^[2]固以四塞，^[3]水陸通，貢賦等。故漢祖曰："吾行天下多矣，唯見雒陽。"^[4]自古皇王，何嘗不留意，所不都者蓋有由焉。或以九州未一，或以困其府庫，作雒之制所以未暇也。我有隋之始，便欲創茲懷、雒，^[5]日復一日，越暨于今。念茲在茲，興言感哽！

[1]雒邑：即洛陽。

[2]三河：地區名。漢朝稱河東、河內、河南三郡爲三河。此泛指這一帶地區。

[3]四塞：此指洛陽周圍的四個關口，即東城皋、南伊闕、北孟津、西函谷。

[4]吾行天下多矣，唯見雒陽：語出《史記》卷五六《陳丞相世家》。

[5]懷：州名。治所在今河南沁陽市。 雒：指洛陽。

朕肅膺寶曆，纂臨萬邦，遵而不失，心奉先志。今者漢王諒悖逆，毒被山東，[1]遂使州縣或淪非所。此由關河懸遠，兵不赴急，加以并州移戶，復在河南。[2]周遷殷人，[3]意在於此。況復南服迢遠，[4]東夏殷大，[5]因機順動，今也其時。群司百辟，[6]僉諧厥議。但成周墟埛，[7]弗堪胥宇。[8]今可於伊、雒營建東京，[9]便即設官分職，以爲民極也。

[1]山東：地區名。戰國、秦、漢時代，通稱華山或崤山以東爲山東。函括今河北、河南、山東等省。

[2]并州移戶，復在河南：據《通鑑》卷一八〇《隋紀》仁壽四年條載，煬帝鎮壓并州總管楊諒叛後，"諒所部吏民坐諒死、徙者二十餘萬家"。此句即指被遷移到黃河以南的并州民戶。河南，地區名，泛指黃河以南地區。

[3]周遷殷人：周公東征結束武庚叛亂後，將商都（今河南安陽市西北小屯村）一帶參加武庚叛亂的"殷頑民"強制遷移到洛水北岸。

[4]南服：地區名。周制，以土地距國都遠近分爲五服。南方稱南服。

［5］東夏：地區名。指中國東部。

［6］群司：百官。　百辟：原指諸侯，後也泛指公卿大官。

［7］成周：即周東都雒邑。周成王時周公所築，在今河南洛陽市東白馬寺附近。

［8］胥宇：中華書局新修訂本校勘記云：“‘胥’原作‘葺’，據《北史》卷一二《隋本紀》下、《册府》卷一三《帝王部·都邑》改。《詩·大雅·緜》：‘古公亶父，來朝走馬。率西水滸，至於岐下。爰及姜女，聿來胥宇。’”今從改。胥宇，勘查便於築屋的地基與方向。

［9］伊：水名。即今河南境内伊河。　雒：水名。指今河南境内洛河。　東京：指洛陽。

夫宮室之制本以便生，上棟下宇，足避風露，高臺廣廈，豈曰適形。故《傳》云：“儉，德之共；侈，惡之大。”[1]宣尼有云：“與其不遜也，寧儉。”[2]豈謂瑤臺瓊室方爲宮殿者乎，土堦采椽而非帝王者乎？是知非天下以奉一人，乃一人以主天下也。民惟國本，本固邦寧，百姓足，孰與不足！今所營構，務從節儉，無令雕墙峻宇復起於當今，欲使卑宮菲食將貽於後世。有司明爲條格，[3]稱朕意焉。

［1］儉，德之共；侈，惡之大：語出《左傳》莊公二十四年。

［2］與其不遜也，寧儉：語出《論語·述而》。按，原文是：“奢則不孫，儉則固。與其不孫也，寧固。”孫，同“遜”，驕傲意；固，寒儉。孔子原意是：奢侈就顯得驕傲，儉樸就顯得寒儉。與其驕傲，不如寒儉。本文是對孔子話的活用。

［3］條格：即法律規則。條，條款；格，法式。

十二月乙丑，以右武衞將軍來護兒爲右驍衞大將軍。[1]戊辰，以柱國李景爲右武衞大將軍，[2]以右衞率周羅睺爲右武候大將軍。[3]

[1]右武衞將軍：官名。右武衞府的軍官，輔助長官右武衞大將軍領外軍宿衞。從三品。　來護兒：人名。傳見本書卷六四、《北史》卷七六。　右驍衞大將軍：官名。當是“右驍騎衞大將軍”脱文。按，本書《百官志下》云改名爲“左右騎衞”，誤。其詳考見《百官志下》“煬帝即位，多所改革”一段注。隋文帝開皇十八年置備身府，煬帝即位改左右備身府爲左右驍騎衞府。右驍騎衞大將軍是右驍騎衞府最高長官。職掌宿衞。置一員，正三品。

[2]李景：人名。傳見本書卷六五、《北史》卷七六。

[3]右衞率：官名。太子東宮有左右衞率各一人，掌東宮禁衞。正四品上。　周羅睺（hóu）：人名。傳見本書卷六五、《北史》卷七六。

大業元年春正月壬辰朔，[1]大赦，[2]改元。立妃蕭氏爲皇后。[3]改豫州爲溧州，[4]洛州爲豫州。[5]廢諸州總管府。[6]丙申，[7]立晉王昭爲皇太子。[8]丁酉，以上柱國宇文述爲左衞大將軍，[9]上柱國郭衍爲左武衞大將軍，[10]延壽公于仲文爲右衞大將軍。[11]己亥，以豫章王暕爲豫州牧。[12]

[1]大業：隋煬帝楊廣年號（605—618）。

[2]大赦：岑仲勉云：“《文館詞林》六六八目録載煬帝即位改元大赦詔一首，但其文已佚。”（岑仲勉：《隋書求是》，中華書局2004年版，第17頁）

[3]蕭氏：即隋煬帝皇后。傳見本書卷三六、《北史》卷一四。

[4]溱州：治所在今河南汝南縣。

[5]豫州：此由洛州改成的豫州，治所在今河南洛陽市東北。

[6]總管府：官署名。是總管的軍政機構（參見王仲犖《北周六典》卷一〇《總管府第二十五》，第623頁）。

[7]丙申：《北史》卷一二《隋煬帝紀》同此，但《通鑑》卷一八〇《隋紀》大業元年正月條則載爲“丙辰”。

[8]昭：人名。即隋煬帝長子楊昭。傳見本書卷五九、《北史》卷七一。

[9]宇文述：人名。傳見本書卷六一、《北史》卷七九。　左衛大將軍：官名。隋文帝設左右衛，各置大將軍一人，掌宮掖禁禦，督攝仗衛。正三品。

[10]郭衍：人名。傳見本書卷六一、《北史》卷七四。

[11]延壽公：爵名。全稱延壽郡公。　于仲文：人名。傳見本書卷六〇，《北史》卷二三有附傳。

[12]豫章王：爵名。全稱是豫章郡王。隋九等爵的第二等。從一品。　暕：人名。即楊暕。傳見本書卷五九、《北史》卷七一。

戊申，發八使巡省風俗。下詔曰：

昔者哲王之治天下也，[1]其在愛民乎？既富而教，家給人足，故能風淳俗厚，遠至邇安。治定功成，率由斯道。朕嗣膺寶曆，[2]撫育黎獻，[3]夙夜戰兢，若臨川谷。雖則聿遵先緒，弗敢失墜，永言政術，多有缺然。況以四海之遠，兆民之衆，未獲親臨，問其疾苦。每慮幽仄莫舉，冤屈不申，一物失所，乃傷和氣，萬方有罪，責在朕躬，所以寤寐增歎，而夕惕載懷者也。

[1]治：《北史》卷一二《隋煬帝紀》爲"理"。檢本書用"治"字處《北史》多用"理"字。如本書後文"治定功成""不存治實""政治苛刻"，《北史》爲"理定功成""不存理實""政理苛刻"。但也有例外，如本書"是知昧旦思治"句，《北史》全同。或《北史》避唐高宗李治諱改而不全。因此字之不同多無妨對史實的理解，後凡此類者皆不再注。

[2]寶曆：此指國祚，即帝王之位。按，《北史·隋煬帝紀》此句爲"朕恭嗣寶位"。

[3]黎獻：衆多賢能的人。

今既布政惟始，宜存寬大。可分遣使人，巡省方俗，宣揚風化，薦拔淹滯，申達幽枉。孝悌力田，[1]給以優復。鰥寡孤獨不能自存者，量加振濟。義夫節婦，旌表門閭。高年之老，加其版授，[2]並依別條，賜以粟帛。篤疾之徒，給侍丁者，雖有侍養之名，曾無賙贍之實，明加檢校，使得存養。若有名行顯著，操履修潔，及學業才能，一藝可取，咸宜訪採，將身入朝。所在州縣，以禮發遣。其有蠹政害人，不便於時者，使還之日，具錄奏聞。

[1]孝悌：孝順父母，尊敬兄長。　力田：努力耕田。

[2]版授：授予官職。本文中指對老年人封授榮譽性的虛銜，這是隋朝表示尊老的一種制度。

己酉，以吳州總管宇文弻爲刑部尚書。[1]

[1]吳州：治所在今江蘇蘇州市。　宇文弻（bì）：人名。弻，

"弼"的古字。傳見本書卷五六、《北史》卷七五。　刑部尚書：官名。隋初沿置都官尚書，開皇三年改爲刑部尚書，是尚書省下轄六部之一刑部的長官。職掌刑法、徒隸、勾覆及關禁之政，總判刑部、都官、比部、司門四司之事。置一員，正三品。

二月己卯，以尚書左僕射楊素爲尚書令。[1]

[1]尚書令：官名。尚書省長官，爲宰相之職。置一員，正二品。但隋因其位高權重，不常置。

三月丁未，詔尚書令楊素、納言楊達、將作大匠宇文愷營建東京，[1]徙豫州郭下居人以實之。戊申，詔曰："聽採輿頌，謀及庶民，[2]故能審政刑之得失。是知昧旦思治，欲使幽枉必達，彝倫有章。[3]而牧宰任稱朝委，[4]苟爲徼幸，以求考課，虛立殿最，不存治實，綱紀於是弗理，冤屈所以莫申。關河重阻，無由自達。朕故建立東京，躬親存問。今將巡歷淮海，[5]觀省風俗，眷求讜言，徒繁詞翰，而鄉校之內，[6]闃爾無聞。惋然夕惕，用忘興寢。[7]其民下有知州縣官人政治苛刻，侵害百姓，背公徇私，不便於民者，宜聽詣朝堂封奏，庶乎四聰以達，[8]天下無冤。"又於皁澗營顯仁宮，[9]採海內奇禽異獸草木之類，以實園苑。徙天下富商大賈數萬家於東京。辛亥，發河南諸郡男女百餘萬，[10]開通濟渠，自西苑引穀、洛水達于河，[11]自板渚引河通于淮。[12]庚申，遣黃門侍郎王弘、上儀同於士澄往江南採木，[13]造龍舟、鳳舸、黃龍、赤艦、樓船等數萬艘。[14]

　　[1]納言：官名。門下省長官，職掌封駁制敕，並參與軍國大政決策等，居宰相之職。置二員，正三品。　楊達：人名。本書卷四三有附傳。　將作大匠：官名。隋初仿北齊設將作寺，長官爲將作大匠。職掌國家土木工程修建之政令。置一員，從三品。按，據本書《百官志下》，開皇二十年改將作寺名"將作監"，改將作大匠名"將作大監"（《唐六典》卷二三《將作監》、《通典》卷二七《職官九·將作監》同），大業三年煬帝纔把將作大監改回原名，但此處却稱宇文愷官銜爲將作大匠，當是將作大監之誤。　宇文愷：人名。傳見本書卷六八，《北史》卷六〇有附傳。

　　[2]庶民：《北史》卷一二《隋煬帝紀》作"黎庶"。

　　[3]彝倫：天、地、人之常道。　章：規則、條理。

　　[4]朝委：朝廷的托付。

　　[5]淮海：地區名。泛指古淮水下游近海地區，約當今江蘇中部和北部一帶。

　　[6]鄉校：鄉學。古時其間常評論執政善否。

　　[7]忘：《北史·隋煬帝紀》作"勞"。

　　[8]四聰以達：語出《尚書·堯典》"達四聰"。即廣開四方視聽之意。

　　[9]皁澗：一名黑河，即今河南宜陽縣西南洛河南岸支流澗河。皁即"皂"。　顯仁宮：宮室名。在今河南宜陽縣西南。

　　[10]百餘萬：《通鑑》卷一八〇《隋紀》大業元年、《册府元龜》卷四八七《邦計部·河渠二》同，但《北史·隋煬帝紀》爲"七百萬"。

　　[11]西苑：一名會通苑、芳華苑，在今河南洛陽市西。　穀：指穀水，即今河南洛河支流澗水及其上游澠池縣南澠水。

　　[12]板渚：地名。在今河南滎陽市高村西北牛口峪附近黃河南岸。

　　[13]黃門侍郎：官名。隋初於門下省置給事黃門侍郎，是門下省長官納言之副職，協助納言參議政令的制定。置四員，正三品。

按，據本書《百官志下》，大業三年煬帝改門下省官制，改“給事黃門侍郎”名“黃門侍郎”，去“給事”之名，並減成兩員，但此處就稱王弘的官銜爲黃門侍郎，欠準確。　王弘：人名。大業元年官任給事黃門侍郎，奉命採集樹木，用以營建東都，甚傷民力。事見本書卷四一《蘇威傳》、卷七二《辛公義傳》等。　上儀同：官名。全稱上儀同三司。隋文帝因改北周十一等勳官之制形成十一等散實官，用以酬勤勞，無實際職掌。上儀同三司則是十一等散實官的第七等，可開府置僚佐。從四品上。　於士澄：人名。大業元年官居上儀同三司，奉煬帝命往江南採木，引至東都。事略見本書《食貨志》、卷八〇《南陽公主傳》。

[14]鳳艒（mù）：諸本皆同。中華本校勘記云：“《北史·隋本紀》下作‘鳳艞’。艒是小船，艞是大船。此處應作艞。”

夏四月癸亥，大將軍劉方擊林邑，[1]破之。

[1]大將軍：官名。隋文帝因改北周十一等勳官之制形成十一等散實官，用以酬勤勞，無實際職掌。大將軍是十一等散實官的第四等，可開府置僚佐。正三品。　劉方：人名。傳見本書卷五三、《北史》卷七三。　林邑：地名。故地在今越南中南部。

五月庚戌，民部尚書義豐侯韋冲卒。[1]

[1]民部尚書：官名。隋沿北魏、北齊置度支尚書，開皇三年改稱民部尚書，是尚書省下轄六部之一民部的長官。職掌全國土地、戶口、賦稅、錢糧之政令。置一員，正三品。　義豐侯：爵名。隋九等爵的第六等。正二品。　韋冲：人名。本書卷四七有附傳。

六月甲子，熒惑入太微。[1]

[1]熒惑入太微：古人以太微垣象徵帝位。熒惑象徵兵事，熒惑出則有兵，入則兵散。故"熒惑入太微"含對帝位不利之意。熒惑，火星別名，因隱現不定，令人迷惑，故名。太微，即太微垣，在北斗之南，軫宿和翼宿之北。

秋七月丁酉，制戰亡之家給復十年。丙午，滕王綸、衛王集並奪爵徙邊。[1]

[1]綸：人名。即楊綸。本書卷四四有附傳。　集：人名。即楊集。本書卷四四有附傳。

閏七月甲子，以尚書令楊素爲太子太師，[1]安德王雄爲太子太傅，[2]河間王弘爲太子太保。[3]

[1]太子太師：官名。東宮三師之一，掌教諭太子。正二品。
[2]安德王：爵名。全稱安德郡王。　雄：人名。即楊雄。本名惠，隋文帝楊堅之侄。傳見本書卷四三，《北史》卷六八有附傳。
太子太傅：官名。東宮三師之一，掌教諭太子。正二品。
[3]河間王：爵名。全稱河間郡王。　弘：人名。即楊弘。傳見本書卷四三、《北史》卷七一。　太子太保：官名。東宮三師之一，掌教諭太子。正二品。

丙子，詔曰：
君民建國，教學爲先，移風易俗，必自茲始。而言絕義乖，多歷年代，進德修業，其道寖微。漢採坑焚之餘，[1]不絕如綫，晋承板蕩之運，[2]掃地將盡。自時厥後，軍國多虞，雖復黌宇時建，[3]示同愛禮，函丈或陳，[4]殆爲虛器。遂使紆青拖紫，[5]非以學優，製錦操刀，類多墙面。[6]上陵下替，綱維靡立，雅缺道消，實由於此。

[1]坑焚：指秦始皇焚書坑儒。

[2]板蕩：《詩·大雅》有《板》《蕩》二篇，譏諷周厲王無道，敗壞國家。後於是以板蕩指政局變亂或社會動蕩不安。

[3]黌（hóng）宇：學校。

[4]函丈：《禮記·曲禮上》有"席間函丈"。鄭玄注："函猶容也，講問宜相對容丈，足以指書也。"後專用爲弟子對老師的敬稱。

[5]紆（yū）青拖紫：繫珮印綬，比喻地位顯貴。紆，繫、垂；青、紫，漢制公侯紫綬，九卿青綬。

[6]墙面：《尚書·周官》載："不學墙面，莅事惟煩。"墙面，謂面墙而立，目無所見。喻不學無術。

朕纂承洪緒，思弘大訓，將欲尊師重道，用闡厥繇，[1]講信修睦，敦獎名教。方今宇宙平一，文軌攸同，十步之内，必有芳草，四海之中，豈無奇秀！諸在家及見入學者，若有篤志好古，耽悅典墳，學行優敏，堪膺時務，所在採訪，具以名聞，即當隨其器能，擢以不次。若研精經術，未願進仕者，可依其藝業深淺，門蔭高卑，[2]雖未升朝，並量準給祿。庶夫恂恂善誘，不日成器，濟濟盈朝，何遠之有！其國子等學，[3]亦宜申明舊制，教習生徒，具爲課試之法，以盡砥礪之道。

[1]繇：音 yóu。通"猷"，意"道"。

[2]門蔭：憑借父祖官爵門第循例入官。

[3]國子：指國子學，是隋最高學府。初隸國子寺，置博士、助教各五人。後隸國子監，置博士、助教各一人。學生無常員。

八月壬寅，上御龍舟，幸江都。以左武衛大將軍郭衍爲前軍，右武衛大將軍李景爲後軍。文武官五品已上給樓船，九品已上給黃蔑。舳艫相接，[1]二百餘里。

[1]舳（zhú）艫（lú）：泛指船隻。舳，船後舵；艫，船頭。

冬十月己丑，赦江淮已南。[1]揚州給復五年，[2]舊總管内給復三年。[3]

[1]江淮：指長江、淮河。按，岑仲勉説："《文館詞林》卷六六六目録載煬帝幸江都赦江淮以南詔一首，但其文已佚。"（岑仲勉：《隋書求是》，第 17 頁）

[2]揚州：隋開皇九年改吳州爲揚州，治江都，即今揚州市。

[3]總管：此指揚州總管府。

十一月己未，以大將軍崔仲方爲禮部尚書。[1]

[1]崔仲方：人名。傳見本書卷六〇，《北史》卷三二有附傳。

禮部尚書：官名。尚書省下轄六部之一禮部的長官。掌禮儀、祭祀、宴享等政令，總判禮部、祠部、主客、膳部四曹。置一員，正三品。

二年春正月辛酉，東京成，賜監督者各有差。以大理卿梁毗爲刑部尚書。[1]丁卯，遣十使併省州縣。[2]

[1]大理卿：官名。大理寺長官。掌審獄定刑名，決疑案。置一員，正三品。 梁毗（pí）：人名。傳見本書卷六二、《北史》卷七七。

[2]使：使職，即臨時差遣處理某項事務者，事後即罷。

二月丙戌，詔尚書令楊素、吏部尚書牛弘、大將軍宇文愷、内史侍郎虞世基、禮部侍郎許善心制定輿服。[1]始備輦路及五時副車，[2]上常服，皮弁十有二琪，[3]文官弁服、佩玉，[4]五品已上給犢車、通幰，[5]三公親王加油絡，[6]武官平巾幘、袴褶，[7]三品已上給鼨槊。[8]下至胥吏，服色皆有差。非庶人不得戎服。戊戌，置都尉官。[9]

[1]吏部尚書：官名。尚書省下轄六部之一吏部的長官。掌全國文職官員銓選、考課等政令。置一員，正三品。 牛弘：人名。傳見本書卷四九、《北史》卷七二。 内史侍郎：官名。内史省副長官。隋文帝時内史省置四員，正四品。煬帝大業三年定令，減爲二員。 虞世基：人名。傳見本書卷六七、《北史》卷八三。 禮部侍郎：官名。隋文帝時於禮部四曹之一禮部曹置禮部侍郎一員，爲該曹長官，正六品。煬帝大業三年諸曹侍郎並改稱“郎”，又始置“侍郎”爲尚書省下轄六部之副長官，正四品。此後，禮部侍郎纔成爲禮部副長官。 許善心：人名。傳見本書卷五八、《北史》卷八三。按，《通鑑》卷一八〇《隋紀》大業二年二月條不載禮部侍郎許善心參與此事。《考異》曰：“善心於帝即位之初已左遷。蓋

《紀》誤也。" 輿服：車乘衣冠章服的總稱。古代有輿服制度，以表明等級身份。

[2]輦路：皇帝車駕常經的道路。 五時：指立春、立夏、大暑、立秋、立冬。 副車：皇帝侍從車輛。

[3]皮弁：古冠名。用白鹿皮製成。《周禮·夏官·弁師》："王之皮弁，會五采玉璂，象邸，玉笄。" 璂：玉名。

[4]弁服：弁，冠帽。服，衣服。詳見清人任大椿撰《弁服釋例》。

[5]犢車：牛車。 幰（xiǎn）：車前的帷幔，與車頂平而稍仰。

[6]三公：太尉、司徒、司空的總稱，皆正一品。隋初依舊制，各置府僚，參議國家大事。但不久就省去府及僚佐，置三公則坐於尚書都省，從而失去實權。 油絡：古代車上懸垂的絲質繩網，因其光亮油滑，故名。

[7]平巾幘（zé）：上部平之頭巾，晋代的武官服。幘，包頭巾。 袴（kù）褶（xí）：上服褶而下縛袴，其外不再穿裘裳，故稱袴褶。袴，沒有褲襠的套褲。褶，短袍，騎服。

[8]飑（bó）槊：頂部瓜型之槊。飑，小瓜名。槊，即長矛。

[9]都尉：官名。煬帝於諸郡置都尉、副都尉，專掌軍事，不預行政，與郡太守互不統轄。分別爲正四品、正五品。又置京輔都尉，立府於潼關，領兵鎮守。從三品。

三月庚午，車駕發江都。先是，太府少卿何稠、太府丞雲定興盛修儀仗，[1]於是課州縣送羽毛。百姓求捕之，網羅被水陸，禽獸有堪毳毰之用者，[2]殆無遺類。至是而成。

[1]太府少卿：官名。太府寺副長官，協助本司長官太府卿掌

管倉儲出納及所轄各署事。隋初置一員，正四品上。煬帝增置二員，改從四品。　何稠：人名。傳見本書卷六八、《北史》卷九〇。

太府丞：官名。太府寺屬官，掌判本寺內部日常公務。隋初置六員，正七品下，煬帝改從五品。　雲定興：人名。傳見本書卷六一、《北史》卷七九有附傳。

[2]氅（chǎng）毦（ěr）：羽毛裝飾。

夏四月庚戌，上自伊闕，[1]陳法駕，[2]備千乘萬騎，入於東京。辛亥，上御端門，大赦，[3]免天下今年租稅。癸丑，以冀州刺史楊文思爲民部尚書。[4]

[1]伊闕：縣名。此指伊闕縣，治所在今河南伊川縣西南古城寨。

[2]法駕：皇帝的車駕。

[3]端門：東京洛陽皇城南面有三門，中間稱端門。　大赦：岑仲勉指出《文館詞林》卷六六五載此大赦詔文（岑仲勉：《隋書求是》，第17頁）。

[4]冀州：治所在今河北冀州市。　楊文思：人名。本書卷四八、《北史》卷四一有附傳。

五月甲寅，金紫光禄大夫、兵部尚書李通坐事免。[1]乙卯，詔曰："旌表先哲，式存饗祀，所以優禮賢能，顯彰遺愛。朕永鑒前修，尚想名德，何嘗不興歎九原，[2]屬懷千載。其自古已來賢人君子，有能樹聲立德、佐世匡時、博利殊功、有益於人者，並宜營立祠宇，以時致祭。墳壟之處，不得侵踐。有司量爲條式，[3]稱朕意焉。"

[1]金紫光禄大夫：官名。屬散官，隋文帝置特進、左右光禄大夫等，以加文武官之有德聲者，並不理事。隋初從二品，煬帝大業三年降爲正三品。因其金印紫綬，故名。　兵部尚書：官名。隋尚書省下轄六部之一兵部的長官。掌全國軍衛武官選授之政令，統兵部、職方、駕部、庫部四曹。置一員，正三品。　李通：人名。即李圓通。傳見本書卷六四、《北史》卷七五。岑仲勉指出"名圓通，作'通'者乃隋人簡化二名爲一名之習慣"（岑仲勉：《隋書求是》，第 17 頁）。

[2]九原：九州之土。此泛指中國。

[3]條式：這裏是法律規則意。條，條款；式，規格。

六月壬子，以尚書令、太子太師楊素爲司徒。[1]進封豫章王暕爲齊王。

[1]司徒：官名。隋三公之一。詳見前"三公"注釋。

秋七月癸丑，以衛尉卿衛玄爲工部尚書。[1]庚申，制百官不得計考增級，[2]必有德行功能灼然顯著者擢之。壬戌，擢藩邸舊臣鮮于羅等二十七人官爵有差。甲戌，皇太子昭薨。[3]乙亥，上柱國、司徒、楚國公楊素薨。

[1]衛尉卿：官名。衛尉寺長官，掌軍器、儀杖、帳幕等，總判本寺諸署事務。置一員。隋初正三品，煬帝大業三年降爲從三品。　衛玄：人名。傳見本書卷六三、《北史》卷七六。　工部尚書：官名。尚書省下轄六部之一工部的長官。掌全國百工、屯田、山澤之政令，統工部、屯田、虞部、水部四曹。隋文帝開皇二年始

置，一員。正三品。

[2]考：考課。隋對官吏有考課制度，由吏部考工曹具體負責，考核官吏功過行能的優劣，評定等級。考課成績是官吏升遷任免的重要依據之一。

[3]甲戌，皇太子昭薨：岑仲勉説，"據朔閏考，甲戌二十二日，五九本傳作二十三日"（岑仲勉：《隋書求是》，第17頁）。考本卷、《北史》卷一二《隋煬帝紀》、《通鑑》卷一八〇《隋紀》大業二年七月條皆記楊昭死於甲戌日，楊素死於乙亥（二十三日）。另《北史》卷七一《楊昭傳》未載楊昭具體死日，却説"先是，太史奏言楚分有喪，於是改封越公楊素於楚。及昭薨日，而素亦薨，蓋隋、楚同分也"。本書卷五九《楊昭傳》記楊昭死於二十三日，"三""二"易相訛；前引《北史·楊昭傳》記載的時間又籠統。故在没更有力的證據之前，當以本書本紀等記載的時間爲確。

八月辛卯，封皇孫倓爲燕王，[1]侗爲越王，[2]侑爲代王。[3]

[1]倓：人名。即楊倓。傳見本書卷五九、《北史》卷七一。
[2]侗：人名。即楊侗。傳見本書卷五九、《北史》卷七一。
[3]侑：人名。即楊侑。紀見本書卷五、《北史》卷一二。

九月乙丑，立秦孝王俊子浩爲秦王。[1]

[1]秦孝王俊：即楊俊，諡秦孝王。傳見本書卷四五、《北史》卷七一。　浩：人名。即楊浩。本書卷四五、《北史》卷七一有附傳。

冬十月戊子，以靈州刺史段文振爲兵部尚書。[1]

　[1]靈州：治所在今寧夏靈武市西南。　段文振：人名。傳見本書卷六〇、《北史》卷七六。

　十二月庚寅，詔曰：“前代帝王，因時創業，君民建國，禮尊南面。而歷運推移，年世永久，丘壟殘毀，樵牧相趄，[1]塋兆堙蕪，[2]封樹莫辨。[3]興言淪滅，有愴于懷。自古已來帝王陵墓，可給隨近十户，蠲其雜役，[4]以供守視。”

　[1]趄：音 qū。朝向、奔向。按，底本、汲古閣本、殿本、庫本皆爲“趄”，宋刻遞修本、中華本爲“趨”。
　[2]塋兆：即墓地。塋，墓；兆，也作“垗”，界域。
　[3]封樹：聚土爲墳稱封，植樹爲標記叫樹。
　[4]雜役：又稱雜徭役，是相對正役而言的一種徭役。這種役是政府根據需要，隨時調發做各種雜事。

　三年春正月癸亥，敕并州逆黨已流配而逃亡者，[1]所獲之處，即宜斬決。丙子，長星竟天，出於東壁，[2]二旬而止。是月，武陽郡上言，[3]河水清。[4]

　[1]并州逆黨：指楊諒部下官吏。　流配：犯流刑者應發配至配所服役，稱流配。犯人稱流配人或流人。
　[2]長星竟天，出於東壁：古人據天人感應論，認爲此天象預示除舊布新政。長星，爲彗星的一種。竟天，指長星光芒的長度貫徹天空。東壁，是“壁宿”別名，爲武七宿之一。
　[3]武陽郡：治所在今河北大名縣東北。按，據《元和郡縣

志》卷一六《河北道一》載，"隋煬帝大業三年，罷（魏）州爲武陽郡"。本卷和《通鑑》卷一八〇《隋紀》又載：大業三年四月"壬辰，改州爲郡"。故知大業三年正月魏州尚未改名武陽郡。若此，"是月，武陽郡上言"，應寫作"是月，魏州上言"。

[4]河水清：古人據天人感應論，以黃河水清爲祥瑞。另，《隋書求是》本卷補大業三年正月二十八日行道度人敕。敕文詳載於《廣弘明集》卷三五。（岑仲勉：《隋書求是》，第 17 頁）

　　二月己丑，彗星見於奎，掃文昌，歷大陵、五車、北河，入太微，掃帝坐，前後百餘日而止。[1]

[1]奎：二十八宿之一，白虎七宿的首宿，有星十六顆。　文昌：斗魁上六星的總稱。　大陵：屬胃宿，共八星。　五車：屬畢宿，共五星。　北河：屬井宿，共三星。　帝座：屬天市垣，在候星西。按，《北史》卷一二《隋煬帝紀》也載此條，但"彗星見於東井"一句與此不同。又，本書《天文志下》不載二月己丑星象事，在三月辛亥日有載，而本卷、《北史·隋煬帝紀》却無。

　　三月辛亥，車駕還京師。壬子，以大將軍姚辨爲左屯衛將軍。[1]癸丑，遣羽騎尉朱寬使於流求國。[2]乙卯，河間王弘薨。

[1]以大將軍姚辨爲左屯衛將軍：岑仲勉指出，"辨應作辯，又屯衛上奪大字，均校見前開皇十六年下"（岑仲勉：《隋書求是》，第 18 頁）。姚辯，人名。隋大業七年官至右屯衛大將軍。按，岑仲勉指出，本書此人，有的記爲"姚辯"，有的記爲"姚辨"，"辯、辨字通也"（岑仲勉：《隋書求是》，第 14 頁）。《金石録》卷三有"隋屯衛大將軍姚辯墓誌"，嚴可均《全上古三代秦漢三國六

朝文·全隋文》卷一四《左尉大將軍、左光禄大夫姚恭公墓誌
銘》。左屯衛大將軍，官名。隋文帝置左右領軍府，各掌十二軍籍
帳、差科、詞訟之事，不置將軍。煬帝大業三年改左右領軍府爲左
右屯衛，所統軍士名御林。並各置大將軍一人，正三品；將軍各二
人，從三品。左右屯衛大將軍總判府事，並統所屬鷹揚府。

[2]羽騎尉：官名。開皇六年置，屬武散。從九品。　流求國：
地名。今臺灣本島。

　　夏四月庚辰，詔曰："古者帝王觀風問俗，[1]皆所以
憂勤兆庶，安集遐荒。自蕃夷内附，未遑親撫，山東經
亂，須加存恤。今欲安輯河北，[2]巡省趙、魏。[3]所司依
式。"甲申，頒律令，[4]大赦天下，關内給復三年。[5]壬
辰，改州爲郡。[6]改度量權衡，並依古式。[7]改上柱國已
下官爲大夫。[8]

　　[1]古者帝王觀風問俗：《北史》卷一二《隋煬帝紀》爲"古
者帝王觀風俗"。
　　[2]河北：地區名。泛指黄河以北地域。
　　[3]趙、魏：地區名。泛指戰國時趙國、魏國所轄區域。
　　[4]律令：此指牛弘等編訂的《大業律》十八篇。
　　[5]關内：地區名。秦至唐時稱函谷或潼關以西、隴坂以東、
終南山以北爲關内。
　　[6]改州爲郡：隋文帝於開皇三年十二月廢諸郡，改州、郡、
縣三級爲州、縣兩級制。此改州名郡，成郡、縣兩級。名雖稱郡，
實與隋文帝州、縣兩級制的州無異。
　　[7]改度量權衡，並依古式：據本書《律曆志上》載："開皇官
尺，即鐵尺一尺二寸"。合今長度，梁方仲認爲是 0.296 米，吳承
洛認爲是 0.2951 米，劉復認爲是 0.2957656 米（均見梁方仲《中

國歷代户口、田地、田賦統計》，上海人民出版社 1980 年版，第
541—544 頁）。胡戟認爲約在 0.295—0.296 米之間（參見胡戟《唐
代度量衡與畝里制度》，《西北大學學報》1980 年第 4 期）。本書
《律曆志上》載隋量器，"開皇以古斗三升爲一升"。合今容量，吳
承洛認爲是 594.4 毫升（參前梁方仲書第 545 頁）。本書《律曆志
上》載隋衡器，"開皇以古稱三斤爲一斤"。吳承洛認爲合今重量
是 668.18 克。並依古式，吳承洛認爲，大業三年以後隋一尺合今
23.55 釐米，一升合今 198.1 毫升，一斤合今 222.73 克。（參前梁
方仲書第 543、545 頁）

　　[8]改上柱國已下官爲大夫：舊都督以上至上柱國十一等散實
官稱皆罷廢，新名依次爲：光禄，從一品；左光禄，正二品；右光
禄，從二品；金紫光禄，正三品；銀青光禄，從三品；正議，正四
品；通議，從四品；朝請，正五品；朝散，從五品。仍是散實官。

　　甲午，詔曰：

　　天下之重，非獨治所安，帝王之功，豈一士之略。
自古明君哲后，立政經邦，何嘗不選賢與能，收採幽
滯。[1]周稱多士，漢號得人，常想前風，[2]載懷欽佇。[3]
朕負扆夙興，[4]冕旒待旦，[5]引領巖谷，置以周行，[6]冀
與群才共康庶績。而彙茅寂寞，[7]投竿罕至，[8]豈美璞韜
采，未值良工，將介石在懷，[9]確乎難拔？永鑒前哲，
憮然興歎！凡厥在位，譬諸股肱，若濟巨川，義同舟
楫。豈得保兹寵禄，晦爾所知，優游卒歲，甚非謂也。
祁大夫之舉善，[10]良史以爲至公，臧文仲之蔽賢，尼父
譏其竊位。[11]求諸往古，非無褒貶，宜思進善，用匡
寡薄。

[1]收採：《北史》卷一二《隋煬帝紀》爲“振拔”。

[2]常想前風：《北史・隋煬帝紀》爲“尚想前風”。

[3]欽佇：敬仰、思慕。

[4]負扆（yǐ）：又作“負依”，天子朝諸侯時，負扆南面而坐。扆，户牖間畫有虎紋的屏風。

[5]冕旒（liú）：古代禮冠中最尊貴的一種。外面黑色，裏面朱紅色，冠頂有板，稱延，後高前低，略向前傾。延的前端垂有組纓，穿掛着玉珠，叫做旒。天子的冕十二旒，諸侯九，上大夫七，下大夫五。歷代制度大略相同。南北朝後衹有皇帝用冕旒。

[6]周行（háng）：大路。

[7]彙茅：指進用賢才。語本《易・泰》。

[8]投竿：即罷釣，借指出仕。相傳吕尚釣於渭濱，周文王出獵相遇，與語大悦，同載而歸，以爲師。詳見《史記》卷三二《齊太公世家》。

[9]介石：謂操守堅貞。語出《易・豫》。

[10]祁大夫之舉善：語出《左傳》襄公二十一年。原話爲“祁大夫外舉不棄仇，内舉不失親”。祁大夫，即祁奚。

[11]臧文仲之蔽賢，尼父譏其竊位：語出《論語・衛靈公》原話爲：“子曰：‘臧文仲其竊位者與！知柳下惠之賢而不與立也。’”

夫孝悌有聞，人倫之本，德行敦厚，立身之基。或節義可稱，或操履清潔，所以激貪厲俗，有益風化。强毅正直，執憲不撓，學業優敏，文才美秀，並爲廊廟之用，[1]實乃瑚璉之資。[2]才堪將略，則拔之以禦侮，膂力驍壯，[3]則任之以爪牙。爰及一藝可取，亦宜採録，衆善畢舉，與時無棄。以此求治，庶幾非遠。文武有職事者，五品已上，宜依令十科舉人。[4]有一於此，不必求備。朕當待以不次，隨才升擢。[5]其見任九品已上官者，不在舉送之限。

[1]廊廟：古代帝王和大臣議論政事處，後因此稱朝廷爲廊廟。廊，指殿四周的廊；廟，太廟。

[2]瑚（hú）璉（liǎn）：瑚、璉，都是古代祭祀時盛糧食的器皿。因其貴重，常用以比喻有才能堪當大任。

[3]膂力：《北史》卷一二《隋煬帝紀》爲“力有”。

[4]十科舉人：即皇帝以十科爲科目的名稱下詔徵召，有資格的官員要據此給中央舉薦合格的人才。十科，是隋朝制舉取士的一種，此科有十項名目。

[5]隨才升擢：《北史·隋煬帝紀》爲“隨才升用”。

丙申，車駕北巡狩。丁酉，以刑部尚書宇文弼爲禮部尚書。戊戌，敕百司不得踐暴禾稼，其有須開爲路者，有司計地所收，即以近倉酬賜，務從優厚。己亥，次赤岸澤。[1]以太牢祭故太師李穆墓。[2]

[1]赤岸澤：地名。在今陝西大荔縣西南。

[2]太牢：太牢盛三牲，因之把宴會或祭祀時並用牛、羊、豕三牲叫太牢。也有專指用牛爲太牢，用羊爲少牢。太，大；牢，盛牲的食器。　太師：官名。三師之首。名爲訓導之官，與天子坐而論道，實無具體職權。多贈與德高望重的元老大臣爲榮譽銜，無其人則缺。置一員，正一品。　李穆：人名。傳見本書卷三七、《周書》卷三〇，《北史》卷五九有附傳。

五月丁巳，突厥啓民可汗遣子拓特勤來朝。[1]戊午，發河北十餘郡丁男鑿太行山，[2]達于并州，以通馳道。

丙寅，啓民可汗遣其兄子毗黎伽特勤來朝。^[3]辛未，啓民可汗遣使請自入塞，奉迎輿駕。上不許。癸酉，有星孛于文昌上將，星皆動搖。^[4]

[1]啓民可汗：東突厥突利可汗，名染干，開皇十七年隋文帝册爲啓民可汗。詳見本書卷八四、《北史》卷九九《突厥傳》。拓特勤：此將人名"拓"和官名"特勤"合一，是敬稱啓民可汗子。特勤，突厥官名。多由可汗子弟擔任，祇統部落，不領兵馬。

[2]太行山：綿亘今山西、河南、河北三省界。

[3]毗黎伽特勤：此將人名"毗黎伽"和官名合一，是敬稱啓民可汗兄子。

[4]有星孛于文昌上將，星皆動搖：古人根據天人感應論，認爲這種天象意味着天下將大亂，大臣受殃，國易政。

六月辛巳，獵於連谷。^[1]丁亥，詔曰：

[1]連谷：地名。在今陝西神木縣西北。隋文帝曾在此地置連谷鎮，煬帝改爲連谷戍。

聿追孝饗，^[1]德莫至焉，崇建寢廟，^[2]禮之大者。然則質文異代，損益殊時，學滅坑焚，^[3]經典散逸，憲章湮墜，廟堂制度，^[4]師説不同。所以世數多少，莫能是正，連室異宮，亦無準定。^[5]

[1]孝饗：盡孝道祭祀奉獻祖先。

[2]寢廟：古代宗廟中的寢和廟的合稱。宗廟，前稱廟，後稱寢。

[3]學滅坑焚：指秦始皇焚書坑儒。

[4]廟堂：宗廟明堂。古代帝王遇大事，告於宗廟，議於明堂。

[5]準定：《北史》卷一二《隋煬帝紀》、《册府元龜》卷二九《帝王部·奉先》皆爲"定準"。似"定準"確。

朕獲奉祖宗，欽承景業，永惟嚴配，[1]思隆大典。於是詢謀在位，博訪儒術。咸以爲高祖文皇帝受天明命，奄有區夏，拯群飛於四海，[2]革凋敝於百王，恤獄緩刑，生靈皆遂其性，輕徭薄賦，比屋各安其業。恢夷宇宙，[3]混壹車書。東漸西被，[4]無思不服，南征北怨，俱荷來蘇。[5]駕黿乘風，歷代所弗至，辮髪左袵，聲教所罕及，莫不厥角關塞，[6]頓顙闕庭。譯靡絕時，書無虚月，韜戈偃武，[7]天下晏如。嘉瑞休徵，[8]表裏禔福，猗歟偉歟，無得而名者也。

[1]嚴配：此總稱父母。嚴，對父親的尊稱；配，夫婦稱配偶，故稱妻爲配。

[2]群飛：喻紛亂。

[3]恢夷：諸本及《册府元龜》卷二九《帝王部·奉先二》也爲"恢夷"，但《北史》卷一二《隋煬帝紀》爲"芟夷"，即"消除"意。恢，擴大；夷，削平。

[4]東漸西被：語出《尚書·禹貢》："東漸于海，西被于流沙，朔南暨聲教，訖于四海。"漸，入。後用作向東流傳之意。被，至，達到。

[5]俱荷（hè）來蘇：意從疾苦中獲得重生。荷，承受。來蘇，語出《尚書·仲虺之誥》。

[6]厥角：語出《尚書·泰誓》："百姓懍懍，若崩厥角。"厥

角，獸的頭角。後來稱以頭叩地爲厥角。

[7]偃武：殿本、庫本、中華本同底本，《册府元龜》卷二九《帝王部·奉先二》也爲“偃武”，但《北史·隋煬帝紀》爲“偃伯”，即休戰意。

[8]嘉瑞：祥瑞。中國古代基於天人感應，把有些自然現象的出現視爲社會祥瑞。

　　朕又聞之，德厚者流光，[1]治辨者禮縟。[2]是以周之文、武，漢之高、光，其典章特立，謚號斯重，[3]豈非緣情稱述，即崇顯之義乎？高祖文皇帝宜別建廟宇，以彰巍巍之德，仍遵月祭，用表蒸蒸之懷。有司以時創造，務合典制。又名位既殊，禮亦異等。天子七廟，[4]事著前經，諸侯二昭，[5]義有差降，故其以多爲貴。[6]王者之禮，今可依用，貽厥後昆。

[1]流光：語出《穀梁傳》僖公十五年。意福澤流傳至後世。

[2]治辨：語出《荀子·正論》。指處理事務合宜。　禮縟：禮，此是規定社會行爲的法則、規範、儀式的總稱。縟，繁密。

[3]謚號：帝王、貴族、士大夫死後，依其生前事迹按謚法給予的贈號，以示褒貶。

[4]七廟：古代宗法制度，宗廟或墓地的輩次排列，以始祖居中，二、四、六世位於始祖的左方，稱“昭”，三、五、七世位於右方，稱“穆”，用來區別宗族内部的長幼、親疏和遠近。七廟，據《禮記·王制》：“天子七廟，三昭、三穆，與太祖之廟而七。”即歷代帝王爲進行宗法統治，設七廟供奉七代祖先。

[5]二昭：此是“二昭二穆”的略文，指諸侯據禮法祇能設五廟供奉五代祖先。

[6]其：諸本皆同，《册府元龜》卷二九《帝王部·奉先二》

也爲“其”，但《北史》卷一二《隋煬帝紀》爲“知”。

戊子，次榆林郡。[1]丁酉，啓民可汗來朝。己亥，吐谷渾、高昌並遣使貢方物。[2]甲辰，上御北樓，[3]觀漁于河，以宴百僚。

[1]榆林郡：隋大業十三年改勝州置。治所在今内蒙古准格爾旗東北十二連城。

[2]吐谷渾：古族名。本遼東鮮卑之種，姓慕容氏，西晉時西遷至群羌故地，北朝至隋唐時期游牧於今青海北部和新疆東南部地區。傳見本書卷八三、《晋書》卷九七、《魏書》卷一〇一、《周書》卷五〇、《北史》卷九六、《舊唐書》卷一九八、《新唐書》卷二二一上。　高昌：此指麴氏高昌王國。傳見本書卷八三、《北史》卷九七、《舊唐書》卷一九八、《新唐書》卷二二一。

[3]北樓：此指榆林郡治所的北城樓。

秋七月辛亥，啓民可汗上表請變服，襲冠帶。[1]詔啓民贊拜不名，[2]位在諸侯王上。甲寅，上於郡城東御大帳，其下備儀衛，[3]建旌旗，宴啓民及其部落三千五百人，奏百戲之樂。[4]賜啓民及其部落各有差。丙子，殺光禄大夫賀若弼、禮部尚書宇文弼、太常卿高熲。[5]尚書左僕射蘇威坐事免。[6]發丁男百餘萬築長城，西距榆林，[7]東至紫河，[8]一旬而罷，[9]死者十五六。

[1]冠帶：此指漢族的帽子和腰帶。
[2]贊拜不名：君主對大臣的一種特殊禮遇。贊拜，臣子朝拜君王司儀宣讀行禮的儀式。不名，不報自己的姓名。

[3]儀衛：儀仗隊的統稱，文的稱"儀"，武的稱"衛"。

[4]百戲：古代的散樂雜戲，如扛鼎、吞火、爬竿、履火、耍龍燈等。

[5]光禄大夫：官名。屬散實官，煬帝大業三年廢特進，改置光禄大夫等九大夫。從一品。　賀若弼：人名。傳見本書卷五二，《北史》卷六八有附傳。　太常卿：官名。太常寺長官，掌國家禮樂，郊廟社稷祭祀等事，總轄郊社、太廟等十一署。置一員，正三品。　高熲：人名。傳見本書卷四一、《北史》卷七二。

[6]蘇威：人名。傳見本書卷四一，《北史》卷六三有附傳。

[7]榆林：即榆林郡。

[8]紫河：河名。即今内蒙古烏蘭察布盟南境黄河支流渾河。

[9]一旬而罷：諸本皆同。中華本校勘記指出"《北史·隋本紀》下作'二旬而罷'"。另，檢《通鑑》卷一八〇《隋紀》大業三年三月、《册府元龜》卷九九〇《外臣部·備禦三》也皆作"二旬而畢"。

八月壬午，車駕發榆林。乙酉，啓民飾廬清道，以候乘輿。帝幸其帳，啓民奉觴上壽，宴賜極厚。上謂高麗使者曰：[1]"歸語爾王，當早來朝見。不然者，吾與啓民巡彼土矣。"皇后亦幸義城公主帳。[2]己丑，啓民可汗歸蕃。癸巳，入樓煩關。[3]壬寅，次太原。[4]詔營晋陽宮。[5]

[1]高麗：古國名。此時亦稱高句麗。故地在今朝鮮半島北部。傳見本書卷八一、《北史》卷九四、《舊唐書》卷一九九上、《新唐書》卷二二〇。

[2]義城公主：隋宗室女，開皇十九年出嫁突厥啓民可汗。啓民死，繼爲處羅、頡利可汗妻。隋亡，數請頡利出兵攻唐，爲隋報

仇。頡利敗時被殺。按，中華本校勘記云：“本書中多作‘義成公主’。‘城’‘成’二字有時通用。”

［3］樓煩關：關名。位今山西寧武縣東北陽方口。

［4］太原：郡名。此指太原郡，隋煬帝大業三年改并州爲太原郡。治所在今山西太原市西南古城營。

［5］晋陽宮：宮殿名。位今山西太原市西南古城營。

九月己未，次濟源。[1]幸御史大夫張衡宅，[2]宴享極歡。己巳，至于東都。壬申，以齊王暕爲河南尹、開府儀同三司。[3]癸酉，以民部尚書楊文思爲納言。

［1］濟源：縣名。指濟源縣。隋文帝開皇十六年分軹縣置。治所在今河南濟源市。

［2］御史大夫：官名。御史臺長官，職掌國家刑憲典章之政令，司彈劾糾察百官等。置一員。其品級，隋大業五年（按，此據本書《百官志下》，而《唐六典》卷一三《御史臺》爲“大業八年”）前是從三品，此年降爲正四品。　張衡：人名。傳見本書卷五六、《北史》卷七四。

［3］河南：郡名。即河南郡。隋煬帝大業元年改洛州名豫州，大業三年又改名河南郡，治所在洛陽。　尹：官名。隋煬帝大業三年改州名郡，京兆、河南郡因是都城所在地，行政長官稱尹。各置一員，正三品。　開府儀同三司：官名。隋文帝因改後周之制形成十一等散實官，以酬勤勞。開府是第六等，開府置府佐。正四品。

四年春正月乙巳，詔發河北諸郡男女百餘萬開永濟渠，[1]引沁水南達于河，[2]北通涿郡。[3]庚戌，百僚大射於允武殿。[4]丁卯，賜城内居民米各十石。壬申，以太府卿元壽爲内史令，[5]鴻臚卿楊玄感爲禮部尚書。[6]癸

酉，以工部尚書衛玄爲右候衛大將軍，[7]大理卿長孫熾
爲民部尚書。[8]

[1]詔發河北諸郡男女百餘萬開永濟渠：《北史》卷一二《隋
煬帝紀》、《册府元龜》卷四九七《邦計部·河渠二》同，但《通
鑑》卷一八一《隋紀》大業四年正月爲“詔發河北諸軍百餘萬穿
永濟渠”。永濟渠，運河名。關於永濟渠詳情，可參見《元和郡縣
圖志》卷一六、一七，黄盛璋《永濟渠考》（《地理集刊》第18
號）。

[2]沁水：即今沁河，源出山西沁源縣北太岳山東麓，南流至
河南武陟縣入黄河。

[3]涿郡：大業初改幽州置，治所在今北京市西南隅。

[4]大射：爲祭祀而舉行的射禮。 允武殿：隋東京宫殿名。

[5]太府卿：官名。太府寺長官，掌庫儲出納。在大業三年
（此據本書《百官志下》和《通鑑》卷一八〇《隋紀》大業四年；
《唐六典》卷二二《少府監》、《通典》卷二七《少府監》則爲
“大業五年”）從太府寺分出少府監前，還兼管百工技巧、官府手
工業。置一員。大業四年前正三品，此年降爲從三品。 元壽：人
名。傳見本書卷六三、《北史》卷七五。

[6]鴻臚卿：官名。鴻臚寺長官，掌册封諸藩、接待外使及凶
儀等事。開皇三年曾廢鴻臚寺，將其職能歸入太常寺；開皇十二年
又恢復。卿置一員，隋初正三品，煬帝降爲從三品。 楊玄感：人
名。傳見本書卷七〇，《北史》卷四一有附傳。

[7]右候衛大將軍：官名。隋文帝時設左右武候，置大將軍各
一人。掌皇帝車駕出，先驅後殿，晝夜巡察，執捕奸非，烽候道路
等；巡狩時則掌營禁。正三品。煬帝大業三年改左右武候名左右候
衛，爲十二衛之一，其他未變。右候衛大將軍是右候衛長官。

[8]長孫熾：人名。本書卷五一、《北史》卷二二有附傳。

二月己卯，遣司朝謁者崔毅使突厥處羅，^[1]致汗血馬。^[2]

[1]司朝謁者：官名。煬帝大業三年始置謁者臺，與御史大夫、司隸臺合稱三臺。置謁者大夫爲謁者臺長官，掌執詔勞問、出使慰撫，受理冤枉而申奏之。置司朝謁者二人爲副，從五品。　崔毅：人名。中華書局新修訂本校勘記云：“即崔君肅。”《通鑑》卷一八一《隋紀》大業四年所載同此。崔君肅事見《周書》卷三六、《北史》卷六七《崔彥穆傳》。　處羅：西突厥可汗號，全稱爲泥撅處羅可汗，即西突厥泥利可汗之子達漫。詳見本書卷八四、《北史》卷九九、《舊唐書》卷一九四、《新唐書》卷二一五《突厥傳》。

[2]汗血馬：古代產於大宛即今中亞費爾干納盆地一帶的駿馬名。詳見《漢書》卷六《武帝紀》太初四年條及應劭注。

三月辛酉，以將作大匠宇文愷爲工部尚書。壬戌，百濟、倭、赤土、迦羅舍國並遣使貢方物。^[1]乙丑，車駕幸五原，^[2]因出塞巡長城。丙寅，遣屯田主事常駿使赤土，^[3]致羅剎。^[4]

[1]百濟：古國名。故地在今朝鮮半島西南部。傳見本書卷八一、《北史》卷九四、《舊唐書》卷一九九上、《新唐書》卷二二〇。　倭：古代稱日本國爲倭國。傳見本書卷八一、《北史》卷九四、《舊唐書》卷一九九上、《新唐書》卷二二〇。　赤土：古國名。故地有在今巨港、馬六甲、宋卡等説，一般認爲在今馬來半島（參見陳碧笙《〈隋書〉赤土國究在何處》，《中國史研究》1980 年第 4 期；周桓《〈隋書〉中的赤土應在何處》，《歷史教學》1983 年第 7 期）。傳見本書卷八二、《北史》卷九五，以及《通典》卷一

八八《邊防四·赤土》。　迦羅舍國：古國名。故地在今巴厘島上。

[2]五原：胡三省認爲此五原指隋煬帝以豐州改的五原郡（《通鑑》卷一八一《隋紀》大業四年三月乙丑條胡三省注）。若此，治所在今內蒙古五原縣西南。岑仲勉認爲此五原是太原之訛（參見岑仲勉《隋書求是》，第 102 頁）。若此，治所即在今山西太原市。胡戟認爲此五原指鹽州郡治所五原縣（參見胡戟《隋煬帝新傳》，上海人民出版社 1995 年版，第 134 頁）。若此，治所即在今陝西定邊縣。

[3]屯田主事：官名。尚書省工部第二曹名屯田曹，曹內設屯田主事，爲流外吏職。　常駿：人名。事見本書卷八二《赤土傳》。按，關於煬帝遣常駿等出使赤土的時間，《北史》卷一二《隋煬帝紀》同此。《通鑑》卷一八一《隋紀》大業四年也載三月丙寅，煬帝命常駿出使赤土，還記同年十月到達赤土境。但本書《赤土傳》、《北史·赤土傳》、《通典》卷一八八《邊防四·赤土》，以及《册府元龜》卷六六二《奉使部·絕域》皆記此時間在大業三年。後文還説"其年十月，駿等自南海郡乘舟"出發。兩者時間不同。考據本書和《北史》的《隋煬帝紀》，知煬帝命常駿出使赤土起因，是該國在大業四年三月壬戌遣使貢方物。而且《册府元龜》卷九七〇《外臣部·朝貢三》也載赤土第一次朝貢是在大業四年三月。因此，煬帝命常駿出使赤土不可能在大業三年。另細讀上述載此事於大業三年的各種資料，當出同一史源，即轉録或簡縮本書《赤土傳》，而且時間籠統，無有月、日。總之，煬帝命常駿出使赤土應在大業四年三月丙寅，而爲利用南海信風，同年十月纔從南海郡起航並到達。

[4]羅闍（jì）：宋刻遞修本、汲古閣本、殿本、庫本同底本，《北史·隋煬帝紀》也同，但本書《食貨志》爲"羅刹"。中華本據此將"闍"改爲"刹"。另，《通典》卷一二《邊防四》也作"羅刹"。該古國位在婆利國（今印度尼西亞加里曼丹島或巴厘島）東。其簡況可參見《通典》卷一二《邊防四·羅刹》、《舊唐書》

卷一九七《婆利傳》。

夏四月丙午，以離石之汾源、臨泉，雁門之秀容，爲樓煩郡。[1]起汾陽宮。[2]癸丑，以河內太守張定和爲左屯衛大將軍。[3]乙卯，詔曰：“突厥意利珍豆啓民可汗率領部落，[4]保附關塞，遵奉朝化，思改戎俗，頻入謁覲，屢有陳請。以氈墻毳幕，事窮荒陋，上棟下宇，願同比屋。誠心懇切，朕之所重。宜於萬壽戍置城造屋，[5]其帷帳床褥已上，隨事量給，務從優厚，稱朕意焉。”

[1]離石：郡名。北周改北齊懷政郡置，開皇初廢，大業初復置，治所在今山西吕梁市離石區。 汾源：縣名。開皇十八年以岢嵐縣改名，治所在今山西静樂縣。 臨泉：縣名。大業二年以蔚汾縣改名，治所在今山西興縣西北。 雁門：郡名。大業三年改代州爲雁門郡，治所在今山西代縣。 秀容：縣名。治所在今山西忻州市。 樓煩郡：治所在今山西静樂縣。

[2]汾陽宮：煬帝行宮名。大業四年建，在今山西寧武縣西南管涔山上。

[3]河內：此爲郡名。治所在今河南沁陽市。 張定和：人名。傳見本書卷六四、《北史》卷七八。

[4]意利珍豆啓民可汗：文帝開皇十七年賜突利可汗（染干）的新號。

[5]萬壽戍：隋萬壽戍在今內蒙古托克托縣東北。戍，軍事據點名。東晋、北魏以屯兵守境處爲戍，隋唐時爲邊防機構之一。

五月壬申，蜀郡獲三足烏，[1]張掖獲玄狐，[2]各一。

　　[1]蜀郡：煬帝大業三年改益州爲蜀郡，治所在今四川成都市。
三足烏：古代傳説中的神鳥。祥瑞之鳥。

　　[2]張掖：郡名。煬帝大業三年改甘州爲張掖郡，治所在今甘
肅張掖市。　　玄狐：黑色的狐。古人據天人感應論，認爲社會太平
則玄狐現。

　　秋七月辛巳，發丁男二十餘萬築長城，[1]自榆林谷
而東。[2]乙未，左翊衛大將軍宇文述破吐谷渾於曼頭、
赤水。[3]

　　[1]發丁男二十餘萬築長城：《北史》卷一二《隋煬帝紀》、
《通鑑》卷一八一《隋紀》大業四年、《册府元龜》卷九九〇《外
臣部·備禦三》同此。但本書《五行志上》載大業四年“發卒百
餘萬築長城”。似將這年開永濟渠的人數誤記於此。

　　[2]榆林谷：汲古閣本、殿本、庫本同底本，《北史·隋煬帝
紀》也作“榆林谷”。但宋刻遞修本、中華本與《通鑑》卷一八一
《隋紀》大業四年作“榆谷”。胡三省注：“此榆谷當在榆林西。”
若榆谷即榆林谷，而胡三省所注的榆林指隋榆林縣，此谷應位於今
内蒙古准格爾旗境。另説“榆谷，在今青海尖札、貴德二縣之間黄
河以南”（魏嵩山：《中國歷史地名大辭典》，廣東教育出版社1995
年版，第1158頁）。

　　[3]左翊衛大將軍：官名。煬帝大業三年改左右衛名左右翊衛，
職掌未變。左翊衛大將軍即左衛大將軍之改名。　　曼頭：城名。即
曼頭城，在今青海共和縣西南。　　赤水：城名。即赤水城，在今青
海興海縣東南。

　　八月辛酉，親祠恒岳，[1]河北道郡守畢集。[2]大赦天
下。[3]車駕所經郡縣，免一年租調。

[1]恒岳：即北岳恒山，在今河北曲陽縣西北與山西接壤處。按，岑仲勉指出，四年巡幸所至，"中間所過，全從省略"，並補本紀之缺（岑仲勉：《隋書求是》，第18、102頁）。

[2]河北道：據本書《百官志下》，新、舊《唐書·地理志》，《通典》卷一七一《州郡一》載：煬帝大業三年改州爲郡，並仿漢朝制度設司隸、刺史分部巡察，刺史十四人巡察畿外。推斷刺史也應像兩漢一樣有一定的巡察範圍，或此"河北道"即是巡察範圍之一。

[3]大赦天下：《文館詞林》卷六六六目録載煬帝巡幸北岳大赦詔一首，但其文已佚（岑仲勉：《隋書求是》，第18頁）。

九月辛未，徵天下鷹師悉集東京，[1]至者萬餘人。戊寅，彗星出於五車，掃文昌，至房而滅。[2]辛巳，詔免長城役者一年租賦。

[1]鷹師：善調習訓練鷹的人。

[2]彗星出於五車，掃文昌，至房而滅：古人據天人感應論認爲此天象是文臣有災難的徵兆。彗星，繞太陽運行的一種星體。後曳長尾，呈雲霧狀。俗稱掃帚星。舊認爲彗星主除舊布新，其出現又爲重大災難的預兆。房，星名，二十八宿之一。

冬十月丙午，詔曰："先師尼父，[1]聖德在躬，誕發天縱之姿，憲章文、武之道。[2]命世膺期，蘊兹素王，[3]而頹山之歎，[4]忽踰於千祀，盛德之美，不存於百代。永惟懿範，宜有優崇。可立孔子後爲紹聖侯。有司求其苗裔，録以申上。"辛亥，詔曰："昔周王下車，[5]首封唐、虞之胤，[6]漢帝承曆，[7]亦命殷、周之後。皆所以褒立先代，憲章在昔。朕嗣膺景業，傍求雅訓，有一弘益，欽若令典。以爲周兼夏、殷，文質大備，漢有天下，車書混一，魏、晉沿襲，風流未遠。並宜立後，以存繼絕之義。[8]有司可求其胄緒列聞。"乙卯，頒新式於天下。[9]

[1]尼父：對孔子的尊稱。

[2]文、武：指周文王、武王。

[3]素王：此指孔子，即他有帝王之德而未居其位。

[4]頹山：典出《禮記·檀弓上》："泰山其頹乎！梁木其壞乎！哲人其萎乎！"此借泰山崩塌比喻孔子之死。

[5]下車：典出《禮記·樂記》："武王克殷反商，未及下車而封黃帝之後於薊。"後稱初即位或到任爲下車。

[6]唐、虞：即唐堯、虞舜。

[7]承曆：意承繼天道而改朝換代。曆，即曆數、天道，也指朝代更替的次序。

[8]繼絕：典出《論語·堯曰》："興滅國，繼絕世。"意恢復已滅絕的世祀。

[9]頒新式於天下：此指大業三年四月壬辰改度量權衡，並依古式，今頒布於天下（《通鑑》卷一八一《隋紀》大業四年本條胡三省注）。

五年春正月丙子，改東京爲東都。癸未，詔天下均田。戊子，上自東都還京師。己丑，制民間鐵叉、搭鈎、攢刃之類，[1]皆禁絕之。太守每歲密上屬官景迹。[2]

　　[1]鐵叉：底本爲“鐵乂”，宋刻遞修本、汲古閣本、殿本、庫本同。但《北史》卷一二《隋煬帝紀》、《通鑑》卷一八一《隋紀》大業五年本條均作“鐵叉”；中華本也作“鐵叉”。“鐵乂”難釋，且“乂”“叉”字形相近，易訛。故改。　欑（zuǎn）：小矛。
　　[2]景（yǐng）迹：猶業績。

　　二月戊戌，次于閺鄉。[1]詔祭古帝王陵及開皇功臣墓。庚子，制魏、周官不得爲蔭。[2]辛丑，赤土國遣使貢方物。[3]戊申，車駕至京師。丙辰，宴耆舊四百人於武德殿，[4]頒賜各有差。己未，上御崇德殿之西院，[5]憮然不悦，[6]顧謂左右曰：“此先帝之所居，實用增感，情所未安，宜於此院之西別營一殿。”壬戌，制父母聽隨子之官。

　　[1]閺（wén）鄉：縣名。治所在今河南靈寶市西北。
　　[2]魏：即北魏（386—557）。初都平城（今山西大同市東北），公元494年遷都洛陽（今河南洛陽市東北白馬寺東）。公元534年分裂爲東魏和西魏兩個政權。東魏（534—550）都於鄴（今河北臨漳縣西南鄴鎮東），西魏（535—557）都於長安（今陝西西安市西北郊）。　周：即北周（557—581），都於長安（今陝西西安市西北郊）。　蔭：即門蔭。
　　[3]赤土國遣使貢方物：關於此次赤土國遣始貢方物的時間，《册府元龜》卷九七〇《外臣部·朝貢三》同。但本書卷八二和《北史》卷九五的《赤土傳》、《通典》卷一八八《邊防四·赤土》均不載，却同記赤土王子那邪迦隨常駿於大業六年春貢方物，並在弘農謁見煬帝。時間有異。從本卷前後行文可知，赤土國此次貢方物正是常駿“大業四年”出使的回訪，若從利用南海信風冬去春回的往來時間推算，當在大業五年春。而且，本卷載大業五年正月煬

帝自東都還京師，二月戊戌在閡鄉，三天後即"辛丑"，那邪迦有可能在閡鄉附近的弘農貢方物並朝見煬帝。而大業六年三月煬帝下江都後，至同年六月未至弘農，故那邪迦難有該年春貢方物並朝見煬帝於弘農的可能。由此可斷，赤土國王子那邪迦隨常駿第二次朝貢並在弘農朝謁煬帝的時間，當以大業五年二月爲確，記大業六年春誤。大業六年赤土國第三次朝貢，當在該年六月，此本卷和《冊府元龜》卷九七〇《外臣部·朝貢三》均有記録。

[4]武德殿：宮殿名。隋文帝建造的大興宮城內諸殿之一，位大興宮內東側，在今陝西西安市城區北部。

[5]崇德殿：宮殿名。此指隋文帝建造的大興宮城內諸殿之一，位置不詳。

[6]憮（wǔ）然不悦：宋刻遞修本、汲古閣本作"愀然不怡"，殿本、庫本爲"愀然不悦"，《北史》卷一二《隋煬帝紀》同。憮然，悵然失意貌；驚愕貌。愀然，容色改變貌，憂愁貌。

三月己巳，車駕西巡河右。[1]庚午，有司言，武功男子史永遵與從父昆弟同居。[2]上嘉之，賜物一百段，米二百石，表其門閭。乙亥，幸扶風舊宅。[3]

[1]河右：地區名。河西的別稱。指今甘肅、青海兩省黃河以西，即河西走廊和湟水流域一帶。

[2]武功：縣名。治所在今陝西武功縣西北武功鎮。 史永遵：人名。隋時人，具體事迹不詳。

[3]扶風：郡名。隋煬帝大業三年置，治所在今陝西鳳翔縣。

夏四月己亥，大獵於隴西。[1]壬寅，高昌、吐谷渾、伊吾並遣使來朝。[2]乙巳，次狄道，[3]党項羌來貢方物。[4]癸亥，出臨津關，[5]渡黃河，至西平，[6]陳兵講武。

[1]隴西：地區名。泛指隴山以西，約當今甘肅隴山以西、黃河以東地帶。

[2]高昌：諸本均爲高昌，但《北史》卷一二《隋煬帝紀》爲高麗。《北史》中華本校勘記云：“按高昌與伊吾、吐谷渾相鄰，疑是。”另，檢《册府元龜》卷九七〇亦作高麗。　伊吾：城名。此指漢故伊吾城，始稱“伊吾盧”，在今新疆哈密市西，爲内地通往西域的門户。後隋煬帝築新城，移今哈密市。

[3]狄道：縣名。治所在今甘肅臨洮縣。

[4]党項羌：部族名。傳見本書卷八三、《北史》卷九六、《舊唐書》卷一九八、《新唐書》卷二二一上。

[5]臨津關：關名。又稱臨津城。在今青海循化撒拉族自治縣東黃河南岸。

[6]西平：郡名。治所在今青海西寧市。

五月乙亥，上大獵於拔延山，[1]長圍周亘二千里。[2]庚辰，入長寧谷。[3]壬午，度星嶺。[4]甲申，宴群臣於金山之上。[5]丙戌，梁浩亹，[6]御馬度而橋壞，[7]斬朝散大夫黄亘及督役者九人。[8]吐谷渾王率衆保覆袁川，[9]帝分命内史元壽南屯金山，[10]兵部尚書段文振北屯雪山，[11]太僕卿楊義臣東屯琵琶峽，[12]將軍張壽西屯泥嶺，[13]四面圍之。渾主伏允以數十騎遁出，[14]遣其名王詐稱伏允，保車我真山。[15]壬辰，詔右屯衛大將軍張定和往捕之。[16]定和挺身挑戰，爲賊所殺。亞將柳武建擊破之，[17]斬首數百級。甲午，其仙頭王被圍窮蹙，[18]率男女十餘萬口來降。

[1]拔延山：在今青海化隆回族自治縣西北。

[2]二千里：《北史》卷一二《隋煬帝紀》同。中華書局新修訂本校勘記指出：本書卷八《禮儀志三》載"詔虞部量拔延山南北周二百里"，《通典》卷七六《禮三六·天子諸侯四時田獵》亦同。又檢《通鑑》卷一八一《隋紀》大業五年五月載："長圍亘二十里。"《考異》云"《隋·帝紀》作'二千里'，疑二十里字誤"。

[3]長寧谷：即今青海西寧市北北川河谷地。

[4]星嶺：山名。在今青海西寧市北大通回族土族自治縣附近。

[5]金山：此金山在今青海西寧市西北。

[6]浩亹（mén）：河名。也稱"浩亹川"。即今青海、甘肅境內湟水支流大通河。

[7]御馬度而橋壞：諸本均同。《北史·隋煬帝紀》和《册府元龜》卷一一三《帝王部·巡幸二》亦同。但《通鑑》卷一八一《隋紀》大業五年本條據《略記》作"以橋未成"。

[8]朝散大夫：官名。屬散實官。隋文帝置，正四品，煬帝改爲從五品。　黃亘：人名。傳見本書卷六八，《北史》卷九○有附傳。按，本卷和《北史·隋煬帝紀》、《册府元龜》卷一一三《帝王部·巡幸三》都記"朝散大夫黃亘"，而《通鑑》卷一八一《隋紀》大業五年本條作"都水使者黃亘"。或"都水使者"是黃亘的職事官？

[9]吐谷渾王：中華本同，但宋刻遞修本、汲古閣本、殿本、庫本皆作"吐故渾主"。另，《册府元龜》卷一三五《帝王部·好邊功》作"吐谷渾王"，而《北史·隋煬帝紀》爲"吐故渾主"。據《通鑑》卷一八一《隋紀》大業五年本條以及本書後文，知此是指"吐谷渾可汗伏允"。因吐谷渾還有其他王，故記"吐谷渾主"確切。　覆袁川：地名。在今青海湖東北一帶。

[10]內史元壽：諸本及《北史·隋煬帝紀》、《通鑑》卷一八一《隋紀》大業五年本條皆作"內史元壽"。但本卷、《北史·隋煬帝紀》、《通鑑》卷一八一《隋紀》皆載：大業四年正月壬申以

太府卿元壽爲内史令，本書卷六三和《北史》卷七五《元壽傳》也載此事，而且，其間官職未有變動。再者，據本書《百官志下》載，隋煬帝於諸郡各加置通守一人，位次太守，“京兆、河南，則謂之‘内史’”。如此官位之内史不可能在史文記叙中列於兵部尚書段文振前，而内史令乃宰相纔能如此。故此“内史”應是“内史令”之脱文。

　　[11]雪山：此指今甘肅、青海兩省交接的冷龍嶺。

　　[12]太僕卿：官名。太僕寺長官，掌國家厩牧、車輿之政令。初總領驊騮、乘黃、龍厩、車府、典牧、牛羊等署，隋煬帝大業三年將驊騮署劃入殿内省。置一員。隋初正三品，煬帝降爲從三品。

　　楊義臣：人名。傳見本書卷六三、《北史》卷七三。　　琵琶峽：地名。在今青海門源回族自治縣西大通河畔。

　　[13]將軍：據《張壽墓誌》，張壽大業二年拜左禦衛大將軍，九年轉右翊衛大將軍，則此“將軍”全名應爲左禦衛大將軍。左禦衛大將軍，官名。煬帝大業三年置，爲禁軍指揮機構左禦衛長官，是十二衛大將軍之一。總左禦府事，並統諸鷹揚府府兵。正三品。

　　張壽：人名。歷北周、隋二朝，官至右翊衛大將軍、光禄大夫。生平見《張壽墓誌》（參見王其禕、周曉薇《隋代墓誌銘彙考》四三九，綫裝書局 2007 年版）。　　泥嶺：山名。在今青海剛察縣西北，爲大通山南支脈。

　　[14]渾主：《北史·隋煬帝紀》爲“吐谷渾主”。

　　[15]車我真山：在今青海祁連縣東南一帶。

　　[16]右屯衛大將軍：“右”當爲“左”之訛（岑仲勉：《隋書求是》，第 19 頁）。

　　[17]亞將：副將。　　柳武建：人名。事亦見本書卷六四《張定和傳》。

　　[18]仙頭王：吐谷渾最高一級官名。

　　六月丁酉，遣左光禄大夫梁默、右翊衛將軍李瓊等追渾主，[1]皆遇賊死之。癸卯，經大斗拔谷，[2]山路險險，魚貫而出。風霰晦冥，與從官相失，[3]士卒凍死者太半。丙午，次張掖。[4]辛亥，詔諸郡學業該通、才藝優洽，膂力驍壯、超絕等倫，在官勤奮、堪理政事，立性正直、不避強禦四科舉人。[5]壬子，高昌王麴伯雅來朝，[6]伊吾吐屯設等獻西域數千里之地。[7]上大悦。癸丑，置西海、河源、鄯善、且末等四郡。[8]丙辰，上御觀風行殿，[9]盛陳文物，奏九部樂，[10]設魚龍曼延，[11]宴高昌王、吐屯設於殿上，以寵異之。其蠻夷陪列者三十餘國。戊午，大赦天下。開皇已來流配，悉放還鄉，晋陽逆黨，不在此例。隴右諸郡，給復一年，行經之所，給復二年。[12]

　　[1]左光禄大夫：官名。屬散官，隋文帝時置左、右光禄大夫皆正二品，煬帝大業三年定令，“左”爲正二品，“右”爲從二品。
　　梁默：人名。本書卷四〇、《北史》卷七三有附傳。　右翊衛將軍：官名。隋煬帝大業三年改左右衛爲左右翊衛，職掌未變。故右衛將軍改名右翊衛將軍，是右翊衛大將軍部下。置兩員，從三品。
　　李瓊：人名。隋時人，事迹不詳。
　　[2]大斗拔谷：地名。又作達斗拔谷、大斗谷。即今甘肅民樂縣東南扁都口。因位祁連山東段，自古爲青海湟中和甘肅河西走廊間交通捷徑。按，關於隋煬帝經大斗拔谷的時間，本書和《北史》卷一二《隋煬帝紀》、《册府元龜》卷一一三《帝王部·巡幸二》所記均同，但《通鑑》卷一八一《隋紀》大業五年據《略記》置於七月。
　　[3]從官：諸本皆同。但《北史·隋煬帝紀》，《册府元龜》卷

一一三《帝王部·巡幸三》、卷一三五《帝王部·好邊功》均作
"後宮"，而《通鑑》卷一八一《隋紀》大業五年本條也記作："後
宮妃、主或狼狽相失。"

　　[4]張掖：郡名。治所在今甘肅張掖市。

　　[5]四科：隋朝四種取士科目，由皇帝下詔進行。

　　[6]麴伯雅：人名。高昌國王，公元601至623年在位。詳見
本書卷八三、《北史》卷九七、《舊唐書》卷一九八、《新唐書》卷
二二一上《高昌傳》。

　　[7]伊吾吐屯設等獻西域數千里之地：吐屯設，突厥汗國官名。
由可汗派遣，常駐屬國，負責監督行政和徵收賦稅。伊吾吐屯設即
常駐伊吾的突厥此官。按，胡戟認爲此句記載有誤。說"伊吾衹有
哈密綠洲一地，並無那數千里之地可獻"，"那本是吐谷渾的地方"
（胡戟：《隋煬帝新傳》，第161頁）。

　　[8]西海：郡名。隋煬帝設，治所在伏俟城，位於今青海湖西
岸。　河源：郡名。治所在今青海興海縣東南。　鄯善：郡名。治
所在今新疆若羌縣。　且末：郡名。治所一說在今新疆且末縣城西
南附近，一說即今且末縣城。

　　[9]觀風行殿：也簡稱觀風殿，是宇文愷在大業三年爲隋煬帝
北巡專門製造的一座宮殿。殿可離合，下設輪軸，推之可迅速
移動。

　　[10]九部樂：隋宮廷音樂，也稱"九部伎"。煬帝在大業中將
七部樂改爲九部樂，包括清樂伎、西涼伎、龜茲伎、天竺伎、康國
伎、疏勒伎、安國伎、高麗伎、禮畢伎。

　　[11]魚龍曼延：又稱漫衍魚龍、魚龍戲等。是魚龍、曼延的合
稱，爲古代百戲之一，西漢時已有。唐人顏師古說："漫衍者，即
張衡《西京賦》所云'巨獸百尋，是爲漫延'者也。魚龍者，爲
舍利之獸，先戲於庭極，畢乃入殿前激水，化成比目魚，跳躍漱
水，作霧障日，畢，化成黃龍八丈，出水敖戲於庭，炫燿日光。"
（《漢書》卷九六《西域傳》顏師古注）。大致是由人裝扮成珍異動

物並表演。

[12]"隴右諸郡"至"給復二年"：諸本皆同，另《册府元龜》卷四九〇《邦計部‧蠲覆二》也同。但《北史‧隋煬帝紀》作"隴右諸郡給覆三年"。

秋七月丁卯，置馬牧於青海渚中，[1]以求龍種，無效而止。

[1]青海：湖名。即今青海湖。

九月癸未，車駕入長安。[1]

[1]長安：此指隋文帝所建的大興城，又稱"西京"。在今陝西西安市及其南郊。

冬十月癸亥，詔曰："優德尚齒，[1]載之典訓，尊事乞言，[2]義彰膠序。[3]鬻熊爲師，[4]取非筋力，[5]方叔元老，克壯其猷。[6]朕永言稽古，用求至治，是以厖眉黃髮，[7]更令收叙，務簡秩優，無虧藥膳，[8]庶等卧治，佇其弘益。今歲耆老赴集者，可於近郡處置。年七十以上，疾患沉滯，不堪居職，即給賜帛，送還本郡；其官至七品已上者，量給廩，以終厥身。"

[1]優德尚齒：語出《禮記‧祭義》："昔者有虞氏貴德而尚齒。"尚齒，尊敬老年人。齒，年齡。

[2]乞言：古代帝王及其嫡長子養一些德高望重的老人，以便向他們請教，叫乞言。語出《禮記‧文王世子》："凡祭與養老，乞

言合語之禮。”

　　［3］膠序：古代學校夏朝稱“校”；殷商稱“序”；周朝稱大學爲“膠”，小學爲“庠”。後以膠序爲學校之通名。

　　［4］鬻（yù）熊：人名。也作“粥熊”。楚之先祖，爲周文王師。詳見《史記》卷四〇《楚世家》、《漢書·古今人表》）。

　　［5］取非：諸本皆同。但《北史》卷一二《隋煬帝紀》作“無取”。

　　［6］方叔元老，克壯其猷：語出《詩·小雅·采芑》。方叔，人名。周宣王時卿士，受命北伐玁狁，南征荆楚，有功於周。

　　［7］厖（páng）眉黃髮：厖眉、黄髮，均形容老年貌。這裏指老年人。

　　［8］藥膳：諸本同。但《北史·隋煬帝紀》作“藥餌”。

　　十一月丙子，車駕幸東都。

　　六年春正月癸亥朔，旦，有盜數十人，皆素冠練衣，[1]焚香持華，[2]自稱彌勒佛，入自建國門。[3]監門者皆稽首。既而奪衛士仗，將爲亂。齊王暕遇而斬之。於是都下大索，與相連坐者千餘家。丁丑，角抵大戲於端門街，[4]天下奇伎異藝畢集，終月而罷。帝數微服往觀之。己丑，倭國遣使貢方物。

　　［1］練衣：白色的衣服。練，白色的熟絹。
　　［2］華：音 huā，同“花”。
　　［3］建國門：東都洛陽外郭城正南門，位南面三門之中。
　　［4］角抵大戲：角抵，又作“角觝”，本是相互角力的一種技藝，類似今摔跤。相傳起源於戰國，西漢已盛行。後成爲百戲的總名，“角觝大戲”即此意。是隋唐宮廷和民間主要觀賞娛樂節目之一。　端門街：洛陽皇城南面三門中間的名端門，端門外街爲端

門街。

二月乙巳，武賁郎將陳稜、朝請大夫張鎮州擊流求，[1]破之，獻俘萬七千口，頒賜百官。乙卯，詔曰："夫帝圖草創，王業艱難，咸仗股肱，叶同心德，用能拯厥頹運，克膺大寶，然後疇庸茂賞，[2]開國承家，誓以山河，傳之不朽。近代喪亂，四海未一，茅土妄假，名實相乖，歷兹永久，莫能懲革。皇運之初，百度伊始，猶循舊貫，未暇改作。今天下交泰，文軌攸同，宜率遵先典，永垂大訓。自今已後，唯有功勳乃得賜封，[3]仍令子孫承襲。"丙辰，改封安德王雄為觀王，河間王子慶為郇王。[4]庚申，徵魏、齊、周、陳樂人，[5]悉配太常。[6]

[1]武賁郎將：官名。隋煬帝大業三年改革官制，十二衛每衛置護軍四人，為將軍副貳，不久又改護軍名武賁郎將。正四品。陳稜：人名。傳見本書卷六四、《北史》卷七八。　朝請大夫：官名。屬散官，隋煬帝大業三年置。正五品。　張鎮州：本書卷四《煬帝紀下》、卷二四《食貨志》、卷八一《流求傳》，以及《舊唐書》卷五六《蕭銑傳》、卷六〇《李孝恭傳》、卷六七《李靖傳》均作"張鎮州"；但本書卷六四、《北史》卷七八《陳稜傳》，以及《通鑑》卷一八一《隋紀》大業六年、卷一八五武德元年均作"張鎮周"。

[2]疇庸：即酬庸。猶酬功；酬勞。

[3]封：封爵。隋文帝時為九等：國王、郡王、國公、郡公、縣公、侯、伯、子、男。煬帝大業三年祇留王、公、侯三等爵位。

[4]慶：人名。即楊慶。本書卷四三、《北史》卷七一有附傳。

　　[5]魏：即北魏。　　齊：即北齊（550—577），都於鄴（今河北臨漳縣西南鄴鎮東）。

　　[6]太常：官署名。即太常寺，掌國家禮樂，郊廟社稷祭祀等事。隋初總轄郊社、太廟、諸陵、太祝、衣冠、太樂、清商、鼓吹、太醫、太卜、廩犧等署，煬帝大業三年廢太祝、衣冠、清商署。

　　三月癸亥，幸江都宮。[1]甲子，以鴻臚卿史祥爲左驍衛大將軍。[2]

　　[1]江都宮：隋煬帝置，在今江蘇揚州市西。
　　[2]史祥：人名。傳見本書卷六三，《北史》卷六一有附傳。
　　左驍衛人將軍：官名。當是“左驍騎衛大將軍”脱文。左驍騎衛大將軍是左驍騎衛的最高將領。職掌宿衛。置一員，正三品。詳參“右驍衛大將軍”注。

　　夏四月丁未，宴江淮已南父老，頒賜各有差。
　　六月辛卯，室韋、赤土並遣使貢方物。[1]壬辰，雁門賊帥尉文通聚衆三千，[2]保於莫壁谷。[3]遣鷹揚楊伯泉擊破之。[4]甲寅，制江都太守秩同京尹。[5]

　　[1]室韋：古部族名。或作失韋。與契丹同類，屬東胡族系統。隋時分爲五部，互不統屬，主要分布於今嫩江流域及黑龍江沿岸地區。北部多以狩獵爲生，南部開始農耕生活。傳見本書卷八四、《北史》卷九四、《舊唐書》卷一九九下、《新唐書》卷二一九。
　　[2]尉文通：人名。事另見《北史》卷一二《隋煬帝紀》。
　　[3]莫壁谷：地名。今地不詳。
　　[4]鷹揚：官名。全稱爲鷹揚郎將。隋文帝初，置左右衛等衛

府，各領軍坊、鄉團，以統軍卒。後改置驃騎將軍府，每府置驃騎、車騎二將軍，上轄於衛府大將軍，下設大都督、帥都督、都督領兵。煬帝大業三年改驃騎府爲鷹揚府，改驃騎將軍爲鷹揚郎將，職能依舊。正五品。　楊伯泉：人名。隋煬帝時任鷹揚郎將，其他事迹不詳。

[5]京尹：官名。即京兆尹，爲京城長安所在地京兆郡長官。正三品。

冬十月壬申，[1]刑部尚書梁毗卒。壬子，民部尚書、銀青光禄大夫長孫熾卒。[2]

[1]十月壬申：諸本皆同，《北史》卷一二《隋煬帝紀》也同。本書和《北史》的中華本校勘記均云：“此月己丑朔，無壬申。日干有誤。”

[2]銀青光禄大夫：官名。屬散官，隋文帝時爲正三品，煬帝大業三年降爲從三品。

十二月己未，左光禄大夫、吏部尚書牛弘卒。辛酉，朱崖人王萬昌舉兵作亂，[1]遣隴西太守韓洪討平之。[2]

[1]朱崖：郡名。又稱珠崖郡。一爲西漢元封元年（前110）置，初元三年（前46）廢。隋大業六年復置。治所在今海南海口市瓊山區東南。一爲南朝梁置。隋初廢，大業初復置，大業六年改爲儋耳郡。治所在今海南儋州市西北。　王萬昌：人名。事另見本書卷五二《韓洪傳》。

[2]韓洪：人名。本書卷五二、《北史》卷六八有附傳。

七年春正月壬寅，左武衛大將軍、光禄大夫、真定侯郭衍卒。

二月己未，上升釣臺，[1]臨揚子津，[2]大宴百僚，頒賜各有差。庚申，百濟遣使朝貢。乙亥，上自江都御龍舟入通濟渠，遂幸于涿郡。壬午，詔曰："武有七德，[3]先之以安民；政有六本，[4]興之以教義。高麗高元，[5]虧失藩禮，將欲問罪遼左，[6]恢宣勝略。雖懷伐國，仍事省方。[7]今往涿郡，巡撫民俗。其河北諸郡及山西、山東年九十已上者，[8]版授太守；八十者，授縣令。"

[1]釣臺：地名。在今江蘇揚州市南揚子橋。

[2]揚子津：渡口名。爲隋代揚州、京口（今江蘇鎮江市）間重要津渡。

[3]武有七德：本《左傳》宣公十二年所説的禁暴、戢兵、保大、定功、安民、和衆、豐財七件事。

[4]政有六本："六本"古謂立身行事的六項根本：孝、哀、勇、能、嗣、力。漢劉向《説苑·建本》："孔子曰：行身有六本，本立焉，然後爲君子。立體有義矣，而孝爲本；處喪有禮矣，而哀爲本；戰陣有隊矣，而勇爲本；治政有理矣，而能爲本；居國有禮矣，而嗣爲本；生才有時矣，而力爲本。"

[5]高元：高麗國王名。詳見本書卷八一、《北史》卷九四《高麗傳》。

[6]遼左：地區名。遼東的別稱。泛指今遼河以東地區。另，舊也稱今遼寧省一帶爲遼左。

[7]省方：巡察四方。

[8]山西：地區名。戰國、秦、漢時通稱崤山或華山以西爲山西。其後又通稱今太行山以西爲山西，隋代已如此。

三月丁亥，右光禄大夫、左屯衛大將軍姚辯卒。[1]

[1]三月丁亥：岑仲勉指出"今本姚辯志作三月十九日卒于京兆，《金石萃編》四〇推三月丁亥朔，非十九日。按朔閏考三月應丙戌朔，丁亥是二日，十九日則爲甲辰，疑丁亥或丁未之訛，否則志文之三月應作二月，二月丁巳朔，十九日爲乙亥，是時帝在江都，三月丁亥乃報到之日也"（岑仲勉：《隋書求是》，第19頁）。

夏四月庚午，至涿郡之臨朔宮。[1]

[1]臨朔宮：隋代薊城行宮。在今北京市區西南。

五月戊子，以武威太守樊子蓋爲民部尚書。[1]

[1]武威：郡名。隋煬帝大業三年改涼州爲武威郡，治所在今甘肅武威市。　樊子蓋：人名。傳見本書卷六三、《北史》卷七六。

秋，大水，山東、河南漂没三十餘郡，[1]民相賣爲奴婢。

[1]三十餘郡：諸本同，《北史》卷一二《隋煬帝紀》、《通鑑》卷一八一《隋紀》大業七年本條同。中華本校勘記指出，"本書《食貨志》作'四十餘郡'"。

冬十月乙卯，底柱山崩，[1]偃河逆流數十里。[2]戊午，以東平太守吐萬緒爲左屯衛大將軍。[3]

[1]底柱山：即砥柱山，又名三門山，也簡稱砥柱。在今河南三門峽市東北黃河中。

[2]河：即黃河。按，諸本皆同；《通鑑》卷一八一《隋紀》大業七年也作"河"。中華本《北史》卷一二《隋煬帝紀》改作"水"。校勘記云："諸本'水'作'木'，《隋書》作'河'，《通志》作'水'。按'木'乃'水'之訛，今據改。"

[3]東平：郡名。隋煬帝大業初改鄆州爲東平郡。治所在今山東鄆城縣東。　吐萬緒：人名。傳見本書卷六五、《北史》卷七八。

十二月己未，西面突厥處羅多利可汗來朝。[1]上大悦，接以殊禮。于時遼東戰士及餽運者填咽於道，晝夜不絶，苦役者始爲羣盜。甲子，敕都尉、鷹揚與郡縣相知追捕，隨獲斬決之。

[1]西面突厥：即西突厥。　處羅多利可汗：西突厥可汗名。又稱"達漫""泥撅處羅可汗""處羅可汗""曷薩那可汗"。事見本書卷八四《西突厥傳》。

今注本二十四史　隋書

222